Steffen Pross

»*In London treffen wir uns wieder*«

Vier Spaziergänge durch
ein vergessenes Kapitel
deutscher Kulturgeschichte
nach 1933

Eichborn.Berlin

Zweien vor allen.
Sie wissen's.

2   3   4   02   01   00

© Eichborn AG
Frankfurt am Main, April 2000
Lektorat: Wolfgang Hörner
Gesamtgestaltung und Satz: Petra Wagner, Hamburg
Druck und Bindung: Fuldaer Verlagsagentur, Fulda
ISBN 3-8218-0564-1

Verlagsverzeichnis schickt gern:
Eichborn Verlag, Kaiserstraße 66, D-60329 Frankfurt a. M.
www.eichborn.de

Inhalt

Vorwort

I

Alans Berliner Tante, die eigentlich eine Großtante war, lebte irgendwo in **Hampstead**. Anni, ihre Köchin, kam aus Wien. »Raus aus meiner Küchen«, rief sie – und servierte herrlichen Kaiserschmarrn. Die beiden schon damals, 1974, alten Damen leben nicht mehr – wie so viele der Deutschen, Österreicher und deutschsprachigen Tschechoslowaken, die Hitler zu ›Insulanern‹ gemacht hatte. Auch *Cosmo's Restaurant* am **Swiss Cottage**, wo über sechzig Jahre lang Schnitzel oder Gulasch serviert wurden und Erich Fried, Elias Canetti, ja angeblich schon Sigmund Freud speisten, hat 1997 geschlossen. In guten Londoner Antiquariaten kann man wieder Erstausgaben aus der Weimarer Republik entdecken oder Leo Baecks kleine Schrift *Die Pharisäer*, die 1934 bei Schocken in Berlin erschien. Es stecken mehr Geschichten in diesen Büchern als die Texte preisgeben. Je weniger Zeugen es gibt, desto wichtiger werden die Zeugnisse. Der vorliegende Band sucht sie im Londoner Stadtplan, der sich als überraschend guter Erzähler erweist: Wer mit der Frage nach denen, die vor oder wegen Hitler an die Themse flohen, durch die Stadt geht, entdeckt unversehens ein halbes Jahrhundert deutschsprachiger Kulturgeschichte neu. Und er lernt ein London kennen, von dem Fremdenführer und Schulbücher wenig wissen.

Zu beidem lädt dieses Buch ein. Es stützt sich auf eine reichhaltige, doch oft vergessene Literatur und auf eine mittlerweile sehr umfangreiche, aber in der Regel in Fachgrenzen befangene Forschung, die es nicht von ihrer akademischen, sondern von ihrer touristischen Seite betrachtet: Es möchte Wege der Emigration in vier Stadtspaziergängen nachvollziehen, bietet sich als praktisches Vademecum für den kulturgeschichtlich interessierten London-Reisenden, als Lese- und Bilderbuch sowie als kleines Nachschlagewerk des Exils an der Themse an. Die vier vorgeschlagenen Routen versammeln große und weniger bekannte Namen, exemplarische Biographien und überraschende Details, rechnen aber zugleich mit unterschiedlichen Bedürfnissen und Möglichkeiten. Die kleine Runde durch **Bloomsbury** verträgt den ausgiebigen Besuch im *Britischen Museum*, der längere Spaziergang vom **Regent's Park** zum **Marble Arch** läßt sich mit dem Einkaufsbummel in der **Oxford Street** verbinden, die ausgedehnte Tour um legt die Verschnaufpause im **Hyde Park** nahe. Nur **Hampstead**, das Zentrum der deutschsprachigen Emigration in London, steht und spricht für sich selbst – als charmant-lebendiges Wohnviertel, das nicht von ungefähr als Londons ›Montmartre‹ gilt. Unterwegs wird von Oskar Kokoschka und Kurt Schwitters zu erzählen sein, von Bert Brecht und Kurt Weill, Fritz Kortner, Elisabeth Bergner, Lilli Palmer und Peter Zadek, von Alfred Kerr, Norbert Elias und dem Warburg Institute, von Kurt Hiller, Walter Gropius, dem PEN-Club, dem *German Service* der *BBC*, Dietrich Bonhoeffer und Leo Baeck, von deutschsprachigen Zeitungen, Clubs und Theatern, Buchhandlungen und Leihbüchereien. Die Liste zeigt: Flucht, Exil und Emigration werden hier nicht in einem strikt begrifflichen Sinne aufgefaßt, so wenig wie die Aufmerksamkeit dieses Bändchens 1945 oder an Staatsgrenzen endet. Erst Hitlers Zwangsvereinigung dividierte Berlin, Wien und Prag endgültig auseinander, kaum aber jene, die nach London entkamen und sich hier wieder trafen wie vordem im *Romanischen Café*, im *Arco* oder im *Herrenhof*. Die Stadt, die Tausenden Zuflucht bot, blieb für viele nur Durchgangsstation, meist auf dem Weg nach Amerika. Andere wurden Engländer, heißen Lord oder Sir. Viele, und nicht nur die Älteren, kehrten kulturell, die wenigsten auch physisch nach Deutschland oder Österreich zurück; einige, dem Massenmord entronnene, kamen erst nach dem Krieg an die Themse. Es geht in diesem Buch um Vielfalt, nicht um Ordnung oder Vollständigkeit. Um ein Staunen, das den Autor seit Jahren begleitet und mit jedem neuen Namen und jeder neuen Adresse aufs neue erwacht. Ein Staunen auch darüber, um wieviel weniger der ›Fluchtpunkt London‹ in Deutschland noch immer präsent ist als Paris, Zürich oder Los Angeles, Prag, New York oder Sanary-sur-Mer.

II

»Wir gingen ins Exil, wie entthronte Könige.« Berthold Viertel, der diesen Satz vermutlich 1936 in London notierte, erinnert sich im Rückblick auf seinen ersten, fast sechs Jahre währenden Aufenthalt in der britischen Hauptstadt an eine »Emigration ohne Emigranten«. Diese mit einem Fragezeichen versehene Selbstannäherung ist auch, aber nicht nur der individuellen Lebensgeschichte geschuldet:

Viertel kam als bekannter Regisseur nach London, und er konnte in der damals boomenden britischen Filmindustrie mit vielen alten Bekannten arbeiten: Die von deutschen Bühnen und Kinoleinwänden Verbannten faßten bis Mitte der dreißiger Jahre in **Elstree** ebensogut Fuß wie in Hollywood. Hier arbeiteten die Produzenten Max Schach und Erich Pommer, die Regisseure Karl Grune und Leopold Jessner, die Drehbuchautoren Carl Mayer und Rudolf Bernauer, der Filmarchitekt Hein Heckroth, die Schauspieler Conrad Veidt, Adolf Wohlbrück und Oskar Homolka; der Stummfilm-Star Lo Harding betrieb in Paddington eine Pension, die zum Szene-Treff wurde.

Auch Forscher und Gelehrte – voran Spitzenkräfte der in Deutschland avancierten Naturwissenschaften, die in diesem Buch außer Betracht bleiben – kamen in großer Zahl nach London, Oxford und Cambridge. Die Liste der aus Deutschland und Österreich stammenden Nobelpreisträger und Mitglieder der *Royal Society* wie der *British Academy* ist imponierend, der wissenschaftliche Gewinn dieses Exils für Großbritannien so unbestritten wie der Verlust für Deutschland. Bereits im Frühjahr 1933 hatte sich unter Federführung von William Beveridge, dem Rektor der *London School of Economics*, der *Academic Assistance Council* gegründet und die von den deutschen Universitäten vertriebene jüdische Intelligenz nach England eingeladen. Bis Ende 1938 betreute allein diese Hilfsorganisation eintausendvierhundert deutsche sowie vierhundert österreichische Gelehrte.

Doch Wissenschaft und Filmgeschäft waren eine Ausnahme: Obwohl England schon Karl Marx und Friedrich Engels, Ferdinand Freiligrath und Arnold Ruge Asyl geboten hatte, gingen von den über einhundertfünfzigtausend Menschen, die bis 1937 aus dem Deutschen Reich geflohen waren, nur etwa fünftausendfünfhundert nach England. Ein Grund ist die in vielen Zeugnissen zu fassende kulturelle Fremdheit zwischen beiden Ländern, ein anderer die bloße Entfernung: Solange man noch hoffte, bald wieder nach Deutschland zurückkehren zu können, blieb man lieber in der Nähe, bevorzugte zudem Gesellschaften, die keinen oder keinen vollständigen Bruch mit der eigenen Sprache verlangten. Außerdem waren die britischen Einwanderungsgesetze seit 1905 zunehmend schärfer geworden. Damals hatte das Empire der jüdischen Zuwanderung aus Osteuropa Herr werden wollen und einen sozialen Numerus clausus erlassen, der auch 1933 noch in Kraft war: Nach Großbritannien immigrieren durfte nur, wer die Gewähr bot, daß er keine Sozialfürsorge in Anspruch nehmen würde. Eine weitere Verschärfung des Ausländerrechts hatte der Erste Weltkrieg gebracht, als die bei Kriegsbeginn in England weilenden Untertanen der Kaiser Wilhelm und Franz Joseph im großen Maßstab interniert wurden. Restriktionen also, die trotz der britischen Resistenz gegen den auf dem Kontinent nahezu ubiquitären Antisemitismus einen antijüdischen und einen antideutschen Zug trugen – und jene, die aus Hitlers Reich fliehen mußten, waren sehr häufig beides: Deutsche und Juden. Wie sehr beide Faktoren nachwirkten, zeigt sich auch daran, daß die im 19. Jahrhundert sprunghaft angewachsene deutsche ›Gemeinde‹ in England nach dem Ersten Weltkrieg erheblich geschrumpft war, von rund dreißigtausend deutschstämmigen Londonern zu Kriegsbeginn war Anfang der dreißiger Jahre nur ein Bruchteil geblieben. Deren Organisationen boten jedoch in den seltensten Fällen Anknüpfungspunkte für die jetzt eintreffenden Flüchtlinge, sympathisierten sie doch häufig mit dem vermeintlichen Aufschwung des ›neuen‹ Deutschlands. Eine *Anglo-German Agency*, die Deutschen Stellen als Hausmädchen oder Gouvernanten vermittelte, schloß Jüdinnen aus, weil die Inhaberin mit einem Anhänger des britischen Faschisten-Chefs Oswald Mosley verheiratet war; an der Spitze der *Anglo-German Association*, in der sich H. G. Wells, John Galsworthy oder Harold Nicolson für die englisch-deutsche Verständigung einsetzten, hatte noch kurz zuvor Hitlers erster Außenminister Konstantin von Neurath gestanden.

Hinzu kamen die 1933 auch in Großbritannien noch keineswegs überwundenen Folgen der Weltwirtschaftskrise, die den Emigranten den Zugang zum englischen Arbeitsmarkt nahezu verschlossen. Eine dauerhafte Aufenthaltsgenehmigung war weitgehend denen vorbehalten, von deren Aufnahme sich Großbritannien Vorteile erhoffte, darunter neben prominenten Wissenschaftlern vor allem Industrielle, die – so lange die Gesetzgebung im ›Reich‹ dies zuließ – außer Unternehmergeist auch Geld mit auf die Insel brachten: Rund 300 Fabriken wurden in diesen Jahren von Hitler-Flüchtlingen gegründet. Wer hingegen weder über ein Vermögen noch über private Garantien noch über Kenntnisse verfügte, die dem offiziellen England besonders nützlich erschienen, also etwa »nur« Rechtsanwalt war oder praktischer Arzt, hatte eigentlich nur eine Chance: Er konnte sich als Hausangestellter oder Gärtner bei seinen britischen Standesgenossen verdingen. Regelungen, die erst nach dem Beginn des Zweiten Weltkrieges entfielen. Bis dahin aber war die Zahl derer, die in England Zuflucht suchten, geradezu explodiert: Im Herbst 1939 waren in Großbritannien zweiundsechzigtausend

Deutsche und zwölftausend Österreicher polizeilich registriert, zum größten Teil Juden. Allein in London wurden rund fünfzigtausend Flüchtlinge aus Deutschland, Österreich und der Tschechoslowakei gezählt. Die mit deutlich über acht Millionen Einwohnern damals größte Stadt der Welt war also in eben dem Maße zu einer Hauptstadt des Exils geworden, in dem der ›Anschluß‹ Österreichs, das Abkommen von München und der Novemberpogrom die zahlenmäßig überschaubare Zuwanderung in eine Massenflucht verwandelt hatten, für die sich Großbritannien nach dem Scheitern der *Appeasement*-Politik Neville Chamberlains mitverantwortlich fühlte: An die Stelle der oft willkürlichen Überprüfung an den Grenzen des Vereinigten Königreiches trat ein Visum-System, das sich für viele Refugees als beträchtliche Erleichterung erwies. Denn ein Visum erhielt nun nicht nur, wer eine Arbeitserlaubnis oder andere Unterhaltsgarantie vorwies, sondern auch, wer Großbritannien als Transitland benutzen wollte. Wie sehr sich die nach wie vor in erster Linie um eine ›geordnete‹ Zuwanderung bemühte britische Flüchtlingspolitik tatsächlich gewandelt hatte, zeigt vor allem eine große Rettungsaktion: der Kindertransport. Nach der ›Kristallnacht‹ hatten zionistische Organisationen angeboten, zehntausend jüdische Kinder aus Deutschland und Österreich in Palästina aufzunehmen. Ein Plan, dessen Umsetzung für die britische Mandatsregierung nach dem arabischen Aufstand ausgeschlossen war – weshalb die Kinder Aufnahme in Großbritannien selbst fanden.

Die Basis dazu war bereits im Frühjahr 1933 gelegt worden: Nach dem ›Judenboykott‹ in Deutschland hatte sich die englische jüdische Gemeinde dazu bereit erklärt, für Unterkunft und Verpflegung jüdischer Flüchtlinge aufzukommen – und so den Vorbehalt, die Refugees könnten der öffentlichen Fürsorge zur Last fallen, faktisch ausgehebelt. Neben den jüdischen Hilfsorganisationen entstanden zahlreiche andere, auf bestimmte Emigrantengruppen spezialisierte Komitees. Ein von Chamberlains Vorgänger Stanley Baldwin eingerichteter Fonds finanzierte den Kindertransport. Für Neuankömmlinge in London war die Unterstützung durch Flüchtlingskomitees, ihre Registrierung anfangs in *Woburn*, später in *Bloomsbury House*, nahezu so unvermeidlich wie die polizeiliche Anmeldung im Revier in der **Bow Street**. Die in sozialer Hinsicht recht homogene, weitgehend dem jüdischen Bürgertum entstammende Emigration bildete bald eine regelrechte Kolonie, die sich vorwiegend im Nordwesten der Stadt, in den südlichen Quartieren von **Hampstead**, in **Saint John's Wood** und in **Golders Green** ausbreitete.

III

Der Zweite Weltkrieg brachte nicht nur eine neue, gravierende Wendung für den allergrößten Teil der Flüchtlinge, sondern offenbarte auch die Diskrepanz zwischen einer restriktiven britischen Ausländerpolitik und der weithin toleranten und hilfsbereiten englischen Öffentlichkeit. Bereits der Hitler-Stalin-Pakt hatte für die offiziellen Stellen nämlich die Frage nahegelegt, ob sich jeder emigrierte Hitler-Gegner im Kriegsfall dem Vereinigten Königreich gegenüber loyal verhalten werde. Unmittelbar nach Kriegsbeginn wurden denn auch Tribunale eingerichtet, die diese Frage durch eine Klassifikation der ›feindlichen Ausländer‹, zu denen auch alle Emigranten aus Deutschland oder Österreich gerechnet wurden, beantworten sollten: »Enemy aliens« der Kategorie A galten als unzuverlässig und waren als Sicherheitsrisiko zu verhaften, Kategorie B beinhaltete die ›unentschiedenen‹ Fälle, denen bestimmte, zum Teil nur aus dem Blickwinkel von Militärs schlüssige Beschränkungen auferlegt wurden – darunter das Verbot, Waffen, Sprengstoff, ein Auto, aber auch Fotoapparate, Ferngläser oder Landkarten zu besitzen. In Kategorie C schließlich fielen die für loyal gehaltenen Ausländer. Obwohl die über hundert Tribunale, die nun mehr als dreiundsiebzigtausend Deutsche und Österreicher anhörten, vereinzelt zu unsinnigen Eingruppierungen kamen und etwa den erst spät geflohenen Publizisten Sebastian Haffner oder den von Goebbels mit Hetztiraden überzogenen früheren Berliner Polizeipräsidenten Bernhard Weiß der Kategorie A zurechneten, sprechen die Zahlen wie die Berichte vieler Emigranten von einer insgesamt zunächst rationalen Handhabung: Bis Anfang 1940 entschieden die Tribunale nur fünfhundertneunundsechzigmal auf »A«, in sechstausendsiebenhundert Fällen erging das Urteil »B«, während sechsundsechzigtausend Verhandlungen – von denen fünfundfünfzigtausend offiziell registrierte Flüchtlinge zum Gegenstand hatten – mit dem vorläufigen ›Freispruch‹ endeten. Den rund neunzig Prozent der Emigranten, die damit als loyale ›feindliche Ausländer‹ eingestuft worden waren, bescherte das Urteil der Tribunale zunächst sogar einen seit langem erhofften Fortschritt: Sie erhielten jetzt eine Arbeitserlaubnis und bei Bedürftigkeit sowie entsprechender Unterstützung durch ein Flüchtlingskomitee erstmals auch eine bescheidene staatliche Zuwendung von acht Shilling pro Woche.

Die Erfolge von Hitlers Kriegsmaschine und die seit Dünkirchen allgegenwärtige Furcht vor einer deutschen Invasion enthüllen jedoch das andere Gesicht der staatlichen Erfassung aller Emigranten, die nun kollektiv unter den Verdacht einer ›fünften Kolonne‹ gestellt werden: Aus der Inhaftierung einer Minderheit wird die seit langem vorbereitete Masseninternierung. Schon am 15. Mai 1940 beginnt eine erste Verhaftungswelle, bei der zweitausendzweihundert vorwiegend in militärischen Sperrgebieten lebende Männer der Kategorie B festgenommen werden. Vier Wochen später befinden sich bereits zwölftausend Deutsche und Österreicher in Haft. Nach der französischen Kapitulation am 21. Juni 1940 erreicht die Masseninternierung der »enemy aliens« ihren Höhepunkt: Nach einem Dreistufenplan, der zunächst die Festsetzung aller Non-Refugees, danach die ›Räumung‹ der ländlichen Bezirke und schließlich die der Großstädte einschließlich Londons vorsieht, werden in wenigen Wochen rund siebenundzwanzigtausend Menschen interniert – etwa ein Drittel aller vor den Tribunalen erschienenen Deutschen und Österreicher also, darunter viertausend Frauen.

Das Vorgehen der britischen Behörden war dabei rücksichtsvoll – nicht nur im Vergleich zu deutschen Verhältnissen, sondern auch zu denen etwa in Frankreich: Statt einer Einberufung zu Sammeltransporten gab es individuelle Festnahmen; Kranke, Invalide, Jugendliche und Alte wurden verschont, andere – wie Erich Fried – schützte die heimliche Sympathie jüdischer Polizisten. Aus meist schlecht geeigneten Auffanglagern – in London etwa die Pferderennbahnen in **Kempton Park** sowie **Lingfield** und das *Olympia*-Ausstellungsgelände in **Kensington** – wurden die Internierten in größere Camps gebracht, deren interne Verhältnisse sich beträchtlich unterschieden. Vergleichsweise gut traf es, wer zu den fünfzehntausend Internierten gehörte, die in den weitgehend selbstverwalteten zwei Frauen- und sechs Männerlagern auf der Isle of Man landeten, und dort Quartier in den geräumten Ferienhäuschen des englischen Mittelstandes fand. Hier erblühte allen Widrigkeiten zum Trotz bald ein reiches kulturelles Leben hinter Stacheldraht, es fanden Kabarett-Aufführungen und Konzerte – etwa des später weltberühmten Amadeus-Quartetts – statt, bei Kunstausstellungen waren die Bilder von Kurt Schwitters oder Ludwig Meidner zu sehen, regelrechte Lager-Universitäten entstanden, in denen hochkarätige Gelehrte wie der Schubert-Forscher Otto Erich Deutsch Vorträge hielten. Besonders schlecht hingegen hatten es jene, die – wie der Sozialphilosoph Franz Borkenau und der spätere Sexualwissenschaftler Ernest Borneman – unter den siebentausend Verhafteten waren, die nach Australien oder Kanada deportiert wurden.

In der britischen Öffentlichkeit regte sich wegen der teils schlechten Zustände in den Lagern bald Widerstand gegen die Masseninternierungen, die bei einer Meinungsumfrage bereits im August 1940 nur noch von jedem Dritten gebilligt wurden. Ein deutscher Torpedo-Angriff auf die *Arandora Star*, die elfhundert Internierte aus dem Deutschen Reich und Italien nach Neufundland bringen sollte, hatte den Stimmungsumschwung eingeleitet: sechshundertfünfzig unfreiwillige Passagiere waren beim Sinken des Schiffes ertrunken. Schon Ende Juli veröffentlichte ein erstes *White Paper* Kriterien für eine Freilassung der Internierten, die Liste wurde sukzessive erweitert. An erster Stelle standen für die britische Regierung der Eintritt ins *Pioneer Corps*, eine unbewaffnete Hilfstruppe von ›Bausoldaten‹, der sich bis Ende 1941 knapp sechstausend Männer und siebenhundert Frauen (als Krankenschwestern) anschlossen, sowie die Integration der Emigranten in die britische Kriegswirtschaft: In London eröffnete ein Arbeitsamt für Deutsche und Österreicher, staatliche Umschulungsprogramme sollten aus Akademikern Schweißer, Dreher und Maschinenschlosser machen. Ende 1940 saßen noch zehntausend Internierte hinter Stacheldraht, im Sommer 1941 noch siebentausend, im Sommer 1942 nur noch vierhundert. Der Eingliederungsprozeß der Emigranten in die englische Gesellschaft hatte begonnen, aus ›feindlichen Ausländern‹ waren »friendly aliens of enemy nationality« geworden, denen jetzt auch der Erwerb der britischen Staatsbürgerschaft ermöglicht wurde. Ein Prozeß, der freilich erst nach der deutschen Kapitulation in Schwung kam: War vor dem Kriegsende noch nicht einmal eintausend Refugees ein britischer Paß und nur gut vierzehntausend ein unbeschränkter Aufenthalt gewährt worden, so war Anfang der fünfziger Jahre die weit überwiegende Mehrheit der Emigranten, die auf der Insel geblieben waren, naturalisiert.

IV

»Zuhause fühle ich mich, wenn ich mit dem Bleistift in der Hand deutsche Wörter niederschreibe und alles um mich herum spricht Englisch.« Elias Canetti schrieb diesen Satz 1959 in **Hampstead**. Er mag vor allem etwas über den Literatur-Nobelpreisträger von 1981 sagen, der zu den ganz Großen der deutschsprachigen Literatur gehört, ohne doch von irgend jemand als österreichischer oder gar deutscher Schriftsteller reklamiert werden zu können. Daß sein Leben in Zürich endete, ist immerhin bemerkenswert: Viele sogar derer, die in England – wie Hilde Spiel oder Robert Neumann – englisch zu schreiben begonnen hatten, kehrten früher oder später in den deutschen Sprachraum zurück. Andere, wie Erich Fried, blieben in London, waren literarisch aber eher in der Bundesrepublik ›zuhause‹. Auch der Komponist Berthold Goldschmidt wurde zuletzt dort ›entdeckt‹, von wo man ihn verjagt hatte. Die Vermittler, die wie der bedeutende Lyriker und Essayist Michael Hamburger beiden Kulturen angehören, blieben die Ausnahme, noch seltener traten Autoren wie nach dem Krieg Jakov Lind ein für allemal den Weg in die englische Literatur an. Doch prägend ist das Exil an der Themse in manchen Bereichen für beide Sprachräume geworden: Die heutige britische Kulturwissenschaft scheint ohne den Einfluß deutscher und österreichischer Kunsthistoriker ebenso unvorstellbar wie die alljährlichen Opernfestspiele von Glyndebourne ohne Fritz Busch, Carl Ebert oder Rudolf Bing, der internationale Siegeszug der Psychoanalyse wäre ohne das Wirken Anna Freuds in London undenkbar. Die *Balletts Jooss* revolutionierten das englische Tanztheater, und obwohl es in London nie typische Emigrantenverlage wie Querido oder Allert de Lange in Amsterdam gegeben hat, so sind doch die Verlagshäuser Weidenfeld and Nicholson, Thames and Hudson oder Lincoln Prager von Emigranten gegründet worden. Was wäre umgekehrt das zeitgenössische deutsche Theater ohne Peter Zadek und George Tabori, was die deutsche Medienlandschaft ohne Publizisten wie Sebastian Haffner oder die Schule der *BBC*, die so viele Radio- und Fernsehleute der Bundesrepublik durchliefen, was deren politisches Leben ohne Männer wie den SPD-Vorsitzenden Erich Ollenhauer, den DGB-Chef Ludwig Rosenberg oder den Politologen Richard Löwenthal? Und was wäre – um das ›Gegengift‹ zu nennen – die DDR ohne einen Kurt Hager oder Jürgen Kuczynski gewesen?

Vor der Knesset in Jerusalem steht eine große Menora, die Großbritannien dem jungen Staat Israel geschenkt hat. Geschaffen hat den gewaltigen siebenarmigen Leuchter Benno Elkan. Der in Dortmund geborene Bildhauer, Maler und Schriftsteller war im Juli 1933 nach London emigriert, wo er 1960 starb. Er hätte in diesem Buch seinen Platz. Aber auch der Leuchter in Jerusalem? Der vorliegende Band möchte zu einer Entdeckungsreise zu Fuß anstiften – und zu Fragen, die sich nicht glatt beantworten lassen. Zu Fragen auch an den eigenen Umgang mit Fremden. Für weitere Hinweise sowie für Anregungen inhaltlicher wie praktischer Art sind Autor und Verlag dankbar.

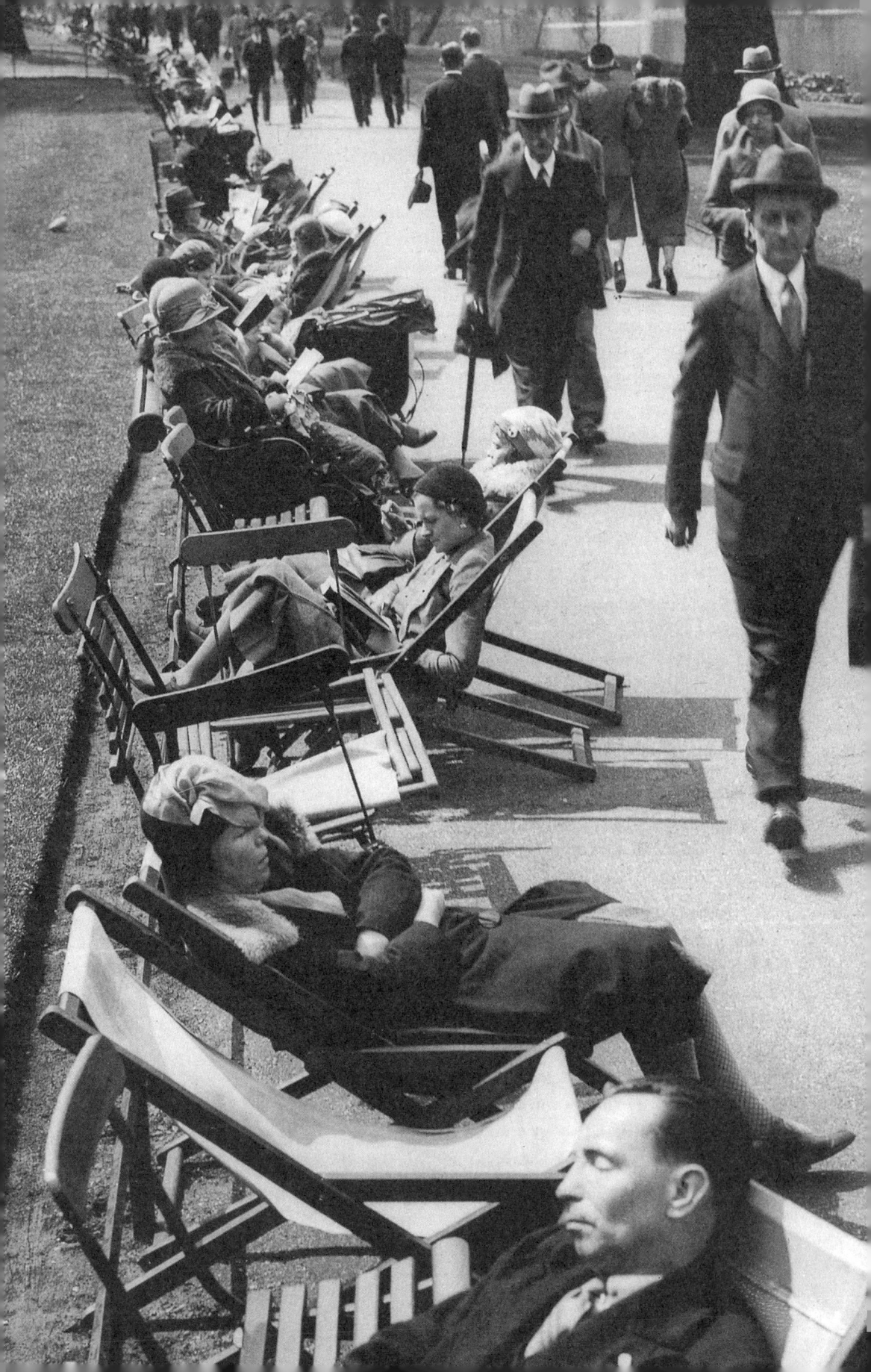

ERSTER SPAZIERGANG

Zwischen Regent's Park
und Marble Arch

Parks sind Oasen in der Asphaltwüste. Als Inszenierungen menschengerechter Natur können sie gerade dem in der Großstadt Unbehausten ein Stück Heimat unter fremdem Himmel vorspiegeln. Die Gedichte Max Herrmann-Neißes, der seine Tage in den Londoner Parks verbrachte, reimen sich immer wieder auf diese melancholische Logik. Doch nicht nur sie hat viele Emigranten zu Dauergästen in den großen Grünanlagen gemacht: Ein im **Hyde Park** verbrachter Tag kostete kein Geld, der einsame Flaneur in den **Kensington Gardens** mußte kein Englisch sprechen, wer im **Regent's Park** spazierte, konnte daheim nicht als ›feindlicher Ausländer‹ abgeholt werden. Parks sind Schonräume – zumal des Exils. Um so deutlicher lassen sie die Misere hervortreten, die sich zwischen ihnen abspielte, sei sie nun psychisch oder materiell.

Der Spaziergang vom **Regent's** zum **Hyde Park** beginnt und endet an Wohnhäusern emigrierter Schriftsteller, führt ansonsten aber zu Orten, an denen sich die Flüchtlinge dem Verkehr mit der britischen Gastgeber-Gesellschaft stellen mußten. Folgt man der vorgeschlagenen Route mit dem Gedanken, inwieweit für die Emigranten Pfade zu einem neuen Zuhause von ihr abzweigten, muß sie als Sackgasse, ja als *Weg nach unten* (Franz Jung) erscheinen: Sie spannt sich von Stefan Zweigs nobler Adresse in der **Hallam Street** – und damit einem scheinbar, wenn auch nur materiell gelingenden Versuch, sich im Exil einzurichten – zu einem Platz offenbaren materiellen wie psychischen Scheiterns: Max Herrmann-Neißes Wohnung im *Bryanston Court*. Dazwischen liegen Abstufungen, Grade des meist schwierigen ›Ankommens‹ in einer unvertrauten Umgebung, die sich an den einzelnen Stationen nachvollziehen lassen. Da ist das Funkhaus der *BBC*, die intellektuellen Hitler-Gegnern als Arbeitgeber das Entree ins alliierte Lager ermöglichen konnte, da sind die Warenhäuser und Geschäfte der **Oxford Street**, in denen es zu kaufen und zu verkaufen galt, da ist das *Mount Royal Hotel* als erste Bleibe und Stelldichein mit seinesgleichen.

Neben Schriftstellern und Publizisten – zu Zweig und Herrmann-Neiße gesellen sich beispielsweise Karl Otten sowie Robert Neumann – trifft der Spaziergänger auf dieser Tour vor allem emigrierte Maler und künstlerisch-literarische Doppelbegabungen: Oskar Kokoschka, John Heartfield, Kurt Schwitters und Ludwig Meidner. Die Strecke ist bequem an einem Vor- oder Nachmittag ins touristische London-Programm zu integrieren sowie an Werktagen mit einem Einkaufsbummel in **Oxford Street**, sonntags mit einem Abstecher zu **Speaker's Corner** zu verbinden. Sie beginnt unweit der U-Bahn-Station **Regent's Park** (Bakerloo Line) und endet nahe **Marble Arch** (Central Line).

❶ 49 Hallam Street, W. 1
Stefan Zweig

❷ BBC Broadcasting House
Portland Place, W. 1
Karl Otten,
Ernest Borneman
und die Erfolge des
Gefreiten Hirnschal

❸ Kaufhaus John Lewis
278 – 306 Oxford Street, W. 1
Oskar Kokoschka

❹ Kaufhaus Selfridge
400 Oxford Street, W. 1
John Heartfield,
Wieland Herzfelde
und Ernst Stern

❺ 12 Baker Street,
Portman Square, W. 1
Kurt Schwitters
und Jack Bilbo

❻ Mount Royal Hotel
Bryanston Street,
Marble Arch, W. 1
Robert Neumann,
Rudolf Olden,
Richard Friedenthal
und der PEN-Club im Exil

❼ Bryanston Court,
Upper George Street, W. 1
Max Herrmann-Neiße
und Ludwig Meidner

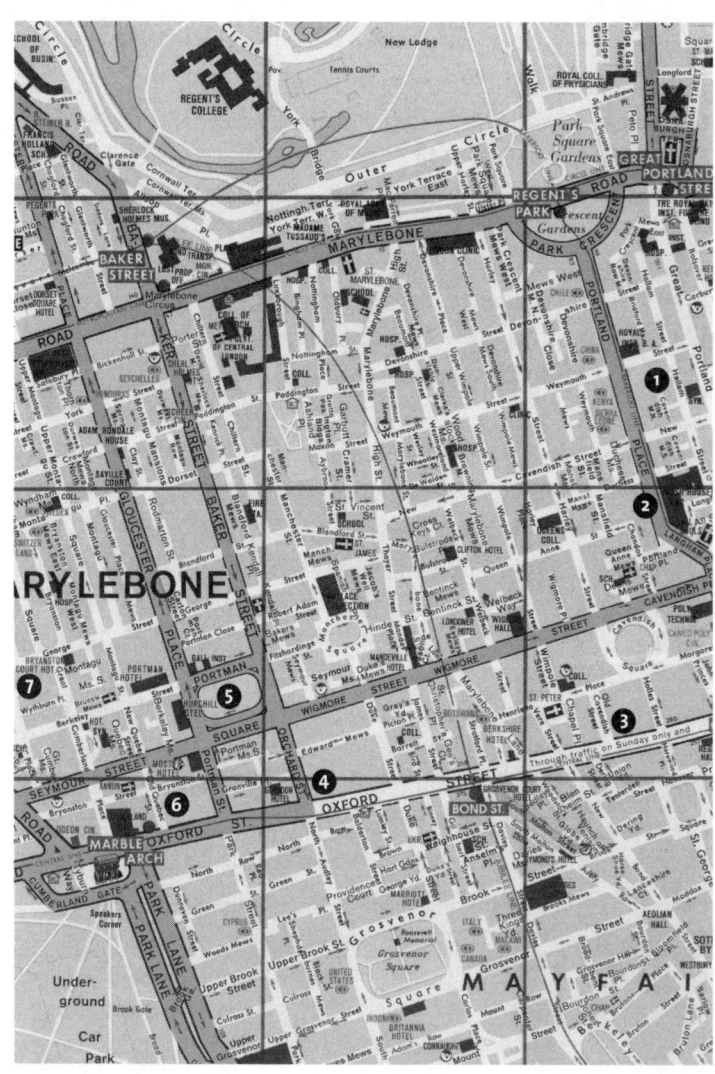

S tefan Zweig, schreibt → Robert Neumann an → Rudolf Olden,
sei »anschnorrbar at **49 Hallam Street, W. 1,** Tel. Langham 3693«.
Die Sekretäre des deutschen und des österreichischen PEN-Clubs im
Exil, beide selbst nicht auf Rosen gebettet, hatten Hilfe für verfolgte und in Not geratene Kollegen zu organisieren. Und der clevere
Neumann wußte, an wen man sich halten konnte: Er kannte Stefan
Zweig als warmherzigen Freund, der »Literatur en gros« betrieb
und der »Musterorganisation eines Versandgeschäfts« glich, freilich
»ins Geistige übertragen«. Nicht umsonst habe man diesen »welt-
brüderlichen« Literaten mit dem »sonntäglich emporgezwirbelten
Feuilletonstil« in Wien den »Erwerbszweig« genannt – und ihn so
von seinem preußischen Namensvetter Arnold unterschieden.
Tatsächlich erfüllte Stefan Zweig die in ihn gesetzten Erwartungen:
Als Erbe einer Industriellenfamilie und international erfolgreicher
Autor hatte er nicht nur Geld, er war mit ihm und seiner Freundschaft auch ungewöhnlich großzügig und half, wo er konnte. Joseph
Roth oder Ernst Weiß etwa waren im Pariser Exil auf seine Unterstützung angewiesen. Schließlich, meint Zweig selbst in einem unmittelbar nach seiner Emigration Anfang 1934 an Romain Rolland
gerichteten Brief, sei er »einer der zehn Autoren deutscher Sprache,
die es sich leisten können, verbannt zu sein«. Fünf Jahre später aber
fühlt sogar er sich allmählich überfordert: Bereits seit Hitlers Einmarsch in Österreich weniger Schriftsteller denn »eine Art Büro,
das für Dutzende Österreicher jetzt alles Mögliche zu besorgen hat«,
werde er zusehends zum »Opfer der Flüchtlingslawine«, die sich
vom Kontinent her nach London wälze. Doch nicht nur er, »jeder
Jude hier hat jetzt fünf, sechs Leute auf dem Rücken zu tragen«.

Als im Mai 1933 in Deutschland auch seine Bücher brannten,
war der unpolitische Humanist, Kosmopolit und Pazifist noch keineswegs auf diese Entwicklung eingestellt. Er werde »nur im äußer-
sten Notfall« aus dem zwar gärenden, doch noch sicher scheinenden
Österreich emigrieren, ließ er Franz Masereel wissen, weil jeder
Emigrant riskiere, die Daheimgebliebenen zu Geiseln zu machen. So
kam er im Herbst 1933 denn auch noch keineswegs als Emigrant,
sondern als Reisender nach London, um dort eine Weile in Ruhe zu
arbeiten. Dazu konnte er weder die politischen Turbulenzen in der
Heimat noch den ständigen Betrieb in seinem Haus auf dem Salzburger Kapuzinerberg brauchen, suchte vielmehr die Anonymität
einer Stadt, in der er – anders als im geliebten Paris – untertauchen
konnte. Und diesmal fühlte er sich – im Gegensatz zu seinem ersten
Besuch 27 Jahre zuvor – auf Anhieb wohl in der britischen Haupt-

Stefan Zweig

49 Hallam Street, W. 1

Hinweg

Mit Circle Line, Bakerloo Line
oder der Linie Hammersmith
and City gelangt man zum
U-Bahnhof Great Portland
Street. Über die Great Portland
Street geht es nach rechts
in die Devonshire Street und
gleich wieder links in die
Hallam Street.

Am Wegesrand

In 4 Devonshire Street befindet
sich die von → Alfred Wiener
gegründete Wiener Library.

Stefan Zweig,
Schriftsteller. Er wurde am
28. November 1881 in Wien
geboren. Nach einer England-
Reise 1906 hielt er sich im
Herbst 1933 erstmals wieder
längere Zeit in London auf,
wohin er im Februar 1934
emigrierte. Im Juli 1939 übersiedelte er nach Bath, ein Jahr
später ging er über die USA
nach Brasilien. Am 22. Februar 1942 nahm er sich mit
seiner Frau Lotte in Petrópolis
das Leben. In London wohnte
er außerdem in 11 Portland
Place, W. 1.

stadt. Deren zivile und unaufgeregte Atmosphäre biete ihm, berichtete er Thomas Mann, »die unermeßlich nötige seelische Entlastung« von den deutsch-österreichischen Zuständen. Er wisse jetzt, »wo ich leben würde, wenn die Lage in Österreich unhaltbar wird«. Ein Gesinnungswechsel war dies freilich keineswegs: Noch von London aus plädierte er Rolland gegenüber dafür, »die Emigration zu verlangsamen und zu regeln«.

Nur wenige Wochen später ist die Situation in Österreich für ihn allerdings unhaltbar geworden: Als er im Februar 1934 nach der von ihm kaum bemerkten Niederschlagung des Wiener Arbeiteraufstandes aus seiner Geburtsstadt nach Salzburg zurückkehrt, lassen die Austrofaschisten ausgerechnet sein Haus nach ›Waffen‹ durchsuchen. Zweig setzt sich in den Zug und fährt nach London. Zwar hatte er ohnehin vor, zurück an die Themse zu reisen, um dort an seinem Buch über Maria Stuart zu arbeiten, zwar kann er vorerst auch noch gefahrlos wieder heim nach Salzburg fahren. Doch ihm ist klar, daß er den entscheidenden Bruch vollzieht, daß er diesmal ins Exil geht, das er unter allen Umständen vermeiden wollte. Der – wie er selbst weiß – literarisch mittelmäßige, aber vom Erfolg verwöhnte Schriftsteller mit internationalen Beziehungen verläßt seine geliebte Bibliothek, verkauft große Teile seiner wertvollen Autographensammlung und trennt sich faktisch von seiner in Salzburg bleibenden Frau Friderike, um in der »schöne(n) steinerne(n) Wüste, die London heißt«, noch einmal neu zu beginnen.

Kein leichtes Unterfangen für einen arrivierten Dreiundfünfzigjährigen. Er nimmt eine für seine Verhältnisse äußerst bescheidene Wohnung am **Portland Place** und bandelt mit seiner neuen, fast dreißig Jahre jüngeren Sekretärin an, der in Kattowitz geborenen und 1933 nach London emigrierten Lotte Altmann. Ausgerechnet Friderike hat die junge, asthmakranke Frau beim noch in *Woburn House* residierenden jüdischen Hilfskomitee für ihn ›entdeckt‹. Zweig stürzt sich in die Arbeit, fährt mit Lotte nach Schottland, um Quellenstudien für seine *Maria Stuart* zu treiben, verbringt Tage in der → *British Library*, die ihm »eine Art Heimat« wird. Doch die Stadt, die er sich zum Exil gewählt hat, wird ihm rasch wieder fremd – von Londoner Intellektuellenkreisen hält Zweig sich so fern wie von deutschen Emigrantenzirkeln. Ihnen hat sich der im ›Reich‹ geächtete Schriftsteller schon im Herbst 1933 verdächtig gemacht, als sein langjähriger Freund und Verleger Anton Kippenberg seine Absage an Klaus Manns Exilzeitschrift *Die Sammlung* unautorisiert im *Börsenblatt für den deutschen Buchhandel* abdrucken ließ. Zweig

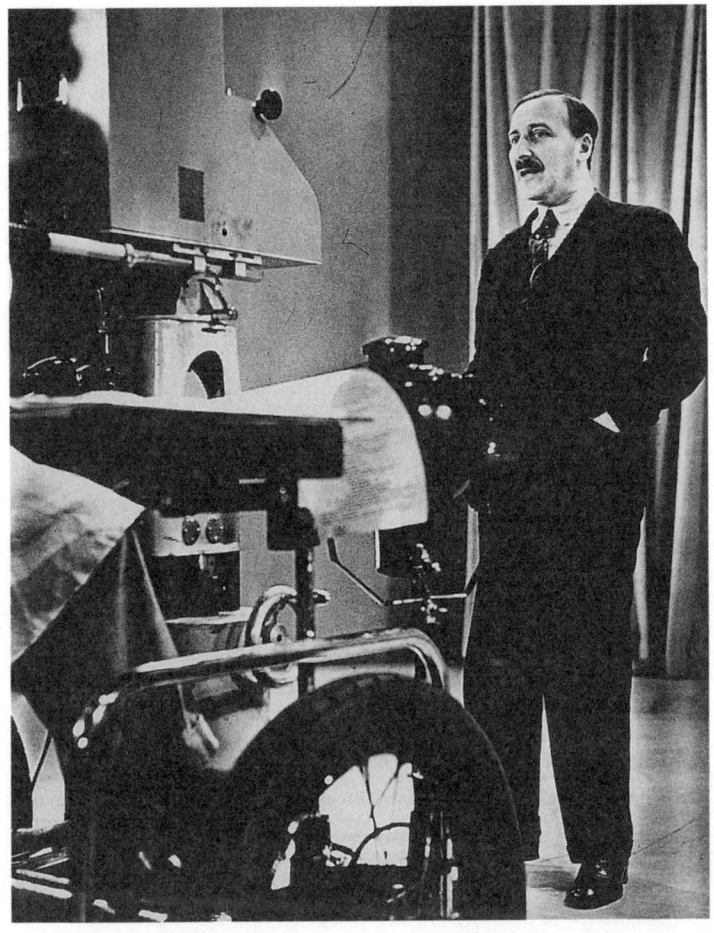

bricht daraufhin mit Kippenberg und dem Insel-Verlag, er versucht,
seine auf den Abgrund zutreibende Welt, seinen Traum von Europa
zu retten: Auf ausgedehnten Reisen trifft er Freunde wie Schalom
Asch, Arturo Toscanini oder Jules Romains, freut sich des großen
Presseechos seiner Aufenthalte in den USA, in Brasilien und Ar-
gentinien, schreibt weiter Biographien und seinen einzigen Roman,
Ungeduld des Herzens, der nach dem Krieg mit den Londoner Emigranten → Lilli Palmer und Albert Lieven verfilmt werden wird. Er
klammert sich an Chamberlains »peace for our time« – und weiß in
seinem Herzen doch, was kommen muß: Als ihn Carl Zuckmayer
in London besucht, will er ihn – so vergeblich übrigens wie → Elisabeth Bergner – zur sofortigen Emigration bewegen, beschwört schon
1934 das Rollen deutscher Panzer.

Vier Jahre später fahren sie tatsächlich über die österreichische
Grenze, Wien jubelt Hitler auf dem Heldenplatz zu. Stefan Zweigs

Welt ist jetzt endgültig die »von Gestern«: Das Haus in Salzburg ist verkauft, die Scheidung von Friderike nur noch Formsache. Seine alte Mutter stirbt verlassen in seiner antisemitisch verseuchten Geburtsstadt, nach dem Bruch mit der ›Insel‹ und dem Verbot in Deutschland geht ihm nun auch der Herbert-Reichner-Verlag, in dem auch die Werke → Elias Canettis und → Hermann Brochs erschienen, verloren – und damit das deutschsprachige Publikum und besonders die Sprache, an die er sich auf Gedeih und Verderb gefesselt sieht, obwohl sie »uns verschweigt«.

Auch seinen österreichischen Paß ist er mit dem ›Wiedereintritt seiner Heimat ins Deutsche Reich‹ auf einmal los. Und stellt bitter fest, daß ein Staatenloser keinerlei Anlaß zu weltbürgerlichen Träumen mehr hat: Er, der sich in England bislang als willkommener Gast fühlen durfte, »der hier sein internationales Einkommen verausgabte und Steuern bezahlte«, ist über Nacht zum unliebsamen Flüchtling geworden, der sich zuerst um ein englisches Fremdenpapier, dann um die britische Staatsbürgerschaft bemühen muß. Über die »Gleichgewichtsstörung« namens Emigration hinaus stellt sich schmerzlicher Identitätsverlust ein: Von nun an, schreibt er, habe er sich »nie mehr als ganz mit mir zusammengehörig« empfinden können.

Im Sommer 1939 zieht er sich aus **49 Hallam Street**, wo er seit März 1936 »anschnorrbar« war, ins provinzielle Bath zurück. Kurz darauf stirbt in London → Sigmund Freud, der bewunderte, lang schon schwerkranke, gleich ihm vertriebene Gesprächspartner, Freund und Lehrer. Zweig hat Freud noch mehrfach in **Hampstead** besucht, Salvador Dalí bei ihm eingeführt. Jetzt soll er ihm die Totenrede halten. Doch vor der Fahrt nach London sind neue bürokratische Hürden zu überwinden: Mit Hitlers Überfall auf Polen ist aus dem österreichischen Gentleman Stefan Zweig nicht nur ein staatenloser ›refugee‹, sondern gar ein ›feindlicher Ausländer‹ geworden, der Reisen zu begründen hat und sich genehmigen lassen muß. Weil Lotte die Internierung droht, heiraten sie am 6. September 1939, fünf Tage nach Kriegsbeginn. Ein halbes Jahr nach der Hochzeit erhalten beide den ersehnten englischen Paß. Er reist letztmals ins noch unbesetzte Frankreich; im Juli 1940 schifft sich das Ehepaar Zweig nach Amerika ein, verläßt schließlich New York und geht nach Brasilien. Dort nehmen Stefan und Lotte Zweig, der »langen Jahre heimatlosen Wanderns« müde, am 22. Februar 1942 Veronal. Aus → Richard Friedenthal, seinem Londoner Statthalter, ist sein Nachlaßverwalter geworden.

Stefan Zweig
in seiner Bibliothek,
1939

Nachgelesen

Stefan Zweig: *Die Welt von Gestern. Erinnerungen eines Europäers.* Frankfurt (Fischer-TB 1152) 1970.

Es geht weiter

nach rechts in die New Cavendish Street und sofort nach links zum Portland Place. Das Broadcasting House befindet sich linkerhand.

Zwischen zehn und fünfzehn Millionen Deutsche sollen im letzten Kriegsjahr ›Rundfunkverbrecher‹ gewesen sein. Der Sender, den sie hörten, leitete seine Programme mit vier Paukenschlägen ein: drei kurzen und einem langen. Im Morsealphabet das V für victory, für Musikliebhaber der Beginn von Beethovens großer Freiheitsmusik, der fünften Symphonie. Den deutschen ›Rundfunkverbrechern‹, die sich mit dem ›Volksempfänger‹ versteckten und in aller Heimlichkeit den Londoner Rundfunk hörten, versprachen sie vor allem eine Portion Wahrheit. Nicht zuletzt dieser Glaubwürdigkeit, die die deutschsprachigen Sendungen der *BBC* zu jeder Zeit von Goebbels' Lügenmaschinerie unterschied, verdankten die Alliierten ihren Sieg auch im Propaganda-Krieg.

Gegründet worden war der *German Service* der *BBC*, um den Weltkrieg, in dem er seine größte Bedeutung erhalten sollte, zu verhindern: Neville Chamberlain wollte den Deutschen seinen »Frieden für unsere Zeit« schmackhaft machen und ließ die Rede, mit der er am 27. September 1938 vor seiner Abreise nach München Hitlers Forderung, ihm das Sudetenland auszuliefern, zu »beschwichtigen« suchte, ins Deutsche übersetzen. Die von Pannen gezeichnete Übertragung aus *10 Downing Street* endete nach Meinung vieler Beteiligter ebenso im Desaster wie Chamberlains gesamte Politik – und wurde so doch zur Geburtsstunde eines effizienten deutschsprachigen Programms der *BBC*, das sieben Monate später, in einer veränderten Welt, auf Sendung ging.

Buchstäblich von der ersten Minute an waren am *German Service* Emigranten maßgeblich beteiligt. Unter Federführung von Graham Greenes Bruder Hugh, der Berlin-Korrespondent des *Daily*

Die BBC, Karl Otten, Ernest Borneman und die Erfolge des Gefreiten Hirnschal

BBC Broadcasting House Portland Place, W. 1

Links: Das Broadcasting House am Portland Place war und ist heute noch die Zentrale der BBC.

Oben: Bombentreffer am Broadcasting House

BBC Bush House in London

Der am 28. Dezember 1898 in Bialystock geborene **Mischa Spoliansky** war 1914 nach Berlin gekommen und dort neben Friedrich Hollaender zu einem der begehrtesten Kabarett- und Revuekomponisten der Weimarer Republik geworden. 1932 störten die Nationalsozialisten seine Premieren, 1933 emigrierte er über Wien nach London. An der Themse reüssierte er als Film- und Musicalkomponist, seine Operette *Who's Taking Liberty* wurde 1939 mit großem Erfolg im Whitehall Theatre gespielt. Er gründete die *Selbsthilfe deutscher Ausgewanderter*, wirkte an den Programmen des FDKB und des *Austrian Centre* mit und arbeitete unter dem Pseudonym Toni Galento für den *German Service*. Spoliansky starb am 20. Mai 1985 in London.

Telegraph gewesen war und den *Deutschen Dienst* von 1940 bis 1946 leitete, bevor er Generaldirektor der Corporation wurde, arbeiteten beim *German Service* so viele Hitler-Flüchtlinge, daß die Kellerkantine der *BBC*-Auslandsdienste einem mitteleuropäischen Literatencafé glich. Ihr Sitz war übrigens schon bald nicht mehr die Radiozentrale am **Portland Place**, die im Oktober 1940 – ausgerechnet während einer Nachrichtensendung des *Deutschen Dienstes* – von einer Bombe getroffen wurde. Allerdings war in der Übertragung aus dem Keller des Gebäudes nichts von dem Knall zu hören. Nach einem Intermezzo in einer alten Eishalle in Maida Vale zog der *German Service* ins *Bush House* am **Strand**. Was offenbar ein atmosphärischer Gewinn war: Die dortige Cafeteria habe den Berlinern das »Romanische Café« ersetzt, den Wienern das »Central« oder das »Herrenhof«, schreibt Robert Lucas, ein *BBC*-Mann der ersten Stunde. Der Jurist und Heine-Biograph Carl Brinitzer, 1936 nach England emigriert, war ebenfalls bereits 1938 zum deutschsprachigen Programm der *British Broadcasting Corporation* gestoßen, der er bis 1967 die Treue hielt. Er fungierte zunächst als Leiter der Ansager- und Übersetzerabteilung, bevor er nach dem Krieg die Leitung des *German Service* übernahm. Als Nachrichtensprecher arbeitete der Schauspieler Albert Lieven, ebenfalls seit 1936 in England, für den Deutschen Dienst; seine Berliner Kollegin Lucie Mannheim, die 1923 ihre ersten Filmerfolge gefeiert hatte und 1934 über die Tschechoslowakei und Österreich nach London gekommen war, wo sie 1935 mit Hitchcock *The 39 Steps* drehte, trat in den deutschsprachigen *BBC*-Sendungen vor allem als Chanson-Sängerin auf. Der vielseitige Walter Rilla, Feuilletonist, Dramaturg und Filmschauspieler, war 1936 emigriert und arbeitete bei der *BBC* als Chef des deutschen Features und als Hörspielautor; der Literaturkritiker und kurzzeitige Exil-PEN-Sekretär Friedrich Burschell, der nach Aufenthalten in Frankreich, Spanien und der Tschechoslowakei 1939 in England gelandet war, als Übersetzer. Mischa Spoliansky, in Berlin erfolgreicher Kabarett- und Revuekomponist und schon 1933 nach England emigriert, wo er vor allem als Filmkomponist arbeitete, sang und schrieb für die *BBC* Kabarett-Songs und satirische Lieder. Zum festen Mitarbeiterstab gehörten auch zahlreiche mehr oder minder bekannte Autoren, darunter → Robert Neumann, → Hans Flesch-Brunningen oder → Richard Friedenthal.

Allerdings war das Künstler- und Literatenvölkchen, das sich im *German Service* zusammenfand, von einer antifaschistischen Einheitsfront weit entfernt: Eifersüchteleien und Intrigen blieben,

Die Leitung des German Service in den vierziger Jahren (von links nach rechts): Richard Crossman, Redakteur, Hugh Carleton Greene, Leiter des Dienstes ab 1940, Marius Goring, Sprecher, und Lindley Fraser, Chefkommentator.

wie in jeder intellektuellen Kaffeehausgesellschaft, auch im *Bush House* nicht aus. Heinrich Fischer etwa, der literarische Nachlaßverwalter und Nachkriegsherausgeber von Karl Kraus, der vor 1933 Mitarbeiter der *Aktion* und der *Weltbühne* sowie Chefdramaturg am Schiffbauerdamm-Theater gewesen war, soll aus ›Treue‹ zum Großmeister der Wiener Sprachkritik eine regelmäßige Mitarbeit → Alfred Kerrs beim Deutschen Dienst verhindert haben. ›Mitgebrachten‹ Animositäten gab der Umstand, daß die begehrten Jobs bei der BBC stets knapp und daher umkämpft waren, zusätzliche Nahrung: Um ihre Position besorgte Exilanten hätten, berichtet Martin Esslin, ihre Rivalen bisweilen eines jiddischen oder böhmischen Akzents bezichtigt – und der könne die britischen Kommentatoren, denen sie die richtige Aussprache einzurichten hatten, beim deutschen Publikum ja nur diskreditieren.

Der aus Budapest stammende Theaterfachmann Esslin selbst, der es 1963 zum Chef der Hörspielabteilung des britischen Rundfunks bringen sollte, war vom *Monitoring Service* zum *Deutschen Dienst* der BBC gekommen. Dieser *Monitoring Service* wurde zu Kriegsbeginn im mittelenglischen Evesham etabliert, um durch das Abhören deutscher Sendungen Material für die britischen Nachrichtendienste und die englische Gegenpropaganda zu sammeln. So wurde er auch zu einem wesentlichen Zuträger für den *German Service* – etwa, wenn es darum ging, die Widersprüche aufzudecken, die zwischen der deutschen Propaganda in verschiedenen Ländern zutage traten. Martin Esslin legte zudem ein Archiv mit Hitler-Reden an, mit dessen Hilfe der ›Führer‹ bei Bedarf zu desavouieren war: Man brauchte nur die vollmundigen Prophezeiungen des

Am Programm der BBC waren u. a. beteiligt:

Carl Brinitzer,
Albert Lieven,
Lucie Mannheim,
Walter Rilla,
Friedrich Burschell,
Mischa Spoliansky,
Robert Neumann,
Hans Flesch-Brunningen,
Richard Friedenthal,
Heinrich Fischer,
Martin Esslin,
Ernst Gombrich,
George Weidenfeld,
Eugen Max Brehm,
Bruno Adler,
Annemarie Hase
und Thomas Mann.

›Gröfaz‹ vor Stalingrad mit dem Ausgang der Schlacht zu vergleichen. Beim *Monitoring Service* fungierten als Übersetzer zeitweilig auch die jungen Wiener → Ernst Gombrich, dessen Schwester Dea als Geigerin für die *BBC* arbeitete, und George Weidenfeld. Der hatte sich als Student der Wiener Konsularakademie eine Woche vor dem ›Anschluß‹ Österreichs mit einem antisemitischen Kommilitonen duelliert und entwickelte sich bei der *BBC* vom Analysten der deutschen Propaganda zum Spezialisten für die englische Gegenpropaganda, bevor er nach dem Krieg für seinen Sender nach Prag ging, Dozent am *Royal Institute for Foreign Affairs*, Berater des ersten israelischen Präsidenten Chaim Weizmann, der erste Verleger von Nabokovs *Lolita* und schließlich zum Lord erhoben wurde. Gar ein ganzes Berufsleben brachte beim *BBC*-Abhördienst der Pazifist Eugen Max Brehm zu, der nach ›Schutzhaft‹, Illegalität und Flucht in die Tschechoslowakei im Februar 1939 in England eingetroffen war, dort zum Monitoring Service ging, 1940 interniert wurde, aus dem Camp zur *BBC* zurückkehrte und bis 1971 bei ihr blieb.

Enormen Erfolg hatten bei den deutschen *BBC*-Hörern nicht nur Nachrichtensendungen, sondern zunehmend auch politische Satiren, in denen Emigranten den Kriegsverlauf und die Entwicklung im Reich aufs Korn nahmen. So sollen bis zu zehn Millionen illegale Hörer – darunter Konrad Adenauer – regelmäßig den Briefen des Gefreiten Adolf Hirnschal, eines deutschen Schwejk in Hitlers Wehrmacht, an sein »vielgeliebtes Weib« Amalia gelauscht haben. Ihr Verfasser Robert Lucas, der Übersetzer der Chamberlain-Rede von 1938, war in Wien Journalist und, gemeinsam mit Jura Soyfer, Autor des *Politischen Kabaretts*, nach seiner Flucht im April 1934 London-Korrespondent der *Neuen Freien Presse* gewesen, bevor er – zunächst als Übersetzer und Sprecher, dann als Autor und Redakteur – für fast drei Jahrzehnte zur *BBC* ging. Ähnliche Popularität wie sein Gefreiter Hirnschal genoß die Berliner »Volksjenossin« Gertrud Wernicke, die von dem Karlsbader Kunsthistoriker Bruno Adler, der 1936 nach London geflohen war, erfunden und von Annemarie Hase gesprochen wurde, einer Kabarettistin, die im Berlin der zwanziger Jahre ihre ersten Erfolge gefeiert hatte und nach dem Krieg von Brecht ans *Berliner Ensemble* geholt wurde.

Satirische Verse, die Mischa Spoliansky vertonte und Walter Rilla sang, schrieb für die *BBC* der als expressionistischer Lyriker bekannt gewordene Karl Otten. Der radikale Pazifist war im September 1936 nach London gekommen. Im Dezember stand er auf der gleichen Ausbürgerungsliste wie Thomas Mann und → Rudolf

Die Max-Reinhardt-Schülerin **Annemarie Hase** (14. Juli 1900 bis 22. Februar 1971) war in Berlin vor allem in Varietés und als »Bänkelsängerin« erfolgreich gewesen, bevor sie 1936 nach England kam. Dort agierte sie als Mitglied der *Kleinen Bühne* des FDKB. Nach dem Krieg spielte sie zunächst am Deutschen Theater in Ost-Berlin, dann holte Brecht sie an den Schiffbauerdamm. 1961 übersiedelte sie nach West-Berlin, von wo aus sie zu Gastspielen nach London zurückkehrte.

Olden, das Jahr 1937 gehörte der Arbeit an *Torquemadas Schatten*, seinem Roman über den Spanischen Bürgerkrieg. Außerdem wurde Otten zunächst freier, dann fester Mitarbeiter der *BBC*. Von den rund hundertzwanzig erhaltenen Manuskripten, die er von 1938 bis 1946 für den britischen Funk schrieb, sind aber relativ wenige für den Deutschen Dienst verfaßt: Die meisten Beiträge Ottens entstanden zwischen 1941 und 1945 für den *Home Service*, den *European Service* und den *Forces Service*. In London schloß er sich dem → Exil-PEN an, hielt Vorträge im → Club 43 und legte unter dem Titel *A Combine of Aggression. Masses Elite and Dictatorship in Germany* 1942 eine Faschismus-Analyse vor. 1944 verlor er das Augenlicht, setzte seine schriftstellerische und nun vor allem editorische Tätigkeit aber unvermindert fort. Seit 1947 britischer Staatsbürger, versuchte er in den fünfziger Jahren mit Anthologien wie *Ahnung und Aufbruch, Schrei und Bekenntnis, Das leere Haus* oder *Schofar*, expressionistische und jüdische Dichter wieder in die deutsche Literatur einzubürgern. Dafür erhielt er 1961, drei Jahre, nachdem er von London nach Locarno gezogen war, zwar den Leo-Baeck-Preis, doch seine eigenen Werke gerieten in Vergessenheit.

War Otten einer der produktivsten, so war Thomas Mann der bekannteste Exil-Schriftsteller, den die *BBC* während des Zweiten Weltkrieges zu ihren Mitarbeitern zählte. Nachdem sich seine Tochter Erika im Sommer und Herbst 1940 mehrfach im Londoner Radio geäußert hatte, wandte sich der in Kalifornien lebende Literatur-Nobelpreisträger vom Oktober 1940 an über die *BBC* an die »deutschen Hörer«. Bis zum 10. Mai 1945 wurden fünfundfünfzig je achtminütige Thomas-Mann-Ansprachen ausgestrahlt, wobei die Texte zunächst nach London gekabelt und von deutschen Sprechern verlesen wurden. Später nahm die US-Anstalt NBC Thomas Manns Stimme in Los Angeles auf, um sie dann in New York auf Platten pressen zu lassen, die nach London geflogen und dort vor einem *BBC*-Mikrophon abgespielt wurden. Doch nicht nur der bürgerliche Großschriftsteller, auch sein linker Gegenspieler → Bert Brecht wurde vom kalifornischen Exil aus *BBC*-»Mitarbeiter« – ohne es zu wissen. Im Dezember 1940 strahlte der *Home Service* eine englische Fassung von *Furcht und Elend des Dritten Reichs* aus, die anschließend auch vom *Overseas Service* übernommen wurde. Brechts Stück war als *Under the Crooked Cross* zwar kaum noch wiederzuerkennen – allerdings scheint man bei der *BBC* zum Zeitpunkt der Produktion ebensowenig von Brechts Aufenthaltsort geahnt zu haben wie Brecht von seiner britischen Rundfunk-Karriere.

Karl Otten, Schriftsteller und Publizist. Er wurde am 29. Juli 1889 in Oberkrüchten geboren. Otten war als Schüler mit Richard Huelsenbeck, → Walter Hasenclever und Carl Sternheim, als Student mit Frank Wedekind, Franz Marc und August Macke befreundet. In München schloß er sich Erich Mühsams »Tat«-Gruppe an. 1914 wurde er als Kriegsgegner und Anarchist interniert, nach seiner Freilassung groteskerweise bei der Postzensur eingesetzt. Als 1917 sein Lyrikband *Die Thronerhebung des Herzens* erschien, wurde Otten erneut festgenommen und erst im November 1918 von der Revolution befreit. Er ging zunächst nach Wien, 1922 dann nach Berlin, wo er für linke und linksliberale Zeitungen und Zeitschriften arbeitete. Im Frühjahr 1933 floh Otten nach Mallorca. Dort setzten ihn im Juli 1936 die Franco-Faschisten vorübergehend fest, bevor ihn ein britisches Kriegsschiff evakuierte und nach London brachte. 1958 übersiedelte er nach Locarno, am 20. März 1963 starb er in Muralto. Londoner Anschrift: 214 Grove End Gardens, Grove End Road, N.W. 8.

Auch nach dem Kriegsende blieb die *BBC* ein begehrter Arbeitgeber für exilierte Intellektuelle. → Erich Fried etwa arbeitete von
1950 an regelmäßig für den Sender, bei dem er 1952 eine feste
Anstellung im 1949 gegründeten *German Soviet Zone Programme*
antrat, dessen politischer Kommentator er bis 1968 blieb. Ebenfalls
in den fünfziger und sechziger Jahren wurde Ernest Borneman
zur festen Größe in den Hörfunk- und Fernsehprogrammen der
BBC. Wie der Wiener Fried mußte auch der Berliner Borneman,
der an der Karl-Marx-Schule in Neukölln → Bert Brecht und Wilhelm Reich kennengelernt hatte, seine Heimatstadt noch vor dem
Abitur verlassen. Am 7. Juli 1933 traf der junge Kommunist in London ein. Mangels Reifeprüfung, vor allem aber mangels Geld konnte Borneman in England zwar nicht regulär studieren, machte aber
gleichwohl statt einer Emigranten-Vereinigung den *International
Student Club* im *Student Movement House* am **Russell Square** zu
seinem Hauptquartier. Dort traf sich die jugendliche Elite des Commonwealth, Borneman freundete sich etwa mit Jomo Kenyatta an,
mit dem er Bronislaw Malinowskis Vorlesungen an der *London
School of Economics* besuchte. In Cambridge hörte er den Musik-
ethnologen Erich von Hornbostel, der schon in Berlin sein Lehrer
gewesen war, in Edinburgh studierte er bei Vere Gordon Childe
Vorgeschichte und Archäologie. Er lebte in studentischen Wohnge-
meinschaften, schlug sich als Türsteher in Nachtlokalen durch und
jammte mit Duke Ellington und Louis Armstrong in Londons ein-
zigem schwarzen Jazzclub; er übersetzte auf eine Bitte Brechts hin,
den er Ende 1934 in London wiedersah, den *Dreigroschenroman* neu
ins Englische und spielte als Angestellter der Filmgesellschaft von
Douglas Fairbanks junior für seinen Chef den *Postillon d'Amour* bei
Marlene Dietrich, die in London gerade einen Film für →Alexander
Korda drehte. 1937 erschien unter dem Pseudonym Cameron Mc-
Cabe *The Face on the Cutting Room Floor*, der erste von insgesamt
sieben englischen Romanen aus seiner Feder.

Als Borneman, der inzwischen als Redaktionsassistent und
Kameramann bei der Ende 1936 gegründeten Fernsehabteilung der
BBC gelandet war, 1938 die britische Staatsbürgerschaft beantragte,
wurde sie ihm verwehrt – mit dem Hinweis auf seine Verbindungen
zu mehreren farbigen Linksintellektuellen, die es im nachkolonia-
len Afrika, wie sein Freund Kenyatta, tatsächlich zu Staatschefs
bringen sollten. 1940 wurde Borneman als ›feindlicher Ausländer‹
nicht nur interniert, sondern nach Kanada deportiert. Nach seiner
Freilassung arbeitete er für den Dokumentarfilmer John Grierson

und für Orson Welles. Diese Tätigkeit brachte ihn zurück nach London, wo er Radio- und Fernsehshows für die *BBC* und andere Gesellschaften produzierte; er schrieb Serien, Features und die von der *BBC* uraufgeführte Jazz-Oper *Four O'clock in the Morning Blues* und war in führenden Positionen beim *British Film Institute* und beim *British Film Festival*. 1960 ging er nach Deutschland zurück.

Hielt sich die ›weiße‹ Propaganda der *BBC* strikt an journalistische Regeln wie die Überprüfbarkeit von Informationen und die Trennung von Nachricht und Kommentar, so beteiligten sich deutsche und österreichische Emigranten während des Krieges auch an ›schwarzen Sendern‹, die gezielt mit irreführenden Meldungen arbeiteten, dabei an die politischen Formationen der Weimarer Republik anknüpften und teils vorgaben, illegal in Deutschland selbst zu operieren. So bemühte sich der *Zentrums*-Politiker Carl Spiecker, der unter Brüning Sonderbeauftragter der Reichsregierung zur Bekämpfung des Nationalsozialismus gewesen war, mit dem Sender *Hier spricht Deutschland* bürgerlich-konservative Kreise zu erreichen, während sich → Richard Löwenthal und der als Baron Rauschenplat geborene, spätere SDR-Intendant Fritz Eberhard mit dem *Sender der europäischen Revolution* an die klassenbewußte Arbeiterschaft wandten. Beide Projekte wurden allerdings bereits 1941 von der britischen Regierung eingestellt, als die neu formierte Propaganda-Zentrale für Psychologische Kriegsführung den Sender *Gustav-Siegfried-Eins* (gleich GS 1 oder Geheimsender eins) ins Leben rief, den der in Berlin geborene Brite Sefton Delmer leitete. Sein Ziel gehorchte keiner ideologischen Vorgabe, sondern war schlichte Desinformation, die zur Destabilisierung führen sollte. Delmer selbst trat in seinen Sendungen etwa als ein dem Führer treu ergebener Parteigenosse auf, der sich über allerlei angebliche Skandale unter den ›Goldfasanen‹ erregte und es damit zu einiger illegaler Popularität bei seinem ›arischen‹ Publikum brachte.

Der *German Service* der *BBC* blieb 60 Jahre lang auf Sendung. Am 31. März 1999 strahlte er letztmals aus. Im siebten Stock von *Bush House* residierten zuletzt noch 29 Mitarbeiter, deren Jobs der Sparpolitik Tony Blairs zum Opfer fielen. Offiziell hieß es, Demokratie und Englischkenntnisse seien in Deutschland mittlerweile so gut entwickelt, daß der *World Service* der *BBC* den Deutschen Dienst ohne Schaden ersetzen könne.

Nachgelesen
Ernest Borneman:
Die Urszene. Eine Selbstanalyse.
Frankfurt (Fischer) 1977.

Nachgelesen
Robert Lucas: *Die Briefe des Gefreiten Hirnschal. BBC-Radio-Satiren 1940–1945.* Hrsg. und mit einem Nachwort versehen von Uwe Naumann. Wien (Verlag für Gesellschaftskritik) 1994.

Carl Brinitzer: *Hier spricht London. Von einem, der dabei war.* Hamburg (Hoffmann und Campe) 1969.

Am Rand notiert

BBC kann man besichtigen. Die BBC Experience (Eingang Portland Place, gleich neben dem BBC Shop) ist täglich von 10 bis 18 Uhr, montags von 11 bis 18 Uhr geöffnet.

Es geht weiter

über Langham Place in die Regent Street. Am Oxford Circus biegt man nach rechts in die Oxford Street ein. Die weiteren Adressen befinden sich auf der nördlichen (rechten) Straßenseite. Erste Station ist das nach seiner Zerstörung durch deutsche Bomben neu aufgebaute Kaufhaus John Lewis.

Oskar Kokoschka

**Kaufhaus John Lewis
278 – 306 Oxford Street,
W. 1**

Oskar Kokoschka,

Maler und Schriftsteller, wurde
am 1. März 1886 in Pöchlarn
an der Donau geboren. In Wien
machte der junge Maler und
Dramatiker als Schützling von
Adolf Loos und Karl Kraus
Skandal, hier hatte er seine
fatale Affäre mit Alma Mahler.
Kokoschka emigrierte 1934
nach Prag und floh im Oktober
1938 nach London. Während
des Exils in Großbritannien
hielt er sich außerdem längere
Zeit in Polperro, Cornwall,
und in Schottland auf. Er übersiedelte 1953 nach Villeneuve
und starb am 22. Februar 1980
in Montreux. Seine Londoner
Adressen lauteten: 11a Belsize
Avenue, N.W. 3; 45a King
Henry's Road, N.W.3; 120 Eyre
Court, Finchley Road, N.W. 8;
17 Boundary Road, N.W. 8
und 168/55 Park Lane, W. 1.

*F*or *Liberty* hieß die Ausstellung, die die linksgerichtete *Artists International Association* mit Billigung des britischen Informationsministeriums veranstaltete. Vom 13. März bis zum 10. April 1943 wollten sie rund sechsunddreißigtausend Besucher sehen. Dabei war für das britische Publikum nicht nur eine dezidiert politische Kunst – die überdies vor allem von ausländischen Flüchtlingen stammte – gewöhnungsbedürftig, sondern auch der Ausstellungsort: das nach einem Luftangriff zerstörte Kaufhaus John Lewis.

Einem der ausgestellten Künstler mögen die ausgebrannten Ruinen allerdings sofort als höchst passender Schauraum erschienen sein, war die Welt doch schon bei seiner Geburt in Brand geraten: Weil sich sein Vater, ein aus Prag stammender Goldschmied und Juwelenhändler ohne Geld, auf Geschäftsreise befand, war die Mutter zu ihrer Niederkunft aus Wien nach Pöchlarn zu ihrem Bruder gefahren. In der ersten Nacht seines Lebens sah Oskar Kokoschka den großen Brand dieser niederösterreichischen Stadt, bei dem auch die Sägemühle des Onkels in Flammen aufging. Der Neugeborene aber, in einem Leiterwagen und auf Stroh gebettet aus der Feuersbrunst gekarrt, faßte eine lebenslange, »sonderbare Leidenschaft« fürs Feuer.

Auch in den fürs Londoner Exil so kennzeichnenden historisch-politischen Gemälden lodert sie auf. Kaum ist Kokoschka im Herbst 1938 aus Prag, dem ersten, fast zur Falle gewordenen Asyl, entflohen, malt er die Stadt seiner Vorfahren und seiner Schwester nochmals: brennend – in »Prague Nostalgia«, seinem frühesten Londoner Exilwerk. Im 1942 entstandenen »Anschluß – Alice im Wunderland« steht dann das Wien seiner Kindheit und Jugend in Flammen. Doch so sehr Kokoschka in diesen politischen Allegorien dem ikonologischen Rahmen genügt und das Feuer als Menetekel malt, so wenig scheint er trotz des deutschen Bombenterrors gegen London geglaubt zu haben, daß es ihm etwas anhaben könnte. In seinen Lebenserinnerungen beschreibt er, wie er während eines schweren Fliegerangriffes seelenruhig dem Hauskonzert eines Emigrantenquartetts in **Hampstead** lauscht:

»*Da stürzte plötzlich ein Mädchen mit der Nachricht herein: ›London brennt!‹ Es war eine klare Sonntagsnacht. Die deutschen Flieger hatten über der City Brandbomben abgeworfen. Die St.-Pauls-Kathedrale war nicht getroffen worden, doch das ganze Viertel, die City, das Herz des Welthandels, die Büros und Advokatenkanzleien gingen in Flammen auf. Vom Dach in Hampstead aus sahen wir London brennen wie Nero einst Rom. (...) Am nächsten Morgen hatten wir wegen Paßschwierig-*

*keiten unseren Rechtsanwalt in der City zu treffen. (...) Ahnungslos
nahmen wir die Untergrundbahn und tauchten inmitten eines bren-
nenden Herdes auf. Eisengitter glühten, Firmenschilder fielen von den
Toren, Fassaden waren geborsten, an Ambulanzen und Pflegestationen
gaben uniformierte Mädchen Tee aus, Wasserschläuche der Feuerwehr
geboten uns Halt. Die Mädchen plauderten munter mit den Feuerwehr-
männern, obwohl alle die ganze Nacht gearbeitet hatten. Eine Haus-
wand stürzte vor unseren Augen ein. Das ganze Quartier lag in Rauch
und Flammen. Wir gaben unseren Besuch auf. Den Rechtsanwalt hätten wir nie gefunden.«*

Die Szene ist nicht untypisch für den Mann, der als Soldat des Ersten Weltkriegs schwerste Kriegsverletzungen überlebt hatte. Eine
ähnliche Erinnerung spielt im »oberen Stock eines Bürohauses
in Mayfair« unweit **Marble Arch**, offenbar in **Park Lane**, wo sich
Kokoschkas Atelier befand. Dort malte er Kathleen Countess of
Drogheda, eine vornehme Gönnerin, die in ihrer Jugend Pilotin und
Orientreisende gewesen, mittlerweile aber altersmüde geworden

war und die – wie sich ihr Porträtist mokiert – während der Sitzungen regelmäßig einschlief. So auch an einem Sonntag morgen, als im nahen **Hyde Park** eine V-2-Bombe explodierte. Die Detonation ließ in kilometerweitem Umkreis sämtliche Fensterscheiben zu Bruch gehen – mit Ausnahme der Dachfenster von Kokoschkas Atelier. Weshalb der Maler sein vom Lärm gewecktes Modell, das sofort eine Bombe vermutete, denn auch beruhigte: Es habe nur jemand die Tür zu heftig zugeschlagen. Kokoschka arbeitete kaltblütig weiter, besaß aber immerhin die Courtoisie, die Countess hinterher auf die Straße zu begleiten – und ihr später die Freude daran nicht zu verderben, »ihren Freunden erzählen zu können, wie mutig sie sich verhalten habe«.

Für ihren Porträtisten, den Raketenangriffe noch nicht einmal davon abhalten konnten, französischen Wein fürs Weihnachtsmenü zu organisieren, gehörte indessen besonderer Mut dazu, einen Luftschutzkeller aufzusuchen, konnte man sich dort doch »nur Rheumatismus oder Schlimmeres holen«. Etwa eine Ehefrau. Als Kokoschka im Sommer 1941 Olda Palkovska heiratete, gab es kein Pardon: **Hampsteads** Standesamt lag in einem Luftschutzkeller. Kurz zuvor war das Paar in die **Finchley Road** gezogen, weil ihre bisherige Wohnung in **St. John's Wood** – gemietet von einer Freundin der standhaften Lady Drogheda – ausgebombt war. Nur einer der ständigen Adreßwechsel auch im englischen Exil.

Nun, bei der *For Liberty*-Ausstellung im Frühjahr 1943, hatte es Kokoschka erneut in einen Luftschutzkeller verschlagen. Auffällige Aufbauten und Wandgemälde leiteten die Besucher in den Bunker des ausgebombten Kaufhauses, in dem der Wiener ›Pyromane‹ sein aggressiv-provozierendes Anti-Kriegs-Bild *What we are fighting for* zeigte, die letzte und von ihm »am meisten ernst gemeinte« seiner politischen Allegorien. Das Gemälde präsentiert statt einer Friedensidylle Montague Norman, den Gouverneur der Bank von England, der gemeinsam mit Reichsbankpräsident Hjalmar Schacht in einer Rikscha thront, vor die Mahatma Gandhi als Zugtier gespannt ist. Daß ihm trotzdem »der Kopf nicht abgerissen« wurde, lobt Kokoschka Jahre später seine Zuflucht, »war nur in England möglich, wo ich nicht nur als geduldeter Flüchtling, sondern als freier Mensch zu überleben hoffte … In anderen Ländern war sogar die Aufführung der Symphonien Beethovens verboten!« Doch obwohl er seinerseits so gut auf ein Leben in London vorbereitet schien wie kaum ein anderer Emigrant – ohne Bitternis war das Asyl in dem Land, dessen Staatsbürger er erst 1947 werden sollte, auch für Kokoschka nicht.

Am 19. Oktober 1938 war er mit Olda in London eingetroffen –
drei Wochen nach der Unterzeichnung des Münchener Abkommens
hatten sie im bedrohten Prag endlich zwei zurückgegebene Flug-
tickets ergattert. Er war als Kind schon anglophil gewesen, beherrschte die Landessprache, kannte die Stadt von zwei langen
Aufenthalten in den zwanziger Jahren fast ebensogut wie als noto-
rischer Reisender das improvisierte Leben; er kam mit der Protek-
tion des Völkerbunds-Präsidenten und Friedensnobelpreisträgers
Lord Cecil of Chelwood auf die Insel und wurde bereits am Tag nach
seiner Ankunft vom Direktor der *Tate Gallery*, John Rothenstein,
empfangen. Ein Besuch, der lehrreich werden sollte für das Paar, das
nichts als das Handgepäck, zehn Pfund Barschaft und Kokoschkas
Selbstbildnis eines entarteten Künstlers aus Prag hatte in Sicherheit
bringen können: Nicht nur gab es statt des erhofften Dinners bloß
Sandwiches und Tee, Rothenstein erkundigte sich auch anteilneh-
mend, was der Flüchtling denn Schönes aus Prag mitgebracht habe
– etwa ein Bild, das er der *Tate Gallery* schenken könnte. Der vertriebene Künstler, der auf Hilfe gehofft hatte, half denn auch – und
»lieh« dem Museum sein einziges aus Prag gerettetes Gemälde. Ein
Brief vom Sommer 1939 zeigt, wie bitter diese Erfahrung für ihn
war: Seit 20 Jahren, schreibt er darin, sei er den »hochdotierten Direktoren hier« bekannt, »aber sie haben keine funds, wenn man ein
lebender Maler aus Deutschland ist, der nicht von der internationalen Kunstbörse gebackt ist«.

Das *Selbstbildnis eines entarteten Künstlers* war schon vor
Kokoschkas Flucht aus Prag an
der Themse zu sehen gewesen:
in der Ausstellung *German
Twentieth Century Art*, die aus
Protest gegen die Ächtung ›ent-
arteter‹ Kunst in Deutschland
im Sommer 1938 in den *New
Burlington Galleries*, 5 Burlington Gardens, W. 1 stattfand.
Sie präsentierte Arbeiten fast
aller wesentlichen Künstler
der Moderne in Deutschland –
von Liebermann und Corinth
über Klee, Kandinsky und Kirch-
ner bis hin zu George Grosz,
Max Beckmann und Otto Dix
sowie damaligen oder späteren
London-Emigranten wie Benno
Elkan, Ludwig Meidner, Kurt
Schwitters, Fred Uhlmann,
Walter Trier, Hein Heckroth und
eben Oskar Kokoschka.

Wie in diesem Fall sprechen Kokoschkas Briefe der ersten Exiljahre oft eine weit deutlichere Sprache als die Autobiographie. Behauptet er hier, er habe sich in London bald erhalten können, offenbart sich dort nackte Not. Er müsse »mit Briefmarken sparen«, entschuldigt er sich einmal für zu seltenes Schreiben, um ein anderes Mal darüber zu klagen, ein »Flüchtling ohne Bankkonto« sei im »frommen England weniger wert als ein Hund oder eine Katze, wäre er selber der Rembrandt oder Michelangelo«. Nicht der doch anerkannte Maler, dem → Fred Uhlmann immerhin zwei Porträtaufträge besorgen kann, bestreitet den kargen Lebensunterhalt, sondern Olda, die in böhmischen Spezialitäten macht. Armut, Erfolglosigkeit und Krankheit schlagen Kokoschkas Vitalität Wunden, er fühlt sich elend, zieht aus dem teuren London vorübergehend ins billigere Cornwall, wendet sich aus Kostengründen dem Aquarell zu und stellt bitter fest: »Meine Palette hängt am Nagel, noch nie, auch nicht während des früheren Weltkriegs, hat man mich so – gar nicht – gebraucht.«

Endlich, 1942, könnte er einmal richtig verdienen. Doch die tausend Pfund, die er für das Porträt Ivan Maiskys, des sowjetischen Botschafters in London erhält, gibt er gleich wieder her: Er spendet das Geld »dem Spital in Stalingrad, das gerade befreit worden war, und zwar mit dem Wunsch, daß es gleichermaßen den russischen wie den deutschen Verwundeten zugute käme«. Ein Ausweis des Humanismus, für den Kokoschka berühmt war, der ihm aber auch Spott eintrug. Olda Palkovska erinnert sich an eine Karikatur, mit der sich Bekannte im → *Freien Deutschen Kulturbund (FDKB)* über die Unerschütterlichkeit lustig machten, mit der er sein Menschenbild nicht nur darstellte, sondern auch propagierte. Das Blatt zeigte ihn »als Modell für rundherum sitzende zeichnende Maler, in den Händen ein großes Schild mit der Aufschrift ›Humanismus‹«.

Kokoschka, von Geburt Österreicher und dem Paß nach Tschechoslowake – was ihn vor der Internierung als ›enemy alien‹ bewahrte –, war damals Präsident des *FDKB*. Im kommunistisch dominierten Kulturbund mochte man glauben, sich ein prominentes Feigenblatt gesichert zu haben, schließlich hatte der ›bürgerliche Humanist‹ schon in Prag dem Oskar-Kokoschka-Bund, in dem exilierte Künstler eine gemeinsame Plattform fanden, seinen Namen geliehen. Aber Kokoschka dachte nicht daran, dem *FDKB* als »Tafelaufputz« zu dienen. Er politisierte sich zwar und entfaltete eine rege publizistische Tätigkeit – doch nur, um in jeden seiner Texte ein humanistisches »Ei« zu legen, etwas, so Olda, was er »eigentlich sagen wollte und was oft mit dem anstehenden Thema wenig zu tun hatte«. Sein Renommee, aber mehr noch die Eindringlichkeit seiner Appelle spielten ihm fürs Londoner Exil allmählich eine Rolle zu, deren moralische Bedeutung sich mit der Thomas Manns in den USA vergleichen läßt. Als Hitler besiegt und auch Deutschland wahrhaftig in Scherben gefallen war, setzte er sich – das Desaster der Versailler Verträge und den Morgenthau-Plan vor Augen – in einer Bittschrift »an das gerechte englische Volk« für einen »sicheren und gegenwärtigen Frieden« ein, kurz vor der ersten Nachkriegsweihnacht plakatierte er in sämtlichen Londoner Bahnhöfen eine Lithographie. Sie zeigt, wie Jesus sich vom Kreuz beugt – und auf dem so frei werdenden Querbalken eine Inschrift erscheinen läßt, die an die Not der Kinder Europas erinnert.

Kokoschkas »berühmter« Humanismus beließ es nicht bei beliebig ausbeutbaren Lehrbuchweisheiten, er war anstößig konkret, vollzog sich im humanitären Engagement – und in seiner Kunst. Denn deren Basis war die seiner Weltsicht: das Auge, das → Elias Canetti das »eigentlich Eindrucksvolle« auch an Kokoschkas Erscheinung nennt. »Ich bin ein Mensch, der mit den Augen die Welt erlebt und nicht mit den Ohren«, schreibt der Künstler selbst, »die Augen reichen viel weiter als die Arme, mit den Augen begreift man erst die Welt.« In die *Schule des Sehens*, die er nach dem Exil in Salzburg gründete, war er in Wahrheit als Bub schon gegangen: Sein Vater hatte ihm den *Orbis Pictus* von Jan Amos Comenius geschenkt. Und der große böhmische Pädagoge sollte zeitlebens Kokoschkas Hausheiliger bleiben – ob er ihn nun in sein großes Masaryk-Porträt hineinmalte, ihn in Aufsätzen bekannt zu machen suchte oder in Prag wie London an seinem Comenius-Drama arbeitete. Das »Menschenbildnis« wolle er retten, im Porträt einer Person versuchen, »das Innere, das Maß aller Dinge zu finden, und keineswegs das Menschliche zu entwerten«, betonte Kokoscha immer wieder. Wie seine Freunde Albert Ehrenstein, Georg Trakl oder Herwarth Walden war er – ganz im Gegensatz zu seinem frühen Ruf als »Oberwildling« – aus Menschheitspathos Expressionist geworden, ohne die alltägliche menschliche Begegnung zu verschmähen. Ben Tobert, ein Londoner Taxifahrer, mit dem er sich bereits 1926 angefreundet hatte, muß trotz Kokoschkas »oft zur Schau getragenen Hochmuts« darum gewußt haben. Während des Zweiten Welkriegs besuchte er den verehrten, doch notleidenden Künstler:

»Es klopfte, ich öffnete die Tür, erst erschien eine lange Zigarre und daran, welches Erstaunen, mein Freund Ben, der Taxichauffeur, nun ein gemachter Mann mit Homburg, Regenschirm und von der Stange gekauftem Stadtanzug wie ein Gentleman. ›Wie kommt es, daß Sie so wohlsituiert sind?‹ – ›Mein Rabbi, dank Ihrem Rat kaufte ich im Krieg alles alte Silber auf, das auf den Markt kam, um eingeschmolzen zu werden. Ich habe Sie beobachtet, wie Sie über den Kunstwert der Gefäße und Bestecke so entzückt waren, wenn wir früher von einem Antiquitätenladen in den anderen gingen auf unseren Wanderungen durch London. Und so habe ich eine Fabrik aufgemacht, das Geld von meinen Glaubensgenossen geborgt, dieses während der Bomberei ruinierte Silber wieder in Form gebracht und Schiffsladungen davon nach Amerika verfrachtet. Ich bin ein reicher Mann. Ich möchte Ihnen zum Dank für Ihren guten Rat ein Rennpferd schenken.‹«

Nachgelesen

Oskar Kokoschka: *Mein Leben.*
Vorwort und dokumentarische
Mitarbeit von Remigius Metzger.
München (Brückmann) 1971.

Kokoschka, betroffen ob solcher Großzügigkeit, wußte dem ›dankbaren Herzen‹ zwar verständlich zu machen, daß er angesichts seiner bescheidenen Wohn- und sonstigen Verhältnisse wenig mit einem Rennpferd anfangen könne. Ben Tobert freilich war so leicht nicht abzuwimmeln: Da sein Freund von seinem neuen Reichtum durchaus nichts abhaben wollte, unterstützte er aus Sympathie für ihn den *FDKB*. Nach dem Krieg hätte der jüdische Taxifahrer und Selfmademan in Edelmetallen dem katholischen Goldschmiedsohn, der am von Hitler entfachten Weltenbrand denn doch fast zugrunde gegangen wäre, nicht mehr unter die Arme greifen müssen: Oskar Kokoschka kehrte 1953 als nun international gefeierter Maler endgültig auf den Kontinent zurück.

Es geht weiter

geradeaus bis zum
Kaufhaus Selfridge.

John Heartfield,
Wieland Herzfelde
und Ernst Stern

**Kaufhaus Selfridge
400 Oxford Street, W. 1**

Als Wieland Herzfelde und sein Bruder Helmut im Frühjahr 1939 im Kaufhaus Selfridge einkauften, das 1937 in seiner Buchabteilung ein »Zentrum für deutsche Bücher« etabliert hatte und gezielt die Werke »international bekannter Emigranten-Schriftsteller« anbot, fiel der Name John Heartfield. Helmut hatte ihn sich 1916 aus Protest gegen die antienglische Hetze zugelegt, die im Berlin des Ersten Weltkriegs gang und gäbe war. Jetzt fragte eine Verkäuferin den Fotomonteur, ob er der Mann sei, der die Bilder über die gräßliche Nazi-Bande im *Lilliput* gemacht habe, und bat ihn um ein Autogramm. Ein paar Tage später mußte Wieland Herzfelde, der die Episode überliefert hat, England verlassen. Er war in der Schweiz zur Welt gekommen, konnte daher, ohne die ›deutsche Quote‹ zu belasten, in die USA einreisen, während der gebürtige Berliner Heartfield in London blieb. Erst zehn Jahre später sollten sich die sonst so unzertrennlichen Brüder wiedersehen.

Die beiden Söhne des aus Düsseldorf stammenden Sozialisten Franz Herzfeld, der unter dem Dichternamen Franz Held Verse, Prosa und Dramen schrieb, waren sozusagen geborene Emigranten. Helmut war ganze vier Jahre alt, als sich der Vater 1895 einer Haftstrafe wegen Gotteslästerung durch Flucht in die Schweiz entzog. Dort wurde 1896 Wieland geboren. Das dritte Kind der Familie belastete nebst deren Budget aber auch den Freiheitsbegriff der Eidgenossen so sehr, daß sie die »mittellosen Ausländer« auswiesen, die daraufhin in einer Waldhütte in Aigen bei Salzburg Unterschlupf fanden. Zwei Jahre später waren die inzwischen vier Kinder von

Die Monatszeitschrift *Lilliput. The Pocket Magazine for Everyone* war eine Gründung des früheren Chefredakteurs der Münchner Illustrierten Presse, Stefan Lorant, der 1934 nach England emigriert war. Das seit 1937 erscheinende Magazin entwickelte sich zu einem der wichtigsten Foren des deutschsprachigen Exils und brachte Beiträge von Feuchtwanger, Heartfield, Koestler, Polgar, Roth, Toller oder Viertel. Das Titelblatt zeichnete bis 1949 Monat für Monat Walter Trier. Der gebürtige Ungar Stefan Lorant, der in den zwanziger Jahren nach Berlin gekommen war und zunächst beim Film arbeitete, war auch die treibende Kraft der 1938 gegründeten *Picture Post*, einer Illustrierten, die die britische Presselandschaft revolutionierte.

John Heartfield,

Künstler. Der Erfinder der Fotomontage wurde am 19. Juni
1891 in Berlin als Helmut Herzfeld geboren. Im April 1933
floh er nach Prag, im Dezember
1938 nach London. Im August
1950 kehrte er über Prag in die
DDR zurück, wo der Sozialistische Realismus die Kunst der
Fotomontage als Formalismus
brandmarkte. Erst spät wurde
er rehabilitiert, am 26. April
1968 starb er in Ost-Berlin.
In London wohnte Heartfield
zunächst bei → Fred Uhlmann
in 47 Downshire Hill, N.W. 3,
dann in 1 Jackson Lane, N. 6.

Wieland Herzfelde,

Verleger. Heartfields jüngerer
Bruder kam am 11. April 1896
im schweizerischen Weggis
auf die Welt. Er floh im März
1933 nach Prag, im Oktober
1938 über Paris nach London.
Im Mai 1939 mußte Herzfelde
in die USA weiteremigrieren,
im Frühjahr 1949 ging er in
die DDR zurück, wo er zuerst
wegen seiner Kontakte zu
›Renegaten‹ wie Willi Münzenberg oder Gustav Regler aus
der Partei ausgeschlossen
wurde. Prager Mitarbeiter des
Malik-Verlags gerieten in die
Mühlen des Slánsky-Prozesses.
Erst im Zuge der ›Entstalini-
sierung‹ wurden er und sein
Bruder halbherzig rehabilitiert,
später gar mit Ehrungen über-
häuft. Doch die machten sie zu
Aushängeschildern ohne jeden
Einfluß. Am 23. November
1988 starb Herzfelde in Ost-
Berlin. Sein berühmter Malik-
Verlag residierte in London
in 9 Galen Place, Bury Street,
W.C. 1.

Franz und Alice Herzfeld über Nacht verwaist. 1905 kamen die beiden Buben in die Obhut von Verwandten in Wiesbaden, wo Helmut
eine Buchhandelslehre antrat, bevor er sich der Kunst verschrieb,
an der Kunstgewerbeschule in München studierte, in Mannheim als
Werbegrafiker arbeitete und schließlich seine Studien in Berlin
fortsetzte, wo alsbald auch Bruder Wieland eintraf. Die beiden Studenten freundeten sich mit expressionistischen Künstlern an, mit
→ Ludwig Meidner und George Grosz, dem sie zum Durchbruch
verhalfen, mit Albert Ehrenstein, Jakob van Hoddis, Mynona und
Else Lasker-Schüler.

Die Dichterin aus Wuppertal spielt Schicksal im Leben der Brüder Herzfeld. Als Helmut 1915 in den Krieg ziehen soll, stiftet sie ihn
zu einem simulierten Nervenzusammenbruch an. Der junge Künstler wird als Hilfsbriefträger eingesetzt – und stopft, um die Unzu-
friedenheit im Volk zu mehren, Weihnachtsgrüße stapelweise in
Gullys, statt sie auszutragen. Darunter, wie er dem großen Kritiker
im Londoner Exil gestehen wird, auch die Post → Alfred Kerrs. Bruder Wieland erweist sich ebenfalls als unbrauchbarer Soldat und
ohrfeigt einen Feldwebel. Seiner unehrenhaften Entlassung folgen
erneute Einziehung und Desertion. Das Kriegsende sieht die beiden
als Dadaisten, sie werden Gründungsmitglieder der KPD. Herzfelde wird vorübergehend von den Noske-Truppen inhaftiert und hebt
den nach Else Lasker-Schülers gleichnamigem Roman benannten
Malik-Verlag aus der Taufe, dessen wichtigster Buchgestalter der
jüngere Bruder wird.

Es folgen die unruhigen Jahre der Weimarer Republik – im
Leben Heartfields und Herzfeldes eine vergleichsweise stetige Zeit:
Der eine verbreitet linke Literatur, der andere die von ihm aus der
Collage entwickelten Fotomontagen. Am 30. Januar 1933 scheint es
damit vorbei: Beide müssen untertauchen, Herzfelde gelingt im
März die Flucht über Österreich nach Prag, wo einen Monat später
auch Heartfield erscheint. Als er sich in der Osternacht in seine
Wohnung gewagt hatte, waren prompt die Nazis zur Stelle gewe-
sen. Es rettete ihm das Leben, daß er vorsorglich Leintücher ums
Fensterkreuz gelegt hatte und nach waghalsigem Abseilen ein Ver-
steck in einem Lichtreklamekasten fand. Herzfelde führt den Malik-
Verlag fort, die Bücher – als erstes im Exil kommt noch im April
→ Rudolf Oldens anonym verfaßte, aber mit einer Heartfield-Mon-
tage auf dem Titelblatt versehene Broschüre *Hitler der Eroberer*
heraus – erscheinen zunächst mit Vermerk »Direktion z. Z. Prag«.
Bis die Nazis den sofort beschlagnahmten Berliner Verlag im Sep-

tember 1934 für erloschen erklären. Das ist ein Problem. Denn Herzfelde genießt in der Tschechoslowakei zwar Asylrecht, darf aber keinen Verlag gründen. In Großbritannien, wohin seine Mitarbeiterin Margaret Mynatt gegangen ist, ist das genau umgekehrt: Hier erhält er das Recht zur Firmengründung, aber kein Asyl. Mynatt besorgt ihm im März 1935 die Verlagszulassung und eine Briefkastenadresse in **9 Galen Place**, dem Sitz des Verlagshauses John Lane, The Bodley Head, das 1936 die englische Erstausgabe des *Ulysses* herausbringen wird. Der Malik-Verlag, juristisch damit in London ansässig, kann de facto von Prag aus weiterarbeiten. Außerdem verlegt Herzfelde die von ihm sowie Anna Seghers und Oskar Maria Graf herausgegebene Exilzeitschrift *Neue Deutsche Blätter*.

Für Heartfield indessen sind die Jahre im Prager Exil die künstlerisch produktivsten. Die so aggressiven wie entlarvenden Arbeiten des bereits 1934 expatriierten Fotomonteurs erregen die Nazis so sehr, daß sie mehrfach bei der tschechoslowakischen Regierung gegen Ausstellungen mit Heartfields Beteiligung intervenieren. Zum Teil übrigens mit Erfolg. Der bleibt zwar aus, als das Hitlerregime von der Tschechoslowakei sogar die Auslieferung Heartfields wie Herzfeldes verlangt, doch nach der Unterzeichnung des Münchener Abkommens sind beide erneut zur Flucht verurteilt. Gemeinsames Ziel: London.

Als Herzfelde nach einem Zwischenstopp in der Schweiz im Oktober 1938 in Großbritannien landet, wird er zunächst nicht ins Land gelassen und nach Frankreich abgeschoben – obwohl Margaret Mynatt mit Lady Ashley am Flughafen erscheint, die Lord Halifax, den amtierenden Außenminister, zu einer Intervention zu seinen Gunsten bewegt. An Silvester trifft er endlich in London ein, wo ihn sein Bruder bereits seit drei Wochen erwartet. Fünf gemeinsame Monate bleiben ihnen noch in London. Während Herzfelde die Zeit nutzt, um den Malik-Verlag zu liquidieren und seine Weiterreise in die USA vorzubereiten, faßt Heartfield allmählich in der britischen Hauptstadt Fuß. Er quartiert sich bei seinem sozialdemokratischen Malerkollegen → Fred Uhlmann ein – auf Veranlassung »der Partei«, wie er später vorsorglich der Ostberliner Obrigkeit mitteilen wird. So ist er mit von der Partie, als in Uhlmanns Haus, in dem er statt der beabsichtigten paar Nächte vier Jahre lang wohnen bleibt, der → *Freie Deutsche Kulturbund* aus der Taufe gehoben wird – und er ist dabei, als das Emigranten-Kabarett *4 & 20 Black Sheep*, aus dem später die *Kleine Bühne* des *FDKB* erwachsen wird, im *Arts Theatre* seine ersten Erfolge feiert. Rasch gehört er zu den Exponenten jener kommunistischen Phalanx, die den *FDKB* zum Unwillen seines Gastgebers zusehends dominiert. Er habe geholfen, »die Parteibeschlüsse im Kulturbund zur Durchführung zu bringen«, schildert er selbst seine Rolle, während Uhlmann die Hörigkeit, die »Klein Johnny« dem »großen weisen Mann im Kreml« gegenüber an den Tag legt, bitterböse kommentiert: Heartfield, meint er, hätte es zwar leid getan, wäre er in die Fänge der Stalinisten geraten, »aber er hätte keinen Finger für mich gerührt, um mich vor dem Tod zu retten«.

Nach Hitlers Einmarsch in Prag betrachtet freilich auch die liberale britische Öffentlichkeit den von dort geflohenen, entschieden antinazistischen Künstler trotz seines KP-Parteibuchs mit freundlicheren Augen. Stefan Lorant veröffentlicht nicht nur im *Lilliput*, sondern auch in der die britische Pressefotografie revolutionierenden *Picture Post* Heartfields Fotomontagen, zwei seiner Arbeiten sind bereits im Januar 1939 bei der Ausstellung *Living Art in England* in der *London Gallery* zu sehen, und im Dezember zeigt die *Arcade Gallery* die ihm gewidmete Einzelausstellung *One Man's War Against Hitler*. Doch damit sind John Heartfields Erfolge beim britischen Publikum vorerst gezählt: Im Sommer 1940 wird der kommunistische Kämpfer gegen Hitler interniert. Binnen sechs Wochen durchläuft er drei Lager – und erkrankt so schwer, daß er um sein Augenlicht fürchten muß und aus der Haft entlassen wird. Trotz der hingebungsvollen Pflege seiner späteren dritten Frau Gertrud Fietz, mit der er seit 1939 liiert ist, wird er nie mehr ganz gesund. Noch im April 1941 wird er im *Maida Vale Hospital* behandelt – und will sich bei vom *FDKB* organisierten Berufsbildungskursen zum Inspekteur in der Metallindustrie ausbilden lassen.

John Heartfield am Marx-Grab in Highgate, London 1939

Pläne, aus denen nichts wird. Statt dessen besinnt sich Heartfield, der mittlerweile in **Highgate** im Haus seines Arztes Dr. Otto Manasse wohnt, auf seine Anfänge und gestaltet Bücher für den Verlag Lindsay Drummond, zunächst als freier, von 1943 an, als er die offizielle Arbeitserlaubnis erhält, als fester Mitarbeiter. Ausstellungen im *FDKB*, Arbeiten für Emigranten-Organe und für die in **Hampstead** gegründete *Freie Deutsche Jugend* kommen dazu, später auch Buchausstattungsaufträge weiterer englischer Verlage. Im April 1949 sieht er seinen Bruder im Hafen von Southampton wieder. Herzfelde hat sich in New York als Buch- und Briefmarkenhändler, zuletzt auch wieder als Verleger durchgeschlagen – und ist auf dem Weg aus McCarthys Vereinigten Staaten nach Leipzig. Ein gutes Jahr später wird Heartfield ihm in die DDR folgen.

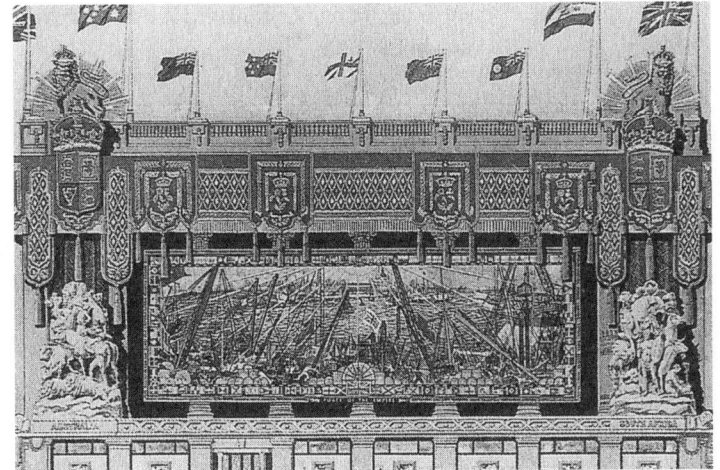

Ernst Sterns Entwurf
für die Dekoration
des Selfridge's

Heartfield und Herzfelde haben im Selfridge's eingekauft, Ernst Stern hat das Nobelkaufhaus dekoriert. Der Bühnenbildner und Maler hatte Karikaturen für den *Simplicissimus* gezeichnet und am Münchener Kabarett *Die elf Scharfrichter* mitgewirkt, bevor ihn Max Reinhardt nach Berlin holte und zum Künstlerischen Leiter des Deutschen Theaters machte. Von 1920 an stattete er Ernst Lubitschs Filme aus, außerdem Opern, Musicals und Revuen an den großen Häusern Europas und der USA. Als Hitler 1933 die Macht ›ergriff‹, konnte Stern daher zunächst in Paris bleiben. Er ging vorübergehend nach Hollywood und landete 1935 in England, wo er mit seinem Bühnenbild für *Follow the Sun* im *Adelphi* im Februar 1936 großen Erfolg hatte. Stern erhielt Aufträge für grafische Arbeiten und Plakate – und er sollte die Fassade des Selfridge's zur bevorstehenden Krönung Edwards VIII. mit einer Komposition aus Bildern, Reliefs und Skulpturen schmücken. Er dachte daran, über der Mittelachse Englands Nationalheiligen Georg im Kampf mit dem Drachen zu plazieren, doch Edward wünschte sich eine Friedensallegorie. Die freilich mußte eingemottet werden, als der König zugunsten seines Bruders George auf den Thron verzichtete. Im Sommer 1940, da England endlich mit dem ›Drachen‹ kämpfte, wurde Ernst Stern für kurze Zeit interniert, danach pendelte er zwischen Oxford und London, unterrichtete an Mädchenschulen und arbeitete von 1942 an wieder am Theater. 1949 setzte ihm George VI. eine lebenslange Ehrenrente aus. Als er nach der Abdankung seines Bruders im Mai 1937 den Thron bestiegen hatte, war die für Edward bestimmte Friedensallegorie Ernst Sterns übrigens aus dem Keller geholt und doch noch am Selfridge's angebracht worden.

Ernst Julian Stern,

Maler. Der Bühnenbildner Max Reinhardts wurde am 20. März 1876 in Bukarest geboren. 1933 hielt er sich in Paris auf, seine weitere Emigration führte über diverse Zwischenstationen 1935 nach London, wo er am 28. August 1954 starb.

Es geht weiter

nach rechts durch die Orchard Street zur Ecke Portman Square, Baker Street und Wigmore Street. An dem von Nachkriegs-Bauten beherrschten Platz sollte es der Besucher mit Kurt Schwitters halten und seine Vorstellung von Jack Bilbos einstiger Galerie ins heutige Stadtbild ›merzen‹.

Kurt Schwitters
und Jack Bilbo

**12 Baker Street,
Portman Square, W. 1**

Kurt Schwitters,
Maler und Schriftsteller.
Der Erfinder der Merz-Kunst
wurde am 20. Juni 1887 in
Hannover geboren. 1937 emigrierte er nach Norwegen. Im
Juni 1940 gelang ihm die Flucht
vor der deutschen Besatzung
nach Großbritannien, wo er
zunächst ins Internierungslager kam. Schwitters lebte
von 1941 bis 1945 in London,
wo er erfuhr, daß sein erster
Merz-Bau in Hannover 1943
bei einem alliierten Luftangriff
zerstört worden war. Er zog
nach Ambleside im Lake District und starb am 8. Januar
1948 in Kendal, Westmoreland.
Seine Londoner Adressen hießen 3 St. Stephen's Crescent,
W. 2 und 39 Westmoreland
Road, S.W. 13.

M erzen heißt, ein Objekt seiner Einbettung in die Wirklichkeit zu entreißen und es in einen Zusammenhang zu bringen, in dem es eigentlich nichts verloren hat. »Was das verwendete
Material vor seiner Verwendung zum Kunstwerk bedeutet hat«, doziert Merz-Erfinder Kurt Schwitters, »ist gleichgültig.« Da Schwitters weiter lehrt, daß Merz die Grenze zwischen den Künsten
ebenso sprengt wie die zwischen Kunst und Leben, könnte »das verwendete Material« auch der Künstler selbst sein: Die Verpflanzung
des Kurt Schwitters aus dem hannoverschen Merz-Bau ins englische Exil wäre eine Merz-Versuchsanordnung. Mit dem erstaunli-
chen Resultat, daß ein bereits am Boden liegendes niedersächsisches
Genie im angelsächsischen Internierungslager nochmals auflebt und
als bunter Schmetterling über die Isle of Man flattert, während es
in der Freiheit und Urbanität Londons verkümmert.

Kurt Schwitters betritt am 18. Juni 1940 britischen Boden. Er ist
dreiundfünfzig und hat eine abenteuerliche Flucht quer durch
Norwegen hinter sich, wo er seit 1937 im Exil war. Im Vereinigten
Königreich freilich erwartet ihn nicht die Freiheit, sondern Gefan-
genschaft: Unmittelbar nach seiner Ankunft wird Schwitters als
feindlicher Ausländer arrestiert und landet für siebzehn Monate im
Hutchinson Camp auf der Insel Man. Dort findet er, was er in der
Einsamkeit des skandinavischen Exils missen mußte: deutsche Intellektuelle und Künstler, Gesprächspartner, ein Publikum und eine
Bühne. Mit dutzenden ›akademischer‹ Porträts seiner Bewacher und
Mitgefangenen kauft er sich nicht nur vom Arbeitsdienst im Lager
frei, sondern verdient sich sogar ein Merz-Atelier hinterm Stacheldraht, findet jemanden, »der mir alte und neue Dichtungen fein sau-
ber nach Diktat abtippt« sowie ins Englische übersetzt – und inszeniert sich selbst als Kunstwerk wie in Dadas heroischen Jahren,
als er mit Raoul Hausmann, Hannah Höch, Hans Arp oder Theo
van Doesburg durch die Lande zog. Mehrere Mitgefangene erinnern
sich lebhaft an seine Auftritte, darunter → Richard Friedenthal, der
dem Merz-Häftling Schwitters in seinem Lager-Roman *Die Welt
in der Nußschale* mit der Figur des Stotter-, Zitter- sowie Brot-
scheibenplastiken herstellenden und das Scherzo der *Ursonate* re-
zitierenden Dadaisten Lebrecht »Baby« Bitter ein farbiges Denkmal
gesetzt hat. Besonders eindrucksvoll porträtiert → Fred Uhlmann
den großen und breit gebauten Niedersachsen mit den herabfallen-
den Schultern und stets löchrigen Socken, der ihn halb an Gerhart
Hauptmann, halb an einen Bauern erinnert:

»Als ich ihn zum ersten Mal traf, lebte er in einer Dachkammer in unserem Lager. An den Wänden hingen seine Collagen aus Zigaretten-packungen, Tang, Muscheln, Korkstücken, Schnur, Draht, Glas und Nä-geln. Ein paar Plastiken aus Haferbrei standen herum, eines der unbe-ständigsten Materialien, das einen schwachen aber ekelhaften Geruch verströmte und die Farbe von Käse hatte: wie ein überreifer dänischer Blauschimmelkäse oder ein Roquefort. Auf dem Boden lagen Teller, trockene Brotscheiben, Käse und andere Essensreste und dazwischen große Holzstücke, hauptsächlich Tisch- und Stuhlbeine, die er aus un-seren Unterkünften gestohlen hatte. Er verwendete sie für den Bau einer Grotte um das Fenster herum. (…) Der Rest des Raumes war an-gefüllt mit Bildern aller Art, die auf Linoleum, das aus den Fußböden unserer Unterkünfte stammte, ausgeführt waren (…) Eines Abends besuchte ich ihn – was ich öfters tat, da er mich gerade porträtierte – als ich das wilde Bellen von Hunden aus seinem Quartier hörte. (…) Im Erdgeschoß stand ein älterer Wiener Geschäftsmann, der über die Treppe hinauf Schwitters anbellte. Der stand auf dem obersten Trep-penabsatz und bellte mit aller Macht zurück. Der ältere Geschäftsmann hatte ein tiefes Bellen wie eine Dogge, Schwitters bevorzugte das Bellen eines Dachshundes. (…) Dies ging einige Zeit in einem beängstigenden Creszendo so weiter, bis beide Herren müde wurden. Der Geschäfts-mann ging, wie es für Geschäftsleute üblich ist, zu Bett, aber Schwitters (…) zog sich in eine Hundehütte zurück, die er für sich und den Dachs-hund in ihm erbaut hatte. (…) Ich sah ihn oft in seiner Hundehütte und er schlief niemals ein ohne ein letztes leises: Wuff-wuff-wuff.«

Nahezu 300 Bilder hat dieser »Dachshund« im Internierungslager gemalt, das eigene Zimmer zu einem kleinen Merz-Bau ausgestal-tet, neben Auftragsarbeiten auch Merz-Kunst geschaffen. Das mei-ste davon war mit der Entlassung im Dezember 1941 vorbei: Schwit-ters zog nach London, führte seinem Sohn, der für die norwegische Exilregierung arbeitete, den Haushalt und schrieb, er sei jetzt frei wie ein Vogel – im Wasser. Zwar traf er seine gleichfalls exilierten Kollegen Arthur Segal und Naum Gabo wieder, den Hannoveraner Freund Walter Dux, fand in Herbert Read sogar einen englischen Fürsprecher – doch das britische Publikum hatte an seinen Collagen, die er für nur ein Pfund pro Stück zu verkaufen suchte, so wenig In-teresse wie an seinen teils auf Englisch geschriebenen Texten. Selbst an Porträtaufträgen fehlte es ihm jetzt, erst recht an der Aufmerk-samkeit großer Museen, deren Direktoren schlicht nicht wußten, »that I belong to the avantgarde in art«. Immer wieder werde er auf die Zeit nach dem Krieg vertröstet, klagte er, doch: »I have already waited seven months for work, and I cannot wait with eating.«

Jack Bilbo,
Künstler und Galerist, Schriftsteller, Seefahrer und Kneipier.
Er wurde als Hugo Baruch am
13. April 1907 in Berlin geboren.
1933 floh er nach Frankreich,
ging von dort nach Spanien
und kam 1936 nach England.
1949 übersiedelte Jack Bilbo
nach Frankreich, 1956 kehrte er
nach West-Berlin zurück, wo
er am 19. Dezember 1967 starb.
Seine Londoner Galerie befand
sich seit 1943 in 24 Charles II
Street, S. W. 1. Dort war auch
die Schwitters-Ausstellung zu
sehen.

Nachgelesen

Richard Friedenthal: *Die Welt
in der Nußschale.* Roman.
München (Serie Piper 517) 1986.

Es geht weiter

an der Südseite von Portman
Square, dann links in die Portman Street und gleich wieder
rechts in die Bryanston Street.
Hier findet sich der Eingang zum
neuerdings als Thistle Marble
Arch firmierenden Mount Royal
Hotel. Um es recht zu würdigen,
sollte man sich auch die ›Zucker-
seite‹ zur Oxford Street hin an-
sehen.

Nur ein einziges Mal wurde ihm zu Lebzeiten in London eine
Einzelausstellung gewidmet: in Jack Bilbos *Modern Art Gallery*.
Bilbo war unter dem bürgerlichen Namen Hugo Baruch als Sohn
eines Berliner Theaterausstatters zur Welt gekommen, hatte sich als
Schiffsjunge, Landstreicher, Bühnenbildner, Kneipier sowie Autor
von Abenteuerromanen durchgeschlagen und 1930 den studentischen *Kampfbund gegen den Faschismus* mitbegründet. Er war 1933
verhaftet worden und nach Frankreich geflohen, hatte im Spanischen Bürgerkrieg als Schiffskapitän gedient und war schließlich
in England gelandet – um dort wie Schwitters auf der Isle of Man
interniert zu werden. Dort organisierte er im Onchan Camp die
Lageruniversität, gab sich als B. Traven aus, trat ins *Pioneer Corps*
ein und diente einige Monate lang als Kapitän, bevor er den Mili-
tärdienst wegen Invalidität quittierte und am 2. Oktober 1941 in
der **Baker Street** seine Galerie eröffnete. Bald zählte sie H.G. Wells
und J.B. Priestly zu ihren Gästen, → Lilli Palmer, Vivien Leigh,
Michael Redgrave oder Richard Attenborough, sie stellte Picasso
aus, Léger, Braque, Max Ernst, Jankel Adler, → Kokoschka, Moholy-
Nagy und – nach ihrem Umzug an den **Haymarket** – auch Kurt
Schwitters. Der zeigte bei Jack Bilbo 33 neue Arbeiten und las mehrfach aus seinen Dichtungen – ohne auch nur ein Bild verkaufen zu
können. Doch nicht nur deshalb wurde die Ausstellung für Schwitters zum Fiasko: Bei ihrer Eröffnung im Dezember 1944 brachte
ihm Bilbo ein in Basel abgesandtes Telegramm – mit der Nachricht,
daß seine in Hannover gebliebene Frau Helma, die er 1939 zum letzten Mal gesehen hatte, gestorben war. Dem Merz-Künstler blieben
noch drei Jahre in England. Gemeinsam mit seiner neuen Lebensgefährtin Edith Thomas zog er im Juni nach Ambleside im Lake
District, wo er sich mit → Oskar Kokoschkas früherer Meisterschülerin Hilde Goldschmidt anfreundete. Trotz seines sich rapide ver-
schlechternden Gesundheitszustands arbeitete er hartnäckig an seinem dritten Merz-Bau, der *Merz-Barn*. Im Dezember 1947 spielte
sein Körper dann nicht mehr mit, am 8. Januar 1948 holte der Tod
ihn ab, wie er's wohl selbst formuliert hätte.

Aufs Land, nach Weybridge, Surrey, war nach dem Krieg auch
Jack Bilbo gezogen, um dort bizarr-monumentale Frauenskulpturen
aus Beton zu schaffen und zu malen. 1949 ließ er sich vorübergehend in Frankreich nieder, 1956 kehrte er als schriftstellernder
Kneipier nach Westberlin zurück. Seine Familie war im Holocaust
umgekommen.

P rominente Refugees«, schreibt → Grete Fischer über das *Mount Royal Hotel*, hätten die aus Zimmer, Küche und Bad bestehenden Suiten sehr bequem, Telefone und sonstige Bedienung recht nützlich gefunden. Annehmlichkeiten, die Robert Neumann in seinen Erinnerungen an dieses »Apartment House nahe dem Marble Arch« bestätigt:

> »Es gab dort – ich weiß nicht mehr wieviel hundert höchst komfortabel möblierte Apartments, jedes bestand aus spiegelblanker kleiner Küche, marmornem Badezimmer und einem prunkvollen Living-Room, von dem es durch einen hypermodernen Vorhang in einen Alkoven mit einem sardanapalisch weichen, überdimensionalem Bette ging.
>
> Dieses Bett war das eigentliche Zentrum des Lebens in jenem Haus, die Apartments waren bis auf das I-Tüpfelchen auf dem modernen Vorhang einander gleich; trat man auf den Korridor hinaus und vergaß man die Nummer, so war man verloren. Es ging dort das Gerücht um von einem Mieter, der spät nachts heimkam, den richtigen Abendimbiß auf seinem Tisch fand, sein Bad nahm, zu Bette lag, richtig – wie sage ich es? – richtig erwartet; er bekam sein richtiges Frühstück, und erst als er die unrichtige Zeitung bekam, merkte er, daß er in ein falsches Apartment geraten war.«

Noch heutige Gäste des längst zum Touristenhotel gewordenen *Mount Royal* werden nicht nur den von Neumann geschilderten Grundriß der Zimmer wiedererkennen, sondern in den nahezu end- und unterschiedslosen Korridoren auch seine Anekdote höchst glaubhaft finden. Der als zersetzender Erotomane verrufene Literat zählte laut Grete Fischer ebenso zu den »prominenten refugees«, die im *Mount Royal* zeitweise Quartier nahmen, wie der großbürger-

Robert Neumann, Rudolf Olden, Richard Friedenthal und der PEN-Club im Exil

**Mount Royal Hotel
Bryanston Street,
Marble Arch, W. 1**

Nachgewohnt

Im ehemaligen *Mount Royal* kann man auch heute noch wohnen. Die Zimmer kosten zwischen £ 199.– und £ 264.–

Buchungen unter
Tel. 0044/171/629 80 40
Fax 0044/171/499 77 92

liche Idealist → Stefan Zweig. Beide hatten Österreich im Februar 1934 nach der Niederschlagung des Wiener Arbeiteraufstands endgültig verlassen – und waren sich zufällig im Zug von Wien nach London begegnet, in den Zweig in Salzburg zustieg.

Wie Zweig hatte auch Neumann das Terrain an der Themse bereits 1933 sondiert: Ein Literaturagent, dem er bei der Flucht aus Berlin behilflich gewesen war, hatte ihm einen Vertrag mit dem Londoner Verlagshaus Rich and Cowan angeboten, für das Neumann eine Biographie des Industriellen, Philanthropen und Waffenhändlers Sir Basil Zaharoff schreiben sollte. Das Buch erschien zwar – wie drei weitere im englischen Exil – zunächst auf deutsch und die englische Ausgabe letztlich in einem anderen Verlag, doch Neumann schaffte es trotz anfangs fehlender Englischkenntnisse als einer der wenigen exilierten Autoren, zu einem ›englischen‹ Schriftsteller zu werden: Nach der Entlassung aus dem Internierungslager schreibt er in der Sprache des Gastlandes – weil dies nun auch eine »Frage der Würde« sei. Was ihn nicht hinderte, seinem Englisch gegenüber ein Skeptiker zu bleiben: Es war, schreibt er, eine Sprache, »die Nichtengländer für englisch halten, Engländer für ›irgendwoher von den äußeren Hebriden vielleicht‹ oder amerikanisch, Amerikaner ebenfalls für amerikanisch, ›aber nicht dorther, wo ich zu Hause bin‹«.

Mag immerhin sein, daß auch die ihm eigene Mischung aus Abenteurertum und Augenzwinkern, aus Chuzpe und jenem trockenen Witz, den man in Deutschland allemal für typisch britisch hält, bei seiner literarischen Einbürgerung auf der Insel geholfen hat. Ein Nachfahre iberischer und chassidischer Juden, hatte der Sohn eines Wiener Bankdirektors und führenden Sozialisten im November 1918 als Teilnehmer jener ›Kaffeehaus-Revolution‹, deren Protagonisten Franz Werfel und Egon Erwin Kisch waren, erstmals auf sich aufmerksam gemacht. Danach schlug er sich als Hilfsbuchhalter, Chef einer Schokoladenfabrik und Frachtaufseher auf einem niederländischen Handelsschiff durch, bevor ihn seine bissigen Schriftsteller-Parodien 1927 über Nacht zu einer Berühmtheit machten. Dem Band *Mit fremden Federn* folgten bis 1933 elf weitere Bücher, von denen fünf – eine Art Wegbereiter in die andere Literatur – auch in englischer Sprache erschienen.

In London avancierte Robert Neumann zum Initiator und De-Facto-Präsidenten des österreichischen PEN-Clubs im Exil, während der nominelle Franz Werfel hieß. 1938 und 1939 war er maßgeblich an gezielten Hilfsaktionen des PEN zugunsten gefährdeter und emigrierter Kollegen wie → Hermann Broch und Robert Musil beteiligt.

Robert Neumann,
Schriftsteller. Er wurde am 22. Mai 1897 in Wien geboren. Nach dem Scheitern des Wiener Arbeiteraufstandes emigrierte er im Februar 1934 nach England, wo er in London und Cranbrook, Kent, lebte. 1957 übersiedelte Neumann in die Schweiz; am 3. Januar 1975 starb er in München.

Doch Neumann schaltete sich nicht nur organisatorisch in die Hilfe für andere Autoren ein, er hielt nach dem Einmarsch Hitlers in Wien und Prag am Londoner Hauptsitz des PEN auch Sprechstunden für neuankommende Flüchtlinge ab, um sie mit dem englischen Literaturbetrieb vertraut zu machen. Seine eigene Exilerfahrung verarbeitete er in mehreren Büchern, darunter in den Romanen *The Inquest* und *By the Waters of Babylon*. Das halbfertige Manuskript dieses Abgesangs aufs europäische Judentum am Vorabend der Schoah hatte er gerade einem Schweizer Verleger anbieten und dann nach Wien weiterreisen wollen, als er noch in Zürich vom ›Anschluß‹ Österreichs ans Hitler-Reich hörte, der auch ihn vom ›freiwilligen‹ Auswanderer zu einem Flüchtling ohne andere Wahl machte. Eine autobiographisch getönte Erzählung in dem nach dem Vorbild eines Novellzykluses konstruierten Episodenroman berichtet von der Emigration des Schriftstellers Marcus nach London.

»Die Emigration, emigratio communis primaria, unterscheidet sich von anderen chronischen Krankheitsvorgängen erstens dadurch, daß Patient sich des Befallenseins erst nach einer gewissen, individuell variierenden Inkubationsfrist bewußt wird. Zweitens kennt sie Zwischenperioden eines trügerischen Sichwohlbefindens, klinisch bezeichnet als Euphorie. Die, drittens, abwechseln mit für dieses Übel typischen Zuständen der Großen Verzweiflung, desperatio emigratica, Zuständen von heftig contagiösem Charakter, in denen Patient entweder, drittens A, die Einsamkeit sucht, oder, drittens B, gleichartig Erkrankte aufspürend Amok läuft und die Einsamkeit meidet. Viertens endet zu beschreibende species aus der Familie der fressenden Übel unweigerlich mit dem Tode.«

Nachgelesen

Robert Neumann: *An den Wassern von Babylon*. Roman. München (dtv) 1991.

Die Emigration als Krankheit zum Tode. Neumann selbst hat sie überlebt. Doch trotz der späteren Erfolge in seinem Gastland wußte er durchaus, wovon er schrieb: von mehrmaligen Wohnungswechseln, Internierungslager und Bombennächten, der Sorge um Angehörige, dem Fall in bittere Armut und literarisch-politische Bedeutungslosigkeit. Nach der Entlassung aus dem Camp auf der Isle of Man war er in eine Zweizimmerwohnung in Hampsteads **Finchley Road** gezogen. Vor dem Verhungern, erzählt er später, rettete das Ehepaar Neumann nur die Stellung seiner Frau im britischen Arbeitsministerium:

»Kam sie todmüd nach Hause, so hatte ich ein Abendessen für sie bereit. An diesem Abendessen kochte ich viele Stunden lang, ich hatte niemals vorher gekocht, und nun koch etwas (…) Ich kochte stundenlang, ich mußte alles erfinden, ich hatte noch nie gekocht. Dazu bewarb ich mich um einen Posten als publisher's reader – und was, Mr. N., sind Ihre Erfahrungen bezüglich des englischen Buchbedarfs? Auch als swimming trainer bewarb ich mich – in dem Club wollten sie keine foreigners. Ich bewarb mich auch als night watchman, da konnte einer doch durch lange nächtliche Stunden sitzen und schreiben, aber das war eine Firma auf der secret list (…) Ich kochte zu jener Zeit, ich kochte (…) Auch war das die Zeit meiner Erfindungen. Ich erfand einen Motor, dessen Treibstoff gewöhnliches Wasser war, elektrolytisch in Knallgas verwandelt, das sich, zur Explosion gebracht, zurück in Wasser verwandelte; (…) beinahe das Perpetuum Mobile. Ich erfand die mörtelfreie, durch Einguß-Zement über kommunizierende Rillen in den Ziegeln blitzschnell zu errichtende Mauer. Ich erfand Schach-Endspielprobleme, über dem Brett brütend, viele Stunden lang.

Wie viele brüteten, wie viele erfanden, wie viele kochten in den anderen Wohnkäfigen dieses Blocks. Wieviel Blocks mit einsamen Köchen gab es damals in Hampstead, London N.W. 3? Hatte man ausgekocht, so zog man den guten Anzug an, so traf man einander in Hinterzimmern – Herr Präsident, Herr Mitglied der Gesetzgebenden Exekutive, Herr Attaché.«

Nachgelesen

Robert Neumann:
Ein leichtes Leben. Bericht über mich selbst und Zeitgenossen.
München (Desch) 1963.

Oder eben: Herr Kollege. Denn auch Neumanns reichsdeutsche PEN-Kollegen → Alfred Kerr und Rudolf Olden frequentierten das *Mount Royal:* Als Londoner Mitarbeiter des *Pariser Tageblatts* hielten sie hier ihre ›Redaktionskonferenzen‹ ab. Beide kannten sich als einflußreiche Mitarbeiter von Theodor Wolffs *Berliner Tageblatt,* beide waren als entschiedene Nazigegner bereits kurz nach Hitlers Regierungsantritt aus Deutschland geflohen und über die Tschechoslowakei und Paris ins Exil an der Themse gegangen – Kerr noch vor, Olden unmittelbar nach dem Reichstagsbrand. Der gebürtige Stettiner war den braunen Herrenmenschen nicht nur als Journalist, der für linke und liberale Blätter schrieb, verhaßt: Der »Michael Kohlhaas im Rechtswesen der deutschen Republik«, wie ihn sein Bruder Balder Olden nannte, hatte als Rechtsanwalt am Berliner Kammergericht aufsehenerregende Prozesse für die Deutsche Liga für Menschenrechte und gegen das Verbot von Brechts *Kuhle-Wampe*-Film durchgefochten, Carl von Ossietzky in beiden *Weltbühnen*-Prozessen verteidigt und noch im Februar 1933 den Kongreß *Das freie Wort* in der Kroll-Oper organisiert.

Im Exil konnte Olden nur noch publizistisch gegen die Nazis kämpfen – doch dies tat er mit enormer Energie und Verve. Kaum in Prag angekommen, schrieb er im Frühjahr 1933 sein Pamphlet *Hitler, der Eroberer: Die Entlarvung einer Legende*, das als erste Publikation des exilierten Malik-Verlags von → Wieland Herzfelde erschien; nach einem Zwischenstopp in Genf begann er noch im Sommer in Paris mit der Arbeit am *Schwarzbuch über die Lage der Juden in Deutschland*, bevor er am 11. November 1933 in London eintraf, wo seine Braut Ika Halpern – eine Tochter des Zionisten-Führers Georg Halpern – das Feld bereitet hatte. Nach ihrer Hochzeit im Dezember, bei der Lion Feuchtwanger und Joe Lederer zu Gast waren, entstanden und erschienen bis 1935 neben zahlreichen Artikeln in der Emigrantenpresse die Untersuchungen *Warum versagten die Marxisten?*, *Hindenburg oder der Geist der preußischen Armee* und schließlich *Hitler*, die wohl beste zeitgenössische Biographie des ›Führers‹, die allerdings mit den fast zeitgleich erscheinenden Hitler-Büchern Emil Ludwigs und Konrad Heidens zu konkurrieren hatte. Zwischendurch war Olden auch im Saarland gewesen, um in Hubertus Prinz zu Löwensteins Zeitschrift *Das Reich* gegen den Anschluß der Saar an Nazideutschland zu schreiben.

Nicht nur die Vergeblichkeit solchen Einsatzes mußte deprimierend wirken: Olden gelang es trotz gelegentlicher Beiträge für englische Blätter nicht, in London als Journalist Fuß zu fassen, seine finanzielle Situation wurde immer schwieriger. Er zog nach Oxford, wo ihn der Philologie-Professor Gilbert Murray mietfrei in seinem Cottage wohnen ließ und ihm kleinere Lehraufträge besorgte. Außerdem regte er ihn zu seinen Büchern *The History of Liberty in Germany* und *Is Germany a Hopeless Case?* an.

Zu einem nur der Gelehrsamkeit gewidmeten Professorenleben taugte Olden aber nicht. Er leitete in England die internationalen Kampagnen für Ossietzkys Nobelpreis und die Freilassung seines ebenfalls im Konzentrationslager gefangenen Anwaltskollegen

Rudolf Olden,
Rechtsanwalt und Publizist. Olden kam am 14. Januar 1885 auf die Welt. Nach dem Ersten Weltkrieg gab er in Wien eine Zeitschrift mit dem bereits 1925 von den Nazis ermordeten Hugo Bettauer heraus, in der Weimarer Republik schrieb er für das liberale *Tageblatt*, die linke *Weltbühne* und *Das Tage-Buch*. Der Ossietzky-Verteidiger emigrierte 1933 über Prag und Paris nach England. Dort lebte er in London und Oxford. Olden verlor am 17. September 1940 bei einem deutschen Torpedo-Angriff auf die *City of Benares* bei der Überfahrt nach Amerika das Leben. In London wohnte er in 13 Manson Place, Queen's Gate, S. W. 7 sowie in 31 Carlton Hill, N. W. 8.

Hans Litten. Bereits im März 1934 hatte er mit Lion Feuchtwanger, → Ernst Toller und → Max Herrmann-Neiße den *PEN-Club deutscher Schriftsteller im Exil* aus der Taufe gehoben, dessen Präsidentschaft Heinrich Mann angetragen und selbst das Sekretariat übernommen, das er seither als Ein-Mann-Betrieb und auf eigene Kosten führte. Er könne so gut wie nichts für die Mitglieder tun, begründete er den von ihm angeregten Verzicht auf Mitgliedsbeiträge – weshalb er nicht nur zeitlich, sondern auch finanziell für einen immensen Briefwechsel und den Versand etwa von PEN-Ausweisen geradestehen mußte, die dann doch so manchem, gleich ihm ausgebürgerten Schriftsteller zum Ersatzpaß wurden. Auf die Dauer war der pekuniäre Druck von einem, der selbst auf Hilfe angewiesen war, aber kaum auszuhalten: Selbst wenn alle Mitglieder des deutschen Exil-PEN »wirklich ein Pfund schicken könnten«, schrieb der frischgebackene Vater einer Tochter Ende 1938 an Heinrich Mann, wären seine mit den Jahren aufgelaufenen Kosten nicht gedeckt, doch wenigstens sein »Gewissen gegenüber Weib und Kind« erleichtert.

Inzwischen hatte sich die Arbeit des Sekretärs der Exil-PEN-Gruppe – die Reichs-Sektion war erst gleichgeschaltet, dann aufgelöst worden – dramatisch verändert: Hatte die Aufgabe des als absolut integer geltenden, linksliberalen Olden bis dahin vor allem darin bestanden, einer politischen und organisatorischen Zersplitterung des literarischen Exils vorzubeugen, Kontakte zu anderen Emigranten-Gruppen aufzubauen und das Auftreten deutscher Autoren bei den internationalen PEN-Kongressen zu koordinieren, so war nach dem ›Anschluß‹ Österreichs und der Unterzeichnung des Münchener Abkommens die handgreifliche Hilfe für verfolgte Schriftsteller sein zentraler Auftrag. Mit Robert Neumann wirkte er maßgeblich daran mit, daß Schriftsteller und Autoren wie Ludwig Winder, die Brüder → Herzfelde oder → Kurt Hiller nach England gerettet werden konnten. Beide konnten sich bei ihren Bemühungen um die in Wien oder Prag festsitzenden Kollegen nun auch auf die engagierte Hilfe des englischen PEN-Zentrums stützen, das Olden lange als ein vor allem auf Soupers und Diners spezialisierter Verein erschienen war, während er die von ihm betreute deutsche Gruppe schlicht eine »Fiktion« nannte. Doch unter dem Druck der »Umstände« sowie Oldens und Neumanns hatte sich mittlerweile ein regelrechtes »Visabüro« im PEN etabliert.

Ende August 1939 warnten die beiden deutschsprachigen PEN-Sekretäre – nachdem sie es bei aller Gemeinsamkeit tunlichst vermieden hatten, die deutsche Einverleibung Österreichs auf PEN-

Ebene nachzuvollziehen – in einem nicht abgedruckten Leserbrief an die *Times* vor dem nahen Krieg. Als der 1940 auch England erreichte, wurden beide als feindliche Ausländer interniert. Ein Ruf an die *New School for Social Research* in New York befreite Olden, der sich seit Kriegsbeginn in der elenden Rolle Kassandras wiedererkannte, am 6. August 1940 nach sechs Wochen aus der Gefangenschaft. Am 12. September bestieg er mit Ika die *City of Benares*, um England ohne Rückkehr-Erlaubnis in der Tasche zu verlassen. Am 17. September wurde das Schiff mit dreihundertvierzehn Erwachsenen und zweiundneunzig Kindern an Bord von einem deutschen Torpedo getroffen. Nur einhundertvierzig Erwachsene und neunzehn Kinder überlebten die Katastrophe. Ika und Rudolf Olden gehörten nicht zu ihnen.

Anfang 1941 erteilte Hermon Ould, der Generalsekretär des PEN, → Alfred Kerr den Auftrag, die deutsche Exil-Sektion wiederzubeleben. Der um sein Publikum gebrachte Großkritiker war bis zu seiner Emigration Präsident des deutschen PEN gewesen und hatte sich 1936 dem englischen Zentrum angeschlossen. Friedrich Burschell, der Oldens Papiere übernommen hatte, sollte das Sekretariat der Exil-Sektion weiterführen, eine Aufgabe, die jedoch de facto und von 1942 an auch offiziell Richard Friedenthal versah. Der litt als PEN-Sekretär nicht nur unter der »Diktatur Kerr« – dessen vielgerühmter »apodiktisch-epigrammatischer Stil« sei »im Vereinsleben fehl am Platze«, warf Friedenthal seinem Präsidenten vor –, sondern mußte sich auch veränderten organisatorischen Aufgaben stellen: War die deutsche PEN-Sektion in Oldens Zeit eine Zusammenfassung des literarischen Exils gewesen, der zwar alle ›großen Namen‹ angehörten, die dafür aber in gewisser Weise nur auf dem Papier existierte, so wurde sie nun zu einer Art Londoner Ortsgruppe ohne viel Prominenz und begann einerseits damit, ein wirkliches Leben mit Treffen und Veranstaltungen zu führen, während sie sich andererseits aber prompt in heftige Fehden verstrickte. 1950 beerbte Friedenthal den 1948 gestorbenen Kerr als Präsident des *PEN-Zentrums deutschsprachiger Autoren im Ausland*, 1951 kehrte er vorübergehend in die Bundesrepublik zurück, ließ sich aber 1956 endgültig in London nieder.

Richard Friedenthal, Schriftsteller. Er wurde am 9. Juni 1896 in München geboren. Der Biograph Goethes, Luthers oder Leonardos und Nachlaßverwalter → Stefan Zweigs war Lektor und Leiter des Knaur-Verlages gewesen, bevor ihn die Nazis schon 1933 mit Schreibverbot belegten und er 1938 nach London emigrierte. Während des Krieges war er auf der Isle of Man interniert. In seinem Roman *Die Welt in der Nußschale* hat er eine einzigartige Darstellung der Lager-Gesellschaft und ihrer frappierenden kulturellen Produktivität hinterlassen. 1951 kehrte er als Leiter des Droemer-Knaur-Verlages und Redakteur der *Neuen Rundschau* für fünf Jahre in die Bundesrepublik zurück, lebte von 1956 an aber wieder in London. Am 19. Oktober 1979 starb er in Kiel.

Nachgelesen

Richard Friedenthal: *Die Welt in der Nußschale*. Roman. München (Serie Piper 517) 1986.

Es geht weiter
auf der Bryanston Street bis zum Great Cumberland Place, in den man nach rechts einbiegt. An Bryanston Square nach links in die George Road. Bryanston Court ist nicht mit dem gleichnamigen Hotel zu verwechseln, sondern findet sich kurz nach Bryanston Square linkerhand in der George Street.

Max Herrmann-Neiße und Ludwig Meidner

Bryanston Court, Upper George Street, W.1

Max Herrmann-Neiße, Dichter. Er wurde als Max Herrmann am 23. Mai 1886 in Neiße geboren und emigrierte am 2. März 1933 in die Schweiz. Von dort führte sein Weg über Paris und Holland am 20. September 1933 nach London, wo er am 8. April 1941 starb. Außer im Bryanston Court wohnte er in 83 Duke Street, Grosvenor Square, W.1 sowie im Cumberland Court, Great Cumberland Place, W.1.

Er ist kleinwüchsig, bucklig, zerbrechlich. Eine Gestalt wie Henri Toulouse-Lautrec oder Moses Mendelssohn, einer der meistporträtierten Dichter seiner Zeit. George Grosz und Ludwig Meidner betonen neben dem großen, markanten Fledermauskopf die schmalen, spinnengleich wirkenden Hände. Um so robuster die moralische Konstitution: Als junger Theaterkritiker des Lokalblatts seiner Heimatstadt Neiße wird Max Herrmann 1913 wegen seiner *Porträte des Provinztheaters* entlassen, einer seinem Förderer → Alfred Kerr gewidmeten Sammlung satirischer Sonette. Als eine ganze Schriftsteller-Generation ein Jahr später in Hurra-Patriotismus entgleist, ist er leidenschaftlicher Kriegsgegner, steht den Positionen → Kurt Hillers nahe. Im August 1933, mit siebenundvierzig Jahren auf dem Weg ins englische Exil, schreibt er einem Freund: »Ich könnte ja auch ein anerkannter deutscher Lyriker jetzt werden, mit meiner Naturlyrik und meiner uralten schlesischen Bauernahnenreihe, aber ich brächte es nie über mich, auch nur stillschweigend mich fördern zu lassen von einem System, das für mich das wahrhaft teuflische ist.« Und an anderer Stelle dekretiert er: »Ich, selber reinarischer Deutscher, lyrischer, unexaltierter Mensch, erkläre, daß dort eine Mörder- und Verbrecherbande herrscht, von der man sich alles vergegenwärtigen kann und gegen die jeder halbwegs zivilisierte Mensch Stellung nehmen muß.« Daß das inzwischen »verschandelte und perfid gewordene« *Berliner Tageblatt* ein Gedicht von ihm druckt, das er der Redaktion vor seiner Flucht überlassen hat, grämt ihn zutiefst: »Müssen nicht Uneingeweihte mich auch für einen unsicheren Kantonisten oder noch Schlimmeres halten?« Als er im Dezember 1933 zusammen mit Lion Feuchtwanger, → Ernst Toller und → Rudolf Olden zur Gründung der deutschen Exil-PEN-Gruppe aufruft, muß aber jedem klar sein, wo er steht.

Trotzdem hat die Emigration kaum einen schwerer angefochten als ihn. Der Grundton seiner Gedichte ist ein fast kindliches Heimweh. Schon als er 1917 nach dem Tod der Eltern – bei denen er bis dahin, nur unterbrochen von vier Studienjahren in München und Breslau, gewohnt hat – die Heimatstadt Neiße verläßt, fügt Max Herrmann deren Namen dem seinen an. *Um uns die Fremde*, nennt er seinen einzigen im Exil veröffentlichten Lyrikband, *Ich möchte heim* ein Gedicht und klagt: »Das Gastland kann die Heimat nie ersetzen, / hat mich sein Frieden freundlich auch bedacht. / Gefangen fühl ich mich in fremden Netzen / und um das Lebenselement gebracht.« »Treu mir selbst«, sucht er sich zu trösten, »meine Welt ist, wo mein Werk geschieht« – und weiß doch: pfeifen im Keller.

Max Herrmann-Neißes Lyrik erfährt in seinem Londoner Schaffen ihre Vollendung. Bleibt volksliedhaft schlicht und hat den schlesischen Blues. Das Exil potenziert die Sehnsucht, die den Provinzler, den es in die Großstadt verschlug, schon im Berlin der zwanziger Jahre packte. Dort verkehrte er in zahlreichen Künstler- und Literatenzirkeln – und blieb doch ein Außenseiter. Ihren »Grünen Heinrich« hat ihn Else Lasker-Schüler genannt: »Und seine Seele ist grün und tief, ein heller Schilfteich, man kann daraus Schachtelhalme, Leuchtkäfer, Jesusblumen und gesprenkelte Blätter fürs Herbarium sammeln.« Jetzt, im Exil an der Themse, vereinsamt er. Das »steinerne, steife London« entspreche einem »Feld-, Wald- und Wiesen-Lyriker« wie ihm nicht, beklagt sich der notorische Kneipengänger »Macke«, dem die Pubs mit ihren frühen Sperrstunden kein Ersatz für das sind, was er unter einer »gemütlichen Schenke« versteht: Nein, seufzt er, diese »unzugängliche, grausame Stadt« ist einfach »nichts für einen alten schlesischen Bierverlegersohn«. Was hilft es da, daß es auch Freunde an die Themse gespült hat, daß er ab und zu einen »schlesischen Abend« mit → Alfred Kerr und dem Maler Martin Bloch verbringt, sich mit dem Schriftsteller-Kollegen → Bruno Frank, dem Komponisten → Mischa Spoliansky und dem Schauspieler Paul Graetz trifft, daß → Stefan Zweig und → Ernst Toller ihm zum 50. Geburtstag gemeinsam mit dem Buchhändler Hans Preiss eine Feier ausrichten – die meisten Abende sitzt er daheim auf seiner Bude und tröstet sich mit dem »gute(n) dunkle(n) Stout-Bier in Flaschen«.

Unmittelbar nach dem Reichstagsbrand ist er über die Schweiz – jene »deutschsprachige Repulik«, in die er sich fortan träumen wird –, über Frankreich und Holland nach London emigriert, dort am 20. September 1933 angekommen. Sein Mäzen Alphonse Sondheimer, mit dem er und Frau Leni in einer offenen, aber komplizierten *Menage à trois* leben, hat den Quartiermeister gespielt: Das Ehepaar Herrmann wohnt von nun an »care of Sondheimer«, zunächst in der **Duke Street**, dann in *Cumberland Court* und, von 1936 an, im nahegelegenen *Bryanston Court*. Der Gastgeber, der auch die teils gemeinsamen Sommerurlaube in der Schweiz bezahlt, habe – spottet → Robert Neumann gewohnt maliziös – sein Geld als internationaler Juwelenhändler bei der Verwertung des Habsburger Kronschatzes nach dem Ersten Weltkrieg gemacht, weshalb der »verkrüppelte linksradikale Dichter« Max Herrmann-Neiße nun, im englischen Exil, dank Habsburgs Kronjuwelen »ein auf absonderliche Weise geordnete(s)« Leben führen könne.

Max Herrmann-Neiße beim Spaziergang im Hyde Park

Das komödiantische Allround-Talent **Paul Graetz** (1890 bis 1937) war in Berlin nicht nur als Bühnen- und Filmdarsteller erfolgreich gewesen, sondern auch der Lieblings-Kabarettist Kurt Tucholskys. Als Graetz 1933 nach England emigrierte, hatte er schon einige Filme in London gedreht, jetzt wirkte er an Streifen wie *Blossom Time* und *Jew Süss* mit. 1937 ging er in die USA.

Am Wegesrand

Am Rondell an Great Cumberland Place erinnert eine Statue an Raoul Wallenberg. Der schwedische Diplomat rettete im besetzten Budapest zehntausende ungarischer Juden vor der deutschen Mordmaschinerie. Er wurde bei der Eroberung Budapests durch die Rote Armee von den Sowjets gefangengenommen und ist in Stalins Lagern verschollen.

Nacht in der Emigration

Nachts bin ich ganz allein im Weltenraum,
fern allen Freunden, die mich längst vergaßen.
Die sieben Stock, hoch über Londons Straßen.

Die Katze mir zu Füßen hat die Ruh
als ihr Gehäus. Die Frau an meiner Seite
schloß sich im Schlaf wie eine Blume zu,
ihr Atem nur gibt sanft mir das Geleite.

Da draußen sind die Sterne und der Mond
und werden unser Leben überdauern.
Nachtwandlerisch umschleicht mein Wunsch die Mauern,
dem Frieden fremd, der hinter ihnen wohnt.

Und alle Laute, die das Dunkel haucht,
verwandeln jäh sich in ein kurzes Schweigen.
Dann taumle ich benommen und verbraucht
ins Frühlicht, dessen Züge bleich sich zeigen.

Zeichnung von
Max Herrmann-Neiße,
1936

Herr und Katze,
London 1936

Doch mögen seine Londoner Verhältnisse äußerlich auch geregelt sein, das monatelange Leben »zwischen Koffern, die man nie ganz leert, / in Hotels und billigen Pensionen« beendet, Max Herrmann-Neißes Herz hat nun erst recht »vor Heimweh sich verzehrt«: Das Gefühl, »auf Abbruch« zu leben, wie er das Gedicht überschreibt, in dem er die Erfahrungen der ersten Monate der Emigration resümiert, verläßt ihn nie mehr: Endlos fast zitiert er das Bild der unwiederbringlich verlorenen Heimat, die Stadt des Exils hingegen, der er doch immer wieder auch seinen Dank bekundet, nennt er sein Sankt Helena. Lediglich der Blick aus seiner hochgelegenen Wohnung auf Londons Straßen taucht in den hier entstandenen Werken mehrmals auf – und der benachbarte **Hyde Park**. Dort und im etwas weiter entfernten **Regent's Park** geht er stundenlang spazieren und entwirft neue Gedichte. Zurück in *Bryanston Court*, feilt er an den beim Wandern konzipierten Versen, deren Reinschrift er in Folianten überträgt, oder setzt aus Zeitungsausschnitten und anderen Fundsachen »Klebebilder« zusammen. Er arbeitet am nicht mehr abgeschlossenen Roman *Unvollendete Liebe* und der Erzählung *Schmitts Katze*, deren Protagonist im Londoner Exil von seiner Frau verlassen wird und Selbstmord begeht. Eine andere Geschichte soll von einem ausländischen Nachtschwärmer handeln, der in London stirbt – und, als unerlöster Geist, auf der Suche nach

»nächtlichen Vergnügungsstätten« herumspukt, »die es doch in dieser puritanischen Siedlung nicht gibt«.

Gleichwohl beantragt er 1938 nach seiner Ausbürgerung aus dem ›Reich‹ die britische Staatsbürgerschaft. Doch sein Gesuch bleibt unbearbeitet. Ein weiterer Antrag auf Naturalisierung scheitert 1940. Sein ohnehin labiler Gesundheitszustand verschlechtert sich, er ist häufig krank. Drei Dinge habe er vermeiden wollen: in England zu leben, in einem kriegführenden Land sein zu müssen und Milch zu trinken, sagt »Macke«, als ihm die Ärzte eine Milchdiät verordnen. Und jetzt trinke er Milch in einem kriegführenden England. Immerhin ersparen ihm seine Gebrechen die Internierung: Als er aus seiner Wohnung abgeholt werden soll, ruft Sondheimer den Hausarzt herbei, der die Verhaftung des leidenden Poeten gerade noch verhindern kann. »Ihr merkt es nicht: es geht mit mir zu Ende«, heißt es in seinen Gedichten, oder: »Nun ist es Zeit, daß ich damit beginne, / Abschied zu nehmen von des Daseins Gaben«. Am 8. April 1941 erliegt er, noch keine sechsundfünfzig Jahre alt, einem Herzschlag.

Nachgelesen
Helga Bemann (Hrsg.):
Max Herrmann-Neiße:
Der kleinen Stadt Refrain.
Prosa, Briefe und Gedichte.
(O)-Berlin (Buchverlag
Der Morgen) 1984.

»Verbittert und tief unglücklich« hatte den »gewesenen« deutschen Dichter in seinen letzten Monaten ein Freund aus besseren Berliner Tagen vorgefunden: Ludwig Meidner, der Maler, Zeichner und Schriftsteller, der gleich Herrmann-Neiße – den er mehrfach porträtierte – aus der schlesischen Provinz nach Berlin gekommen und dort zu einer Zentralfigur des Expressionismus geworden war, bevor ihn die Nazis als ›Maljuden‹ verfemten und ins Exil trieben, wo er wie sein Dichterfreund unter fast vollständiger Isolation litt.

Erst am 2. August 1939 war Meidner in London angekommen, bereits seit 1933 gehegte Emigrationspläne nach Palästina, Südafrika oder Südamerika hatten sich zuvor zerschlagen. Schon in den zwanziger Jahren hatte sich der ursprünglich der politischen Linken nahestehende Künstler unter dem Eindruck religiöser Visionen zunehmend dem konservativen Judentum zugewandt, 1934 wurden seine ansonsten mit Ausstellungsverbot belegten Arbeiten im Jüdischen Museum in Berlin gezeigt, 1935 mußte er die Stadt verlassen, um sein Brot als Zeichenlehrer am jüdischen Gymnasium Jawneh in Köln zu verdienen, 1937 führten die Nazis seine Kunst in München als entartet vor, 1938 sah er die Kölner Synagoge brennen. Die Intervention seines britischen Lehrerkollegen Thomas Tufton, der an seiner Schule Englisch unterrichtete, ermöglichte ihm im Sommer 1939 endlich die Emigration. Doch in England wurde seine

Ludwig Meidner,
Maler und Schriftsteller.
Er kam am 18. April 1884 in
Bernstadt (Schlesien) auf
die Welt und emigrierte im
August 1939 nach London.
1953 kehrte Meidner nach
Frankfurt zurück und ließ
sich danach zuerst in Marxheim (Taunus), dann in
Darmstadt nieder. Dort starb
er am 14. Mai 1966. Meidners Londoner Adressen lauteten 66 Albert Street, N.W. 1,
dann 26 West Heath Drive,
Golders Green, N.W. 11 und
schließlich 677 Finchley
Road, Child's Hill, N.W. 2.

kleine Familie auseinandergerissen: Sohn David, mit einem Kindertransport schon vor den Eltern nach England geflohen, lebte bei einer englischen Familie, Else Meidner – die Malerin und ehemalige Meisterschülerin ihres Mannes – verdingte sich als Hausmädchen in **Sydenham**, Ludwig Meidner selbst kam in einem kleinen, dunklen und kaum beheizbaren Zimmer in **Camden Town** unter. Hier stapelte er seine aus Deutschland geretteten Arbeiten, darunter zweitausendfünfhundert Zeichnungen und achtzig Gemälde. Meidner zeichnete wie besessen, doch nichts, was er verkaufen konnte. Er zieh sich selbst der »Monomanie«, ging kaum aus dem Haus, hatte nichts zu beißen und magerte völlig ab, die Ehe mit Else zerfiel. Zwar brachte ihn → Fred Uhlmann, der bei ihm Radierunterricht nahm, mit dem → *FDKB* in Kontakt, doch die künstlerischen und politischen Bemühungen, die dort gepflegt wurden, schienen ihm seicht und verächtlich.

Als er Ende Juni 1940 als ›enemy alien‹ interniert wird, können Bekannte die wichtigsten seiner Arbeiten aus der Bude in **Camden Town** mit dem Taxi zu Uhlmann in **Hampstead** bringen, den Rest reißt sich seine Vermieterin unter den Nagel. Dennoch wird die Zeit im Lager für Meidner, der zunächst bei Liverpool, dann auf der Isle of Man interniert ist, ähnlich wie für → Kurt Schwitters fast zu einer Erholung von dem »erbärmlichen Leben«, das das Exil für ihn ist – nicht nur, weil er sich endlich wieder satt essen kann, sondern auch, weil er wieder Kontakt mit Kollegen hat, sogar einige seiner Kölner Schüler wiedertrifft. Als er Anfang 1941 entlassen werden soll, packt ihn »panische Furcht vor der Welt draußen«, vor der »unerwünschten Freiheit« in London, die ihm »wie im Hades« dünkt – und er beantragt erfolgreich eine Verlängerung seiner Internierung.

Am 9. Dezember 1941 steht er dennoch an der Londoner *Euston Station* – und findet sein Zimmer in der **Albert Street** ausgeplündert vor. Im Besitz eines einzigen Koffers »mit den abgenutzten Sachen, die ich von der Internierung zurückbrachte«, zieht er ins Haus einer befreundeten Kölner Familie im **West Heath Drive** und unternimmt dort mit Else und David den Versuch, nochmals zu einer Familie zu werden. Mit Zeichenunterricht, wenigen Porträts und dank der Unterstützung großzügiger Freunde hält er sich notdürftig über Wasser, in seinem Werk stehen humoristisch getönte Londoner Volks- und Straßenszenen neben der Klage über den Massenmord an den europäischen Juden, von dem er Ende 1942 erfährt. Im gleichen Jahr schreibt er einen Aufsatz über seinen Freund Amadeo Modigliani, kann sich aber nicht zu der ihm angetragenen Monographie entschließen. Er lebt statt dessen seine »eigene innere Welt stur und eigensinnig« weiter und kann auch im vom orthodoxen Judentum geprägten **Golders Green** nicht Fuß fassen: Von 1945 an erhält er als Gemeindearmer Lebensmittelhilfe von der *Congregation Beth Hamedrash*, die ihm 1948 eine Stelle als Totenwächter besorgt. Mit den Nachtwachen, während derer er lesen, aber nicht zeichnen darf – ans teurere Malen ist in seiner Lage ohnehin nicht zu denken –, verdient er sich ein karges Zubrot. 1947 porträtiert er zum zweiten Mal nach 1931 den nach der Befreiung aus Theresienstadt nach London gekommenen → Leo Baeck, der ihn und Else 1927 in Berlin getraut hat. Im Januar 1948 zieht er mit seiner Frau in ein nahegelegenes Fabrikhaus in **Finchley Road** um – und leidet einmal mehr unter Geistererscheinungen, die er darauf zurückführt, daß in dem Haus illegale Abtreibungen vorgenommen worden seien. Sogar seine einzige Londoner Ausstellung, die er im Herbst 1949 gemeinsam mit Else in der ganz an einem jüdischen Publikum orientierten *Ben Ury Gallery* in **14 Portman Street** zeigt, gerät zum Rückschlag. Eine Reise in die Bundesrepublik bringt im Spätjahr 1952 die Entscheidung: Meidner, der bei seinem Deutschlandbesuch Theodor Heuss porträtiert, sieht die Chance, doch noch als Maler zu reüssieren. 1953 kehrt der zutiefst fromme Jude ohne seine Frau ins Land der Mörder zurück.

Ludwig und Else Meidner in der Ben Ury Gallery, 1949

Zur U-Bahn

Via Seymour Place gelangt man nach Marble Arch. An der gleichnamigen Tube-Station an der Nordseite der Oxford Street hält Central Line.

Zweiter Spaziergang

Durch Bloomsbury
nach Soho

Die *Bloomsbury Group* ließ grüßen: Dies sei Londons »Bohème-viertel«, stellte seine spätere Frau Tetta im April 1934 dem aus Berlin eintreffenden Schriftsteller Hans Flesch-Brunningen den Stadtteil vor, in dem sie ihn vorübergehend in einer kleinen Pension unterbrachte. Doch trotz Virginia Woolf und ihres Kreises, trotz Aldous Huxley, William Butler Yeats, T. S. Eliot und Dorothy Sayers, die hier, im London Charles Dickens', gleichfalls ihr Revier hatten – Bloomsbury war schon damals ebensosehr das Quartier der Wissenschaftler und Gelehrten wie ein Stelldichein der Künstler und Literaten. Mehr noch als die Universität mit ihren Colleges und Instituten zog das *Britische Museum* mit seiner riesigen Bibliothek Wissende und Wißbegierige an. Sechzig Jahre vor der Verlegung der *British Library* nach **St. Pancras** wurde ihr legendärer *Round Reading Room,* in dem schon Karl Marx, der Exilant des 19. Jahrhunderts, Stunden um Stunden zugebracht hatte, vielen zum »Zwangslieblingsaufenthalt in dieser Weltstadt« (Hans Flesch-Brunningen).

Die meisten, die hier lasen, hatten nichts anderes zu tun; nur wenige Glückliche waren, mehr schlecht als recht, an einem der umliegenden Lehr- und Forschungsinstitute installiert. Veit Valentin etwa, Pazifist, Menschenrechtler, Historiker der Revolution von 1848/49 und bis 1933 Chefarchivar des Reichsarchivs, dozierte jetzt an der Londoner Universität und mußte Jahr für Jahr um die Verlängerung seines Zeitvertrages bangen. Andere studierten – so der Prager Franz Baermann Steiner und der Berliner Ernest Borneman, die bei Bronislaw Malinowski Ethnologie hörten und das *Student Movement House* am **Russell Square** zu ihrem Domizil gemacht hatten. Auch an Zulieferern der Denkfabrik im Museumsviertel fehlte es nicht. Hans Preiss führte in **41a Museum Street** eine deutschsprachige Buchhandlung, Fritz Gross am **3 Regent Square** eine deutschsprachige Leihbücherei. Noch etwas war dieser Stadtteil für die vor dem Hakenkreuz Geflohenen: Sitz jener Hilfsorganisationen, auf deren Unterstützung die wenigsten verzichten konnten.

An den Campus grenzte der Dschungel: In **Sohos** Kellerkneipen tranken außer Brendan Behan und Dylan Thomas auch Wolfgang Hildesheimer und Michael Hamburger. Oben wurde, solang es ging, Theater gespielt – ebenfalls mit Beteiligung der von den Bühnen Wiens und Berlins Verjagten. Das **West End** und die englische Filmindustrie erbten, was ›das Reich‹ ausgestoßen hatte.

Der hier vorgeschlagene Bummel durch **Bloomsbury** ist so kurz, daß er den ›Pflichtbesuch‹ im *Britischen Museum* allemal verträgt. Er beginnt künstlerisch-literarisch an der *School of Arts and Crafts* unweit der U-Bahn-Haltestelle **Holborn** (Central und Piccadilly Line) mit Hildesheimer, Peter Weiss und Alfred Kerr, dessen Bleibe im Foyer Suisse Hotel am **Bedford Place** nur in einem Buch seiner Tochter Judith überdauerte. Nach einer ›akademischen‹ Fortsetzung – mit dem *Warburg Institute* samt seinen Kunsthistorikern und der aus Frankfurt nach London emigrierten Soziologie – endet die Tour am *Shaftesbury Theatre*. Hier erwarten Elisabeth Bergner, Lilli Palmer, Berthold Viertel oder Peter Zadek den Stadtspaziergänger. Er kann sich mit ihnen durch die Theater- und Kneipenwelt **Sohos** in Richtung **Piccadilly Circus** treiben lassen, durch die **Monmouth Street** zum **Leicester** und zum **Trafalgar Square** oder – via **Endell Street** – nach **Covent Garden** weiterwandern. In der nahen U-Bahn-Station **Tottenham Court Road** schließlich halten Central und Piccadilly Line.

1 **Central School of Arts and Craft (heute Central School of Arts and Design) Ecke Southampton Row/ Theobald's Road, W.C.1**
Wolfgang Hildesheimer und Peter Weiss

2 **Bloomsbury House Bloomsbury Square, W.C.1**
Kindertransport, Hilfskomitees und Dietrich Bonhoeffer

3 **(vormals Foyer Suisse Hotel) 12 Bedford Place, W.C.1**
Alfred Kerr

4 **Woburn Square, W.C.1**
Das Warburg Institute, Ernst H. Gombrich und Karl Popper

5 **British Museum Great Russell Street, W.C.1**
Bruno Frank, Norbert Elias, Karl Mannheim und die Sozialwissenschaft im Exil

6 **Shaftesbury Theatre 210 Shaftesbury Avenue, W.C.2**
Berthold Viertel, Elisabeth Bergner, Lilli Palmer, Walter Hasenclever, Peter Zadek und die Welt des Films und Theaters

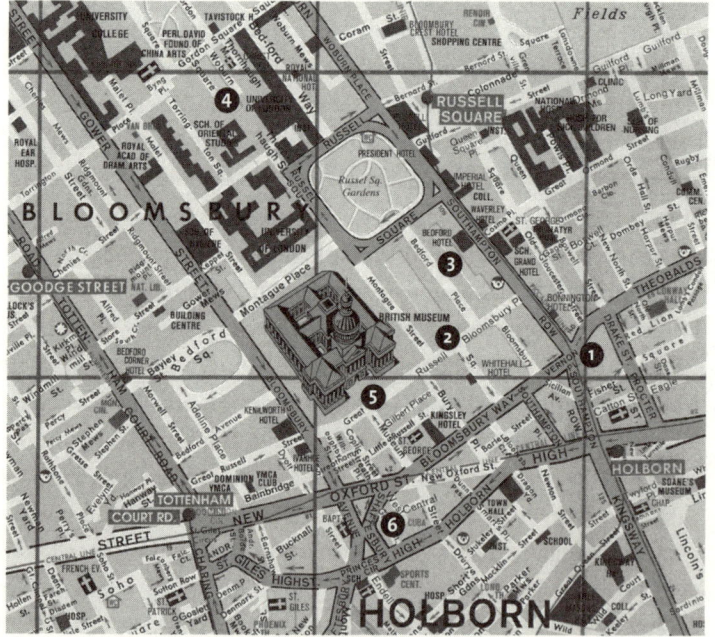

S age und Geschichte«, schreibt Wolfgang Hildesheimer in *Zeiten in Cornwall*, »sind hier schwer zu unterscheiden.« Beides hat der Bildkünstler, Schriftsteller, Übersetzer und Mozart-Biograph über sich selbst geliefert – die »Geschichte« in verstreuten Äußerungen zum eigenen Leben, die »Sage« eben im Cornwall-Buch, seiner einzigen längeren autobiographischen Prosa.

Hildesheimer wurde am 9. Dezember 1916 in Hamburg als Sohn eines promovierten Chemikers geboren, der das Rabbinermilieu, dem er entstammte, »sehr gut abgestreift« hatte und Zionist geworden war. Die Mutter kam aus einer jüdischen Buchhändlerfamilie mit Verbindungen zum George-Kreis und hatte ein Lehrerinnenseminar besucht. Häufige Ortswechsel bestimmten die Kindheit; Berlin, Cleve, Nijmwegen und Mannheim hießen die Stationen, bevor Wolfgang Hildesheimer 1929 in die fortschrittliche *Odenwaldschule* in Heppenheim eintrat. Ebenfalls schon 1929 plante sein Vater Arnold, der es zum technischen Leiter einer Öl-, Seifen- und Margarinenfabrik des holländischen Nahrungsmittelkonzerns Unilever gebracht hatte und die zionistische Ortsgruppe Mannheims leitete, die Auswanderung der Familie nach Palästina. Noch bevor er die Folgen der judenfeindlichen Hetze der Nazis zu spüren bekam, verließ Wolfgang Hildesheimer Deutschland – allerdings ohne seine Familie und erst einmal zur Vorbereitung auf Palästina: Um »endlich Englisch zu lernen«, wechselte er an ein mit der *Odenwaldschule* verbundenes, britisches Reforminternat, die *Frensham Heights School* in Farnham, Surrey. Hildesheimer datierte die Übersiedelung später mehrfach auf den Dezember 1932 und damit auf die Zeit unmittelbar vor Hitlers Regierungsübernahme. Allerdings stammt sein deutscher Reisepaß erst vom Frühjahr, sein Abgangszeugnis von der berühmten Reformschule an der Bergstraße gar erst vom Sommer 1933.

Wann auch immer er genau begann, im Dezember 1933 war Wolfgang Hildesheimers erster England-Aufenthalt bereits zu Ende: Er zog mit seiner Familie, die im Oktober im Vereinigten Königreich angekommen war, nach Jerusalem. Während sein Vater zunächst Margarine nach Palästina importierte und später eine eigene Fabrik in Haifa aufbaute, trat Hildesheimer mit dem Vorsatz, Innenarchitekt zu werden, eine Tischlerlehre an und beschäftigte sich mit Zeichnen. Anders als seine Eltern hatte er allerdings nicht vor, auf Dauer in Palästina zu bleiben. Nach dem Ende seiner Lehre ging er 1937 nach England zurück, um in London an der *Central School of Arts and Crafts* Innenarchitektur, Textildesign und Büh-

Wolfgang Hildesheimer und Peter Weiss

Central School of Arts and Craft (heute Central School of Arts and Design) Ecke Southampton Row/ Theobald's Road, W.C. 1

Hinweg

Zum U-Bahnhof Holborn kommt man mit Central und Piccadilly Line. Man folgt Southampton Row in nördlicher Richtung. Das Central Saint Martins College of Art and Design liegt an der rechten Straßenseite. Der Eingang an der Ecke Theobald's Road hält noch den alten Namen Central School of Arts and Crafts fest.

nenbild zu studieren. Er sei, erzählte Hildesheimer später, kein fleißiger Student gewesen, habe – trotz dreier nachweisbarer Bühnenbilder für das *Tavistock Little Theatre* – »sehr viel geschwänzt« und zum Teil in Cornwall gelebt.

Die »Sage«, jenes *Cornwall*-Buch, von dem der Autor behauptet, es sei »von Anfang bis Ende wahr«, läßt Hildesheimers zerissenes Leben zwischen Studium und Boheme, zwischen London und dem Fischerdörfchen Mousehole plastisch werden. Er habe damals, schreibt er, »ohne jeden Zweifel zu den Schrägen« gehört, sei schon wegen seiner zweifelhaften Existenz als Kunststudent »ein Schrecknis aller Londoner Zimmervermieter« gewesen, welche »die Verführung des Aktmodells für den notwendigen Zielpunkt aller Kunst« gehalten hätten. Das Bild, das Hildesheimer und sein Kommilitone Anthony Froshaug – ein späterer Dozent an der Ulmer *Hochschule für Gestaltung* – abgaben, mag diese Einschätzung noch bestärkt haben. *Zeiten in Cornwall* schildert die spätabendlichen Wanderungen, die die beiden Freunde von ihrer Wohnung im damals noch ärmlichen Stadtteil **Islington** aus (und vorbei an ihrer Hochschule in der **Southampton Row**) ins Rotlichtmilieu **Sohos** führten, wo sie sich die Nächte in einer Kellerkneipe zeichnend und trinkend um die Ohren schlugen, um anschließend den »besten Teil des Tages zu verschlafen«. Hildesheimer steht in dieser Zeit unter dem Einfluß von T. S. Eliots *The Waste Land*, er lernt den schon todkranken → Sigmund Freud kennen, dessen Enkel Lucian ebenfalls an der *Central School for Arts and Crafts* studiert, hört Django Reinhardt und Schostakowitsch, den er »damals für moderne Musik« hält, begeistert sich für Breton, Eluard, Aragon und die Kunst der »found objects«. Mit Anthony geht er schließlich nach Cornwall, eine Landschaft, die viele Künstler faszinierte und Hildesheimer schon angezogen hatte, seit er als Kind Richard Wagners *Tristan und Isolde* gelesen hatte. Von dem englischen Ganoven-Sextett unter der Führung eines ehemaligen Lehrers an der *Odenwaldschule*, das die beiden jungen Männer und eine Freundin aus ebenfalls gutem Hause angeblich ins Schlepptau nimmt, um sich unauffällig aus London absetzen zu können, weiß die frühe, noch auf Englisch verfaßte Erinnerung *Cornwall Interlude* im Gegensatz zu den *Zeiten in Cornwall* freilich nichts. Die sagenumwobene Gegend schlägt den laut eigener Aussage farbenblinden Künstler trotz solch fragwürdiger Begleitung in Bann, ohne ihm zur erhofften Inspiration zu werden. Er beschäftigt sich mit Collagen und beginnt, abstrakt zu malen, hält sich aber bald für künstlerisch gescheitert und

Wolfgang Hildesheimer, Künstler und Schriftsteller. Er wurde am 9. Dezember 1916 in Hamburg geboren. Ende 1932 oder Anfang 1933 ging er nach Farnham, Surrey, emigrierte von dort aus im Dezember 1933 nach Jerusalem. 1937 begann er in London ein Kunststudium, von dem er im Oktober 1939 nach Palästina zurückkehrte. 1946 zog es ihn zunächst wieder nach London, dann ging er als Prozeß-Dolmetscher nach Nürnberg. 1957 verließ er Deutschland erneut und zog nach Poschiavo in Graubünden. Die Literatur hielt er auch als erfolgreicher Autor nie für seinen eigentlichen Beruf, betrachtete sie vielmehr als eine – freilich jahrzehntelange – »Pause« von der Kunst. 1983 gab Hildesheimer das Schreiben resigniert auf: Angesichts der von ihm erwarteten Selbstzerstörung der Menschheit sei die Literatur obsolet geworden, begründet er seine völlige Rückwendung zur Bildenden Kunst. Er starb am 21. August 1991 in Poschiavo.

vernichtet einen Großteil seiner Arbeiten. »Der Krieg kam«, resümiert er seinen zweiten Aufenthalt in England, »noch ehe ich die
Farben gemischt hatte, als wolle er mich vor weiteren Torheiten
bewahren.«

Im Oktober 1939 kehrt Hildesheimer nach Palästina zurück,
um zunächst in Tel Aviv am *British Council* – einer Art englischem
Goethe-Institut – Englisch zu unterrichten, bevor er 1942 Redakteur einer Zeitung der Mandatsregierung wird, die Araber und
Juden im britischen Sinne beeinflussen soll. Er bereist den Nahen
Osten, führt ein dandyhaftes Leben, veröffentlicht erstmals Gedichte und verfaßt seine ersten Literaturkritiken, darunter eine
Besprechung von *Finnegans Wake* – der Beginn einer anhaltenden
Auseinandersetzung mit James Joyce. Vor dem literarischen steht
aber nach wie vor das künstlerische Interesse: 1941 wird erstmals eine Buchillustration Hildesheimers publiziert, 1945 sind
seine Arbeiten bei Ausstellungen in Jerusalem und Tel Aviv zu
sehen.

Doch Hildesheimer zieht es, kaum ist der Krieg aus, wieder
nach England zurück, »um endlich zu malen«. Er läßt sich 1946 in
einer Atelierwohnung, die »so englisch wie das *Globe Theatre*« ist,
in der **King's Road** im Londoner Stadtteil **Chelsea** nieder, trifft alte
Künstlerfreunde wieder, betätigt sich als Bühnenbildner und Textil-
designer und reist erneut nach Cornwall – diesmal in Begleitung
von vier Malerinnen und ganz auf die Kunst konzentriert. Wiederum hält er die ungegenständlich-symbolhaften Arbeiten, die dort
entstehen, für mißlungen, weshalb er noch im gleichen Jahr das von
einem befreundeten Schauspieler vermittelte Angebot annimmt,
als Simultandolmetscher an den Nürnberger Prozessen mitzuwirken. Nach ihrem Abschluß redigiert er einen Teil der Prozeßproto-
kolle und läßt sich 1949 vorübergehend am Starnberger See nieder,
wo er sich wieder ganz der Kunst zuwenden will, aber Geschichten
zu schreiben beginnt. Die *Lieblosen Legenden* begründen die Karriere eines der wichtigsten deutschsprachigen Schriftsteller der
Nachkriegszeit. Sein Exil, hat Wolfgang Hildesheimer in einem spä-
ten Fernsehinterview gesagt, habe er »nie als solches betrachtet«.
Denn erstens habe er Deutschland noch vor Hitler verlassen und
sich in England und Palästina ganz in die englische Kultur eingelebt.
Und zweitens, meinte der Mann, der nacheinander einen deutschen,
palästinensischen, dann wieder deutschen und schließlich Schweizer Paß besaß, spiele die Frage der Nationalität für Künstler keine
Rolle.

Nachgelesen

Wolfgang Hildesheimer:
Zeiten in Cornwall.
Frankfurt (Insel-TB 2212) 1998.

Peter Weiss,

Schriftsteller und Maler. Er
wurde am 8. November 1916
in Nowawes (Neubabelsberg)
geboren. Anfang 1935 emi-
grierte er in den Londoner Vorort Chislehurst, von wo er im
Dezember 1936 nach Warnsdorf
in Böhmen übersiedelte. 1937
begann er in Prag ein Kunststudium, ging 1938 vorübergehend in die Schweiz und emigrierte 1939 von dort aus nach
Schweden. Dort arbeitete er
zunächst als Textildrucker und
Musterzeichner in der väterlichen Firma, malte ohne Resonanz, schlug sich als Waldarbei-
ter durch, drehte nach dem
Krieg Experimental- und Doku-
mentarfilme, schrieb, zunächst
noch schwedisch, bevor er in
den sechziger Jahren seinen
Durchbruch als deutschsprachiger Dramatiker und Romancier mit inzwischen schwedi-
schem Paß feiern konnte. Die
Malerei gab er um der Literatur
willen auf. Peter Weiss starb
am 10. Mai 1982 in Stockholm.
Während seiner Londoner
Monate lebte er in der Villa
»Deep Dene«, Willow Grove,
Chislehurst.

Obwohl seine autobiographischen Erzählungen *Abschied von den Eltern* und *Fluchtpunkt* wie die *Ästhetik des Widerstands* zu den wichtigsten Romanen über das Exil zählen, hat sich auch Peter Weiss noch kaum als Emigrant betrachtet, als er Anfang 1935 nach England kam: Zu sehr hätten er und seine Familie unter dem Eindruck des Todes seiner zwölfjährigen Lieblingsschwester Margit Beatrice gestanden, die im August 1934 in Berlin bei einem Autounfall umgekommen war, berichtete Weiss in einem Interview: »Wir übersiedelten also in völliger Verzweiflung, aber die Verzweiflung war eben nicht durch Emigration oder bevorstehendes Exil entstanden, sondern durch den Verlust des geliebten Menschen«. Tatsächlich rückten der Tod der Schwester und die Emigration in der Erinnerung des Schriftstellers so nah zusammen, daß er beide auf den Sommer 1934 datierte.

Der Schock dieses Verlusts traumatisierte den heranwachsenden Bruder nicht nur, er löste zugleich einen künstlerischen Produktivitätsschub aus. Peter Weiss begann, intensiv zu malen und zu schreiben, wobei für ihn wie für den gleichaltrigen Wolfgang Hildesheimer die Bildende Kunst eindeutigen Vorrang genoß. Schon seit 1932 hatte der am 8. November 1916 im nachmaligen Neubabelsberg geborene Sohn eines wohlhabenden Textilkaufmanns aus Ungarn und einer aus Basel stammenden Schauspielerin Zeichenunterricht genommen, jetzt stand für ihn fest, daß er Maler werden wollte. Doch mit diesen Plänen waren seine Eltern überhaupt nicht einverstanden. Der Vater, ein getaufter Jude mit tschechoslowakischem Paß, hatte sich längst zur Emigration entschlossen, auch wenn die Nazis ihn und seine Kinder als »Ausländer« vorerst noch unbehelligt ließen. Er nahm seinen Sohn, der erst jetzt von seinem jüdischen Familienhintergrund erfuhr, von seinem Berliner Gymnasium und schickte ihn auf eine Handelsschule: Peter Weiss sollte, zumal in der Fremde, kein Künstler ohne gesichertes Auskommen werden, sondern ins väterliche Geschäft eintreten – ein Konflikt, der in den ersten Jahren des Exils zu heftigen Auseinandersetzungen führte.

Die Familie reiste über Holland nach England und bezog dort die Villa »Deep Dene« im damals noch selbständigen Londoner Vorort **Chislehurst**. Von dort aus fuhren Vater und Sohn jeden Tag mit dem Zug in die Stadt, um in einer Seitengasse der **Fleet Street** in der Handelsagentur zu arbeiten, deren Teilhaber Eugen Weiss geworden war. Der junge Künstler, der abends daheim unter dem Einfluß der Expressionisten und der Neuen Sachlichkeit Bilder malte, mußte

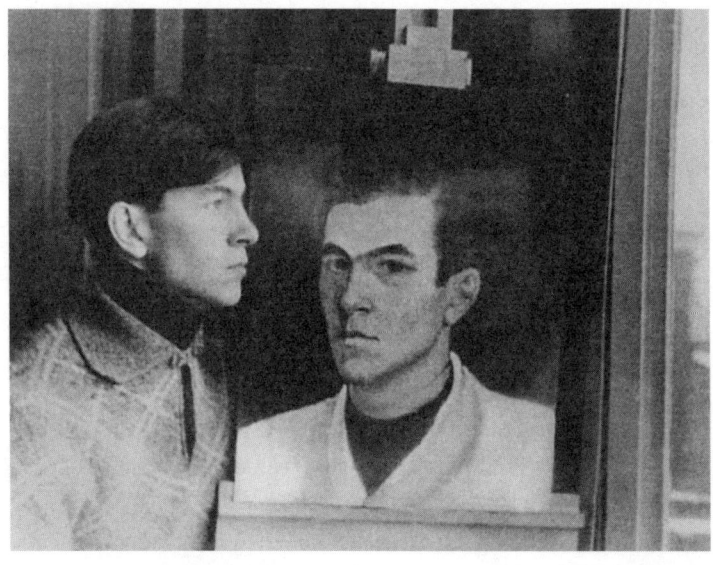

tagsüber Stoffballen ordnen, Inventarlisten anlegen und Geschäfts-
briefe schreiben, statt die Kunstakademie zu beziehen. Wenigstens
akzeptierte der Papa, daß sein Sohn nebenher die *Polytechnical
School of Photography* besuchte. Dies schien ihm nach Peter Weiss'
Erinnerung ein kluger Kompromiß, bot die Fotografie doch Aussicht
auf einen Brotberuf und hatte zudem mit Bildern zu tun. Schon bald
aber ging das väterliche Geschäft schlecht, und Peter Weiss berichtet, daß er als Volontär im Kaufhaus *Debenham and Freebody* in der
Regent Street unterkam, wo er im Lager arbeiten und Schaufenster
dekorieren mußte.

Der rebellierende Sohn gewinnt damit auch Freiräume, kann ein
zwischen Beruf und Berufung geteiltes Leben führen. Er treibt sich
in der geliebten Großstadt herum, übernachtet nicht mehr regelmäßig in der Vorstadtvilla der Eltern und findet im russischen Kel-
lercafé *Chatta* in der **Baker Street** unter anderen Emigranten Freunde, die seine künstlerischen Ambitionen verstehen. Mit ihrer Hilfe
mietet er im Sommer 1936 Lagerräume in einem Hinterhof der
Kinnerton Street in **Knightsbridge** an, knüpft Kontakte zu Kunst-
händlern und stellt seine Bilder aus, ohne daß ein einziger Besucher
sich dafür interessiert. Weiss verbucht seine erste ›Ausstellung‹
trotzdem als persönlichen Sieg, der freilich von kurzer Dauer ist:
Seine beiden besten Freunde verlassen England, sein Vater bereitet
wegen der geschäftlichen Misere die Auswanderung in die Tschechoslowakei vor. Angesichts des fehlgeschlagenen Versuchs, in der
Kunstszene Fuß zu fassen, muß Peter Weiss seinen Plan, allein in

London zu bleiben, fallenlassen. Ende 1936 zieht er mit seiner Familie ins böhmische Warnsdorf weiter, wo Eugen Weiss die kaufmännische Leitung einer Textilfabrik übernimmt.

In der Tschechoslowakei gelingt es Peter Weiss zwar endlich, seinen Eltern das Ja zum Kunststudium in Prag abzuringen. Doch auch das Land, dessen Staatsbürger er ist, erweist sich als unsicherer Boden: Unmittelbar nach der Besetzung des Sudentenlandes emigrieren die Eltern nach Schweden weiter, wo sein Vater für seine bisherigen Arbeitgeber eine Textilfabrik aufbauen soll. Ihr Sohn, der im Sommer mit Robert Jungk und Hermann Levin Goldschmidt zu einem langen Besuch bei seinem Fürsprecher Hermann Hesse in Montagnola aufgebrochen ist und an eine Auswanderung in den USA denkt, reist ihnen im Januar 1939 von der Schweiz aus durch Deutschland nach.

Das Exil, bei Wolfgang Hildesheimer allenfalls verdeckt Thema, hat Peter Weiss geradezu zum Zentrum seines Œuvres gemacht. Die gut anderthalb Jahre in London spielen aber auch in seinen Büchern nur eine untergeordnete Rolle, in der *Ästhetik des Widerstands*, die er einmal seine »Wunschautobiographie« genannt hat, fehlen sie ganz.

Nachgelesen

Peter Weiss: *Abschied von den Eltern*. Erzählung. Frankfurt (Suhrkamp-TB 2190) 1992.

Es geht weiter

über die Kreuzung zum schräg links gegenüber am Vernon Place liegenden *Victoria House*. Zum Bloomsbury Square nimmt man nicht die erste (östliche), sondern die zweite (westliche) Querstraße, die nach rechts um den Platz herumführt. An seiner Nordseite stößt man linkerhand auf Great Russell Street. *Bloomsbury House* ist schräg links gegenüber gelegen, vor der Ecke Montague Street.

A m 2. Dezember 1938 legte in Harwich ein Schiff mit einhundertsechsundneunzig jüdischen Waisen aus Berlin an, deren Kinderheim die Nationalsozialisten am 9. November angesteckt hatten. Wenige Tage später folgte eine Fähre mit rund fünfhundert Jungen und Mädchen aus Wien. Die ersten Kindertransporte nach England – und der Beginn einer groß angelegten Rettungsaktion, die bis Ende 1939 zehntausend unbegleitete jüdische Kinder aus Deutschland und Österreich nach Großbritannien brachte. Untergebracht wurden sie zunächst in Sammelunterkünften, etwa im Feriendorf Dovercourt oder im *Kitchener Camp*, einem großen Aufnahmelager in Richborough, Kent, aus dem später ein Internierungslager werden sollte. Von dort aus wurden die Kinder und Jugendlichen an englische Pflegefamilien – die übrigens blonde Mädchen bevorzugt haben sollen – vermittelt oder auf Waisenhäuser verteilt. Ihre Eltern, die sie im ›Großdeutschen Reich‹ hatten zurücklassen müssen, sahen die meisten nicht wieder.

Die Voraussetzungen für den mehrmonatigen Kinderkonvoi über den Ärmelkanal hatte die Regierung Chamberlain eine Woche nach dem Novemberpogrom geschaffen: Am 16. November billigte sie die Einreise einer unbestimmten Zahl jüdischer Kinder aus dem ›Dritten Reich‹. Pro Visum war von in England lebenden Verwandten der Kinder oder von britischen Hilfsorganisationen eine Garantiesumme von fünfzig Pfund zu hinterlegen. Eine von Ex-Premier Stanley Baldwin initiierte Spendenaktion brachte eine halbe Million Pfund ein, die Warenhauskette Marks and Spencer stiftete Kindernahrung und Kleidung im großen Maßstab. Auch die

Kindertransport, Hilfskomitees und Dietrich Bonhoeffer

Bloomsbury House Bloomsbury Square, W.C.1

Jüdische Flüchtlingskinder bei der Ankunft in London, 2. Februar 1939

Ankündigung, die Mehrzahl der durch ihre Flucht elternlos gewordenen Kinder nur zeitweise im Vereinigten Königreich beherbergen zu wollen, erwies sich letztlich als Formalie, konnte die Mandatsmacht die Bereitschaft zionistischer Organisationen, zehntausend Kindern aus dem ›Reich‹ in Palästina eine neue Heimat zu geben, aus Rücksicht auf die arabische Bevölkerung 1938 doch kaum noch ernsthaft in Erwägung ziehen. So wurde die Aktion zum größten Fluchthilfeprogramm für jüdische Kinder und Jugendliche überhaupt, kein anderes Land hat gezielt so viele minderjährige jüdische Immigranten aufgenommen wie Großbritannien.

Geleitet wurden die Kindertransporte von einem eigens gegründeten Hilfskomitee, dem *British Movement for the Care of Children from Germany*. Es residierte, wie zahlreiche andere Flüchtlingsorganisationen seit dem Frühjahr 1939, in *Bloomsbury House*. Das etwas heruntergekommene frühere Hotel war damit zu einer gemeinsamen Zentrale der meisten der in England operierenden Komitees geworden, die hier ohne Rücksicht auf konfessionelle oder berufsständische Unterschiede zusammenarbeiteten. Zeitweise waren in *Bloomsbury House* mehr als sechshundert Mitarbeiter mit Rat und Hilfe für die Hitler-Flüchtlinge beschäftigt. Im Erdgeschoß und im zweiten Stock saß die größte Hilfsorganisation, das aus dem bereits 1933 gegründeten *Central British Fund for German Jewry* hervorgegangene *Jewish Refugees Committee*, bei dem rund achtzig Prozent der vor dem Hakenkreuz Geflohenen registriert waren. Es war zuvor im nahegelegenen *Woburn House* am **Tavistock Square** untergebracht gewesen und hatte neben emigrierten deutschen und österreichischen Juden, deren Versorgung von der Solidarität der jüdischen Gemeinschaft in Großbritannien abhing, nun auch jüdische Flüchtlinge aus der zerschlagenen Tschechoslowakei zu betreuen, darunter die letzten Vertreter der ›Prager deutschen Literatur‹ wie Ludwig Winder und Johannes Urzidil, die freilich nicht in London blieben. Im ersten Stockwerk von *Bloomsbury House* amtierte das *Movement for the Care of Children*, darüber arbeitete eine Vielzahl nichtjüdischer und berufsständischer Verbände, darunter die in der Flüchtlingshilfe besonders rührigen Quäker, katholische, protestantische und anglikanische Hilfskomitees sowie Büros, die sich darum bemühten, den Flüchtlingen eine Stelle in ihrem erlernten Beruf oder hilfsweise als Landarbeiter und Hausangestellte zu vermitteln.

Auch der noch im Entstehen begriffene *Ökumenische Rat der Kirchen* eröffnete in *Bloomsbury House* ein Flüchtlingsbüro, dessen

Geschichte eng mit den Namen eines Kirchenmannes verbunden ist, der sich wie kaum ein zweiter für die Verfolgten des Naziregimes einsetzte: George Bell, Lordbishop of Chichester und als Präsident des *Weltrates für praktisches Christentum* eine treibende Kraft der ökumenischen Bewegung. Er hatte sich bereits im Mai 1934 bei den Nazis unbeliebt gemacht, als er sich in einer Erklärung eindeutig auf die Seite der sich formierenden *Bekennenden Kirche* in Deutschland stellte. Am 31. Januar 1936 wurde auf sein Betreiben hin und als unmißverständliche Reaktion auf die Nürnberger Gesetze in London das *Internationale kirchliche Hilfskomitee für deutsche Flüchtlinge* gegründet. Es nahm seine Arbeit im April 1936 im *Sentinal House*, dem früheren Sitz des Völkerbund-Hochkommissars für deutsche Flüchtlinge in der **Southampton Row**, auf und setzte sie von 1937 an unter dem Namen *International Christian Churches Committee for Non-Aryans* zunächst in **20 Gordon Square** nahe *Bloomsbury House* fort – mit Bells Schwägerin Laura Livingston als Berliner ›Brückenkopf‹. Seine in der Umbenennung zum Ausdruck kommende Aufgabe – die Fluchthilfe für Christen, die von den ›Nürnberger Gesetzen‹ zu Juden gemacht wurden – hatte nicht zuletzt Bell zu einem Hauptanliegen des sich soeben konstituierenden Weltkirchenrats erhoben, der nun, nach dem Novemberpogrom, seinen eigenen Flüchtlingssekretär nach London entsandte.

Ausgewählt hatte der *Ökumenische Rat* dazu einen Deutschen, der über gute Kontakte zu den Diplomaten des ›Dritten Reichs‹ verfügte und das Problem, um das er sich kümmern sollte, genau kannte: Adolf Freudenberg. Der aus Weinheim stammende Industriellensohn war mit einer ›nichtarischen‹ Frau verheiratet und hatte deshalb seinen Dienst als Legationsrat im Auswärtigen Amt quittieren müssen. Als Nachbar Martin Niemöllers vom Widerstand der *Bekennenden Kirche* beeindruckt, studierte er daraufhin in Bethel, bei Karl Barth in Basel und in Berlin evangelische Theologie, wurde wegen des Besuchs von Vorlesungen an der illegalen *Hochschule der Bekennenden Kirche* vom regulären Universitätsstudium ausgeschlossen, legte 1938 seine illegale Pfarrerprüfung ab und wurde im Februar 1939 in Berlin-Dahlem als Pastor der *Bekennenden Kirche* ordiniert. Nur einen Monat später traf er in London ein, wo er fortan die Arbeit der unter dem Dach der Ökumene vereinten kirchlichen Flüchtlingskomitees koordinieren sollte – was ihm in *Bloomsbury House* allerdings nur ein halbes Jahr lang möglich war. Bei Kriegsbeginn hielt sich Freudenberg nämlich in der Schweiz auf. Weil Kontakte mit deutschen Stellen von London aus nun ohnehin nicht mehr möglich gewesen wären, blieb er und führte seine Tätigkeit am Sitz des *Ökumenischen Rates* in Genf fort.

Neben Koordinierungsfragen und Öffentlichkeitsarbeit gehörten in *Bloomsbury House* praktische Beratung, seelischer Beistand und die Suche nach Existenzmöglichkeiten für seine exilierte Klientel zu Freudenbergs Obliegenheiten. Ein Spezialgebiet, mit dem sich das Londoner Flüchtlingsbüro des *Ökumenischen Rates* zu befassen hatte, war die Betreuung von einunddreißig ›nichtarischen Pfarrern‹, denen Bell ein englisches Blockvisum hatte beschaffen können. Um sie kümmerte sich nicht Freudenberg selbst, sondern mit Franz Hildebrandt ein direkt Betroffener, den Bell bereits im Herbst 1938 mit dieser Aufgabe betraut hatte. Der 1909 geborene Hildebrandt war als ›nichtarischer Pfarrer‹ im Juni 1933 ordiniert und Ende Januar 1934 von Martin Niemöller zum Geschäftsführer des *Pfarrernotbundes* berufen worden. Als dessen Mitarbeiter und Lehrer an der *Hochschule der Bekennenden Kirche* wurde er im Sommer 1937 kurz nach Niemöller festgenommen und emigrierte nach vier Wochen Haft nach London, wo er als Hilfspfarrer an der *Saint George's Church* diente. Von Kriegsbeginn an bis 1946 leitete er die deutsche evangelische Auslandsgemeinde in Cambridge, dann trat er der methodistischen Kirche bei, wurde Pastor in Edinburgh und lehrte von 1953 bis 1967 als Theologieprofessor in den USA, bevor er nach Schottland zurückkehrte und 1985 in Edinburgh starb.

Franz Hildebrandt kannte London und Bischof Bell schon gut, als er 1937 ins Exil ging. Schließlich war er bereits Ende 1933 für mehrere Wochen bei seinem engsten Freund in der britischen Kapitale untergeschlüpft – bei Dietrich Bonhoeffer. Der junge Privatdozent der Theologie und spätere Widerstandskämpfer hatte sein Christentum bereits bekannt, bevor es die *Bekennende Kirche* gab: Unmittelbar nach den antisemitischen Ausschreitungen im April 1933 schrieb er seinen Aufsatz *Die Kirche vor der Judenfrage*. Bonhoeffers Credo, daß die Kirche »den Opfern jedweder Gesellschaftsordnung in unbedingter Weise verpflichtet« sei, »auch wenn sie nicht der christlichen Gemeinde zugehören«, war allerdings selbst bei vielen nicht konsensfähig, die sich in den folgenden Monaten gegen die Übernahme des ›Arierparagraphen‹ durch die von den NS-nahen *Deutschen Christen* beherrschte Reichskirche stemmten. Bonhoeffer seinerseits fiel die innerkirchliche Opposition, die er in seinem Aufsatz indirekt dazu aufgefordert hatte, »dem Rad in die Spaichen« zu greifen, allzu zahm aus. Er ging deshalb im Oktober 1933 »in die Wüste«, um sich zu orientieren und neue Kraft zu tan-

Dietrich Bonhoeffer, Theologe. Der spätere Widerstandskämpfer kam am 4. Februar 1906 in Breslau auf die Welt. Er war von Oktober 1933 bis März 1935 Auslandspfarrer in London, im April 1935 kehrte er nach Deutschland zurück. 1943 wurde er von den Nationalsozialisten verhaftet, am 9. April 1945 in Flossenbürg ermordet. In London lebte er in 23 Manor Mount, Forest Hill, S. E. 23.

ken. Die Wüste hieß London. Hier übernahm er das Pfarramt der deutschen Auslandsgemeinden **Sydenham** im südlichen Stadtteil **Forest Hill** und *Saint Paul's* im östlichen **Aldgate**, ohne sich deshalb etwa aus dem deutschen Kirchenkampf herauszuhalten.

Im Gegenteil: Zunächst läßt er im November 1933 seine Wahl durch die beiden Gemeindeversammlungen nicht vom kirchlichen Außenamt bestätigen, weil dies einer Anerkennung der Reichskirchenregierung gleichgekommen wäre. Dann kündigen auf sein Betreiben hin die fünf Londoner Auslandspastoren im Januar 1934 in Übereinstimmung mit einer Erklärung von Niemöllers *Pfarrernotbund* Reichsbischof Ludwig Müller das Vertrauen auf – was die deutsche Kirchenleitung dazu veranlaßt, Kontakte mit ausländischen Kirchen verstärkt zu überwachen, und Bonhoeffer die Anweisung einträgt, sich jeglicher ökumenischer Betätigung zu enthalten. Den Jugendsekretär des *Weltbundes für Freundschaftsarbeit der Kirchen* schert das freilich wenig: Er reist im Sommer 1934 zu einer von seinem *Weltbund* und Bischof Bells *Weltrat* gemeinsam ausgerichteten, ökumenischen Konferenz im dänischen Fanö, plädiert dort zum Ärger der auf einen ›heldischen Jesus‹ bedachten Amtskirche obendrein für den Pazifismus und erreicht eine gegen das deutsche Kirchenregiment gerichtete Erklärung der Konferenz. Außerdem kümmert er sich intensiv um die vorerst noch wenigen, in London eintreffenden Emigranten. Er konfirmiert den Sohn des geflohenen konservativen Politikers und Ex-Ministers Gottfried Treviranus und bemüht sich um Armin T. Wegner. Der kommunistische Schriftsteller hält sich 1935 kurz in London auf, kann sich aber noch nicht zur Emigration entschließen. Vor allem aber gewinnt Bonhoeffer in George Bell, dem kein anderer als er selbst die Augen für den wahren Charakter des Nationalsozialismus geöffnet hat, einen zuverlässigen Mitstreiter: Sein väterlicher Freund stellt öffentlich fest, daß Führerprinzip, Gewaltherrschaft und Rassenhaß im Gegensatz zum christlichen Glauben stehen. Als sich nach der Dahlemer Synode der *Bekennenden Kirche* auch die meisten deutsch-evangelischen Gemeinden in England auf sein Betreiben hin von der Reichskirchenregierung lossagen, ist Dietrich Bonhoeffers Arbeit in London getan. Er verabschiedet sich am 10. März 1935 von seinen beiden Gemeinden und begibt sich auf eine Rundreise durch anglikanische Klöster und Colleges, die ihn auf seine neue Aufgabe in Deutschland vorbereiten soll: den Aufbau und die Leitung des Predigerseminars der *Bekennenden Kirche* in Finkenwalde.

Der Lyriker und Reiseschriftsteller Armin Theophil Wegner war im Ersten Weltkrieg Zeuge des türkischen Völkermords an den Armeniern geworden und hatte sich zum Anwalt dieses Volkes gemacht. Auch 1933 verhielt sich der Kommunist, der bereits den Antisemitismus in der Sowjetunion angeprangert hatte und jetzt die Verfolgung der Juden am Schicksal seiner Frau, der Lyrikerin Lola Landau, unmittelbar vor Augen hatte, ungewöhnlich mutig: In einem persönlichen Brief an Hitler protestierte er heftig gegen die staatlich verordneten antisemitischen Ausschreitungen im April 1933. Die Nazis verschleppten ihn daraufhin in mehrere Konzentrationslager. Nach seiner Freilassung ging er für kurze Zeit nach England, kehrte aber bald nach Deutschland zurück. 1936 emigrierte er dann nach Italien, wo er den Krieg – teils mit getarnter Identität – überlebte. Er starb am 17. Mai 1978 vergessen in Rom.

1939, kurz vor Kriegsbeginn, hält sich der im ›Reich‹ bereits stark gefährdete Theologe und Pazifist, dem die Einberufung in Hitlers Wehrmacht droht, nochmals einige Zeit in London auf: Er trägt sich mit dem Gedanken an Emigration, besucht im Frühjahr unter anderem auch *Bloomsbury House*. Wenig später später scheint sein Exil bereitet: Bonhoeffer fliegt im Juni 1939 von Berlin nach London, um sich von Southampton aus nach New York einzuschiffen. Ein Lehrauftrag des *Union Theological Seminary* verspricht ihm ein Auskommen in Sicherheit. Nach fünf Wochen schon trifft er jedoch erneut in London bei seiner Zwillingsschwester Sabine und ihrem Mann, dem als ›Nicht-Arier‹ von der Universität Göttingen zwangsemeritierten Staatsrechtler Gerhard Leibholz, ein. Sie haben 1938 an Bonhoeffers alter Wirkungsstätte in **Forest Hill** Zuflucht gefunden. Leibholz schlägt sich dank Bells und Freudenbergs Vermittlung zunächst als Stipendiat des *Ökumenischen Rates* durch, erhält später eine Dozentenstelle in Oxford. Nach dem Krieg wird er auf seinen Göttinger Lehrstuhl zurückkehren und als Richter ans Bundesverfassungsgericht berufen werden. Als Dietrich Bonhoeffer Schwager und Schwester im August 1939 zum letzten Mal besucht, ist er endgültig auf dem Weg in den politischen Widerstand. Als Kurier der Gruppe um den ›Abwehr‹-Chef und Admiral Wilhelm Canaris reist er im Sommer 1942 nach Schweden und trifft dort George Bell ein letztes Mal – in der vergeblichen Hoffnung, durch die Vermittlung seines Freundes einen Kontakt zwischen deutschem Widerstand und britischer Regierung herzustellen. Aber Churchills Leute winken ab. Im April 1943 wird Dietrich Bonhoeffer verhaftet, erst in Berlin-Tegel, dann in der berüchtigten Prinz-Albrecht-Straße und schließlich in Buchenwald gefangengehalten. Als die Befreiung des Weimarer Konzentrationslagers bevorsteht, wird er auf Transport ins KZ Flossenbürg geschickt und dort am 9. April 1945 zusammen mit Canaris erhängt. Seinen letzten Brief hat er an George Bell geschrieben, der am 27. Juli 1945 in der *Holy Trinity Church* am **Kingsway** gemeinsam mit Franz Hildebrandt einen Gedenkgottesdienst für ihn hält.

Nachgelesen

Rebekka Göpfert (Hrsg.):
Ich kam allein. Die Rettung von zehntausend jüdischen Kindern nach England 1938/39.
München (dtv) 1994.

Es geht weiter

an der Nordseite des Bloomsbury Square zurück in Richtung *Victoria House*, doch davor links in Bedford Place hinein. Die Straße ist wieder eine ›Hotel-Straße‹, der man keine Bombenschäden mehr ansieht.

D er heimwehkranke Dichter konnte es kaum fassen: Sein alter
Freund und Förderer Alfred Kerr wohne in einer Seitenstraße
des **Russell Square** »in einem Schweizer (!) Hotel«, in dem man in
»anheimelnd« schweizerischer Mundart angesprochen werde, so
→ Max Herrmann-Neiße in einem Brief an seine Frau Leni im
Januar 1936. Doch damit nicht genug: Kerr, der erst wenige Wochen
zuvor nach London gekommen war, kannte auch ein Pub, »wo man
fast wie bei der Maenz am Buffet« saß und der hauseigene Laut-
sprecher »ausgerechnet ein Potpourri deutscher Studentenlieder
ertönen« ließ. Für die beiden von den eigenen Landsleuten aus Berlin vertriebenen Schlesier Anlaß genug, von längst verflossenen
Studententagen zu träumen und »manchmal, nicht mal ironisch,
›Alte Burschenherrlichkeit‹, ›Die Lindenwirtin‹ und ›Ergo bibamus‹«
mitzusingen. »O unverbesserliche Deutsche, die wir sind«, seufzt
der Dichter – nicht ohne hinzuzufügen, daß »Alfred und ich« das
»Ergo bibamus« denn auch beherzt in die Tat umsetzten.

Tatsächlich wäre der Großkritiker und Reiseschriftsteller, den
→ Kurt Hiller für den herausragenden Stilisten seiner Generation
hielt, vor 1933 kaum auf die Idee gekommen, sich für irgend etwas
anderes als einen Deutschen zu halten. Doch nur vierzehn Tage
nach Hitlers Machtantritt erhielt der ob seiner stets in kurze,
numerierte Abschnitte gegliederten Rezensionen so berühmte wie
gefürchtete Kerr den Tip, daß Deutschlands neue Herren seinen Paß
einzuziehen gedächten. Der amtierende Präsident der deutschen
PEN-Sektion, gerade fünfundsechzig geworden und grippekrank,
floh umgehend, hatte er doch nie Zweifel an seiner Haltung zu den
Nationalsozialisten aufkommen lassen. Über Prag, Wien und Zürich
ging er nach Paris – und wurde dort dem Ruf gerecht, der seinen
Büchern am 10. Mai 1933 den Scheiterhaufen und ihm am 28. August die Ausbürgerung eintrug: Er stürzte sich in den publizistischen Kampf gegen jenes Deutschland, das mit dem seinen nichts
mehr zu tun hatte. Das ging nicht ohne Schmerzen, galt es doch, sich
auch von »ehrlos« gewordenen Freunden wie Gerhart Hauptmann
loszusagen, der sich der *Diktatur des Hausknechts* angedient hatte.
»Er duckt nicht nur: er wedelt«, wendet sich Kerr angeekelt von
dem »durch Geld zur Strecke« gebrachten Dramatiker ab und weiß:
»Man geht nicht zum Vergnügen ins Exil«.

Charakterstärke und die Liebe zu der Stadt an der Seine allein
sind freilich auch für einen »Klassi-Kerr« keine ausreichende Le-
bensgrundlage – zumal, wenn er eine Familie zu ernähren hat. Doch
gerade als der Versuch scheitert, das Stück *Der Chronoplan*, das

Alfred Kerr

**(vormals Foyer
Suisse Hotel)
12 Bedford Place, W.C.1**

Alfred Kerr,
Publizist. Der herausragende
Theaterkritiker der Weimarer
Republik wurde am 25. Dezember 1867 als Alfred Kempner
in Breslau geboren, seinen Namen ließ er später wegen der
ihm fatalen Namensverwandt-
schaft mit dem »Schlesischen
Schwan« Friederike Kempner
ändern. Am 15. Februar 1933
verließ er Deutschland als am-
tierender PEN-Präsident und
emigrierte über Prag, Wien
und Zürich nach Paris, im November 1935 übersiedelte er
nach London. Kerr starb am
12. Oktober 1948 in Hamburg.
Nach der Zerstörung des *Foyer
Suisse Hotels* wohnte Kerr
in Lytton Hall, Lytton Grove;
49 Putney Hill, S.W. 15.

seine drei Jahrzehnte jüngere Frau Julia in Musik gesetzt hat, unterzubringen, nimmt → Alexander Korda ein achtundzwanzigseitiges Manuskript über Napoleons Mutter Letizia an. Tausend Pfund ist dem seit 1932 in London residierenden Filmproduzenten das Drehbuch wert, weitere tausend Pfund sollen fällig werden, wenn der Streifen fertig ist. Obwohl er kaum Englisch kann und der Filmindustrie zutiefst mißtraut, glaubt Kerr an seine Chance, zieht mit Frau und Kindern im November 1935 unverzüglich nach London – und gerät dort erst recht in Not: Aus dem »Napoleon-Film ohne Napoleon« wird nie etwas, die englischen Zeitungen sind an seiner Mitarbeit so wenig interessiert wie die → BBC, allein mit einer Kolumne im *Pariser Tageblatt* verdient er etwas Geld. Zunehmend muß die von einer englischen Nanny erzogene Julia für die Auffrischung der Haushaltskasse sorgen. Anfangs, so wird sich Tochter Anna Judith in ihrem Jugendbuch *Warten bis der Frieden kommt* erinnern, lebt die Familie noch in den großen Zimmern der unteren Stockwerke des von → Max Herrmann-Neiße bestaunten *Foyer Suisse Hotels*, später, als das überfüllte Haus Flüchtlinge aus ganz Europa beherbergt, unterm Dach, wo es billiger ist.

Doch nicht nur die Abhängigkeit von Julias Einkünften, das ewige Hammelfleisch, das die Sehnsucht nach »Eisbein mit Sauerkohl« in ihm weckt, oder die ungeheizten und zugigen Häuser Britanniens, in denen es »Lagerfeuer« statt einer Zentralheizung gebe, verdrießen den inzwischen siebzigjährigen Emigranten. Vor allem grämt ihn die zögerliche Haltung, die keineswegs nur die englische Regierung den Nazis gegenüber einnimmt. Die Briten mögen doch endlich aufhören, »deutsch und braun« zu verwechseln, hofft er – und beklagt sich, daß die deutschen Flüchtlinge, während sie Hitlers Pläne durchschauen, zum Zuschauen verurteilt seien. Daß der »Oberosaf« kein »harmloses bißchen Krieg wie 1870« will, sondern »Vernichtung«, mag an der Themse aber kaum einer hören. Die robust-nüchterne Zivilisiertheit der Engländer allerdings rühmt Kerr und nennt sie das »rücksichtsvollste, einsichtsvollste, vernünftigste« Volk der Welt. London erinnert ihn bald an die lässig-elegante Noblesse Wiens unter Franz Joseph, bald kommt ihm die Stadt »eine Spur bäuerlich« und wie ein »Elfmillionendorf« vor. Er preist die Gegend ums *Britische Museum* als eines »der ergreifendsten Viertel der Erde«, bedauert, daß ältere Häuser am **Russell Square** einem »ganz unenglischen Mammutbau für ›flats‹« weichen müssen – und freut sich, daß bei der Gelegenheit auch gleich »Schutzgräben, Deckungsgänge, Zufluchtslöcher, Bombenschlüpfe« für den

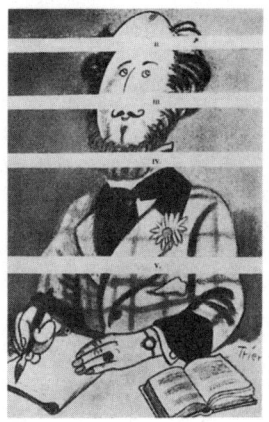

Alfred Kerr in der Karikatur von Walter Trier

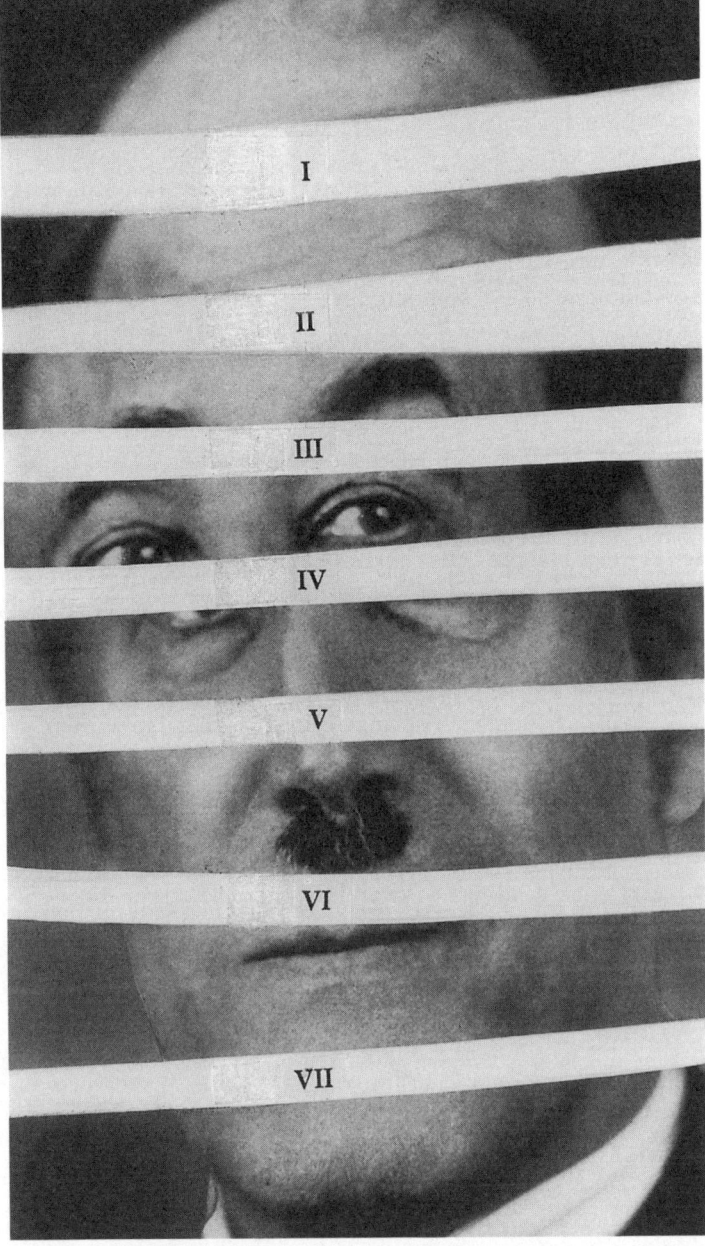

I

II

III

IV

V

VI

VII

John Heartfield montiert den »Klassi-Kerr«.

bevorstehenden Krieg gegraben werden. Daß sich die Briten nun also doch zum Kampf gegen Hitler rüsten, stärkt seine Bindung ans Gastland. Als deutsche Bomben das *Foyer Suisse* in **12 Upper Bedford Place** erst erschüttert, dann abbruchreif geschossen haben und er mitsamt dem halben Hotel nach **Putney** in den Londoner Süden umziehen muß, ist ihm das fast eine Genugtuung: Ausgebombt zu sein

Nachgelesen

Alfred Kerr: *Ich kam nach England. Ein Tagebuch aus dem Nachlaß*. Hrsg. von Walter Huder und Thomas Koebner. Bonn 1979.

Judith Kerr: *Warten bis der Frieden kommt*. Ravensburg (Otto Maier Verlag) 1987.

Am Wegesrand

Die Gegend rund um den Russell Square ist das literarische Herz Bloomsburys. In 24 Russell Square arbeitete T. S. Eliot 40 Jahre lang als Lektor von Faber & Faber. In 46 Gordon Square, später in 52 Tavistock Square lebten Virginia und Leonhard Woolf, Aldous Huxley wohnte am Regent Square, William Butler Yeats am Woburn Walk. Etwas weiter östlich schrieb Dorothy Sayers in 44 Mecklenburgh Square ihre Krimis, das Haus, in dem Charles Dickens den *Oliver Twist* und andere Romane verfaßte, findet sich in 48 Doughty Street (geöffnet montags bis samstags von 10 bis 17 Uhr).

Es geht weiter

geradeaus über den Russel Square und – in der axialen Verlängerung von Bedford Place – auf der linken Seite durch Bedford Way. Dann gleich links via Gordon Square (auf der rechten Straßenseite gelegen) zum linker Hand befindlichen Woburn Square. Das *Warburg Institute* liegt an dessen westlicher (in Gehrichtung hinterer) Flanke.

und den eigenen Sohn Michael im Dienst der *Royal Air Force* zu wissen, das erscheint ihm als sein Anteil an den Kriegsleiden Englands, der ihm eine »Pflicht des Anstands« ist.

Allein, als Autor kommt der Shaw-Bewunderer Kerr, der Englisch allenfalls (selbst)ironisch nachahmen – »Das soll man doch eigentlich nicht, soll man es?« – nicht aber schreiben kann, nie wirklich auf der Insel an: Sein einziges, während des britischen Exils veröffentlichtes Buch, der Lyrikband *Melodien*, enthält zwar viele in London entstandene und von London handelnde Gedichte, wird 1938 aber in Paris verlegt. Seine Londoner Zwischenbilanz *Ich kam nach England* findet ebensowenig einen Abnehmer wie das Exilerfahrungen verarbeitende Filmskript *Mamma* oder eine Doppelbiographie von Marx und Disraeli, der er den Arbeitstitel *Two Jews in London* gibt. Sogar die anderen Emigranten gegenüber durchaus aufgeschlossene → *BBC* schiebt seine teils auf französisch verfaßten Beiträge in ihren *Latin American Service* ab. Nicht ganz schuldlos daran scheint Heinrich Fischer gewesen zu sein, der Freund seines alten Gegners Karl Kraus. Auch im → Exil-PEN, dessen Präsidentschaft er 1941 auf Drängen Hermon Oulds übernimmt, muß Kerr mit Gegenwind rechnen, wirft ihm doch der ans »andere Deutschland« glaubende Journalist Heinrich Fraenkel geistige Nähe zu dem »Deutschenfresser« Vansittart vor, weil die Engländer gewarnt hat, die bevorstehende Niederlage Hitlers nicht mit der des »Hitlerismus« gleichzusetzen.

Als Deutschland endlich kapituliert, hat sich Kerrs materielle Situation noch immer nicht gebessert. Im Gegenteil, sie ist so schlecht geworden, daß sich Julia dazu entschließt, allein nach Deutschland zurückzukehren und für die Amerikaner an den Nürnberger Prozessen mitzuwirken. Im Sommer 1947 nutzt er ein PEN-Treffen in der Schweiz, um seine Frau für ein paar Tage wiederzusehen. Inzwischen hat Tochter Anna Judith ein Kunststipendium ergattern, Sohn Michael, der Fliegeroffizier und spätere britische Kronanwalt, sein Jurastudium fortsetzen können. Der greise Alfred Kerr sitzt allein in London und beliefert die *Neue Zeitung* in München. Am 15. September 1948 besteigt er zum ersten Mal in seinem nun achtzigjährigen Leben ein Flugzeug. Es bringt ihn nach Hamburg, wo er eine Vortragsreise beginnen will. Abends besucht er das Theater und erleidet einen Schlaganfall. Drei Wochen lang liegt er im englischen Militärhospital. Schließlich löst Julia ein Versprechen ein, bringt ihm Veronal. Am Morgen des 12. Oktober 1948 ist der bedeutendste deutsche Theaterkritiker dieses Jahrhunderts tot.

Englands schönstes Weihnachtsgeschenk, schrieb der *Observer* in seiner Ausgabe vom 24. Dezember 1944, komme in diesem Jahr aus Deutschland. Das Geschenk war eine als Forschungsinstitut angelegte, umfangreiche Spezialbibliothek mit einem kleinen Stab hochqualifizierter Mitarbeiter und befand sich Weihnachten 1944, als die renommierte Sonntagszeitung die Eingliederung dieses wissenschaftlichen Juwels in die Londoner Universität feierte, seit genau elf Jahren in der britischen Hauptstadt: Im Dezember 1933 hatten zwei kleine Dampfer der Hamburg-Amerika-Linie die in fünfhunderteinunddreißig Kisten verpackten sechzigtausend Bücher und fünfundzwanzigtausend Fotografien sowie das Mobiliar, die Arbeitsgeräte und die sechs festen wissenschaftlichen Mitarbeiter der *Kulturwissenschaftlichen Bibliothek Warburg* von Hamburg nach London gebracht. Getarnt als Leihgabe auf zunächst drei Jahre, ging so eine bis dahin private Forschungsstelle ins Exil, die nur vier Monate später im *Thames House*, einem großen Bürogebäude an der Ecke **Millbank** und **Lambeth Bridge**, wiedereröffnet wurde. Unter ihrem neuen Namen *Warburg Institute* erlangte sie bald Weltruhm und machte die Kunstgeschichte auch in Großbritannien als akademische Disziplin heimisch.

Begründet hatte die *Bibliothek Warburg* der 1866 geborene Hamburger Kunsthistoriker Aby Warburg. Als ältester Sproß einer jüdischen Bankiersfamilie, die seit Ende des Dreißigjährigen Krieges in der Hansestadt ansässig war, hatte er bereits mit dreizehn Jahren auf die dem Erstgeborenen zustehende Führung des Hauses ver-

Das Warburg Institute, Ernst II. Gombrich und Karl Popper

Woburn Square, W.C.1

Die zweite Adresse der »Warburg Library« im »Imperial Institute«

zichtet – unter der Bedingung, daß ihm seine Brüder fortan alle Bücher kaufen würden, die er benötige. Als der Privatgelehrte 1902 von einem langen Studienaufenthalt in Florenz nach Hamburg zurückkehrte, war es soweit: Er begann, seine Privatbibliothek systematisch auszubauen. Nach einigen Jahren holte er sich seinen jüngeren Fachkollegen Fritz Saxl als ersten Assistenten ins Haus und führte die Bibliothek von 1921 an mit dessen Hilfe als halböffentliches Forschungsinstitut, das auch Vortragszyklen veranstaltete und Buchreihen herausgab. 1926 schließlich, drei Jahre vor Aby Warburgs Tod, öffnete dann in einem eigens errichteten Neubau die *Kulturwissenschaftliche Bibliothek Warburg* der interessierten Fachwelt ihre Pforten. Zentriert war diese Bibliothek, die schon ihr Gründer eher als Problem- denn als Büchersammlung verstand, in einer klar umrissenen Aufgabenstellung, der auch das *Warburg Institute* noch immer verpflichtet ist: Sie widmete sich dem »Nachleben der Antike«, ging also den vielfältigen, verschlungenen und teils verborgenen Einflüssen nach, die das klassische Altertum auf die nachantiken Kulturen bis hin zur Gegenwart hat. Dabei war es dem Kunsthistoriker und Renaissanceforscher Warburg keineswegs um einen Kanon vorbildlicher ästhetischer Leistungen zu tun, sondern um die Zusammenarbeit möglichst vieler wissenschaftlicher Disziplinen in einer gemeinsamen Anstrengung. Insbesondere mit der erst 1919 gegründeten Universität Hamburg war die *Kulturwissenschaftliche Bibliothek Warburg* vielfältig verflochten. An ihr lehrte nicht nur der Kunsthistoriker Erwin Panofsky, sondern – zunächst als Privatdozent, dann als Professor und Rektor der Hochschule – auch der Philosoph Ernst Cassirer, der mit seiner bis heute einflußreichen *Philosophie der symbolischen Formen* geradezu zum Chefdenker der *Bibliothek Warburg* wurde. Von Cassirer war etwa die Historikerin Gertrud Bing mit einer Arbeit über Leibniz und Lessing promoviert worden, bevor sie 1922 in die Bibliothek eintrat und 1927 die persönliche Assistentin Aby Warburgs wurde, dessen Nachlaß sie nach seinem Tod betreute. Der Kunsthistoriker Edgar Wind, der bei der Emigration des Instituts eine entscheidende Rolle spielen sollte, hatte sein Doktorat bei Panofsky und Cassirer abgelegt und habilitierte sich 1930 als Assistent an der *Bibliothek Warburg* bei deren ›Hausphilosophen‹, um fortan als Privatdozent für Philosophie auch an der örtlichen Universität zu wirken. Fritz Saxl schließlich, von Aby Warburg bereits 1913 nach Hamburg geholt und während dessen langer Krankheit kommissarischer, nach Warburgs Tod im Jahr 1929 offizieller Direktor der Bibliothek, hatte zunächst eine Privatdozentur und später eine Professur an der Hochschule der Hansestadt inne.

Hitlers Machtantritt sprengte diesen gelehrten Kreis: Die *Bibliothek Warburg* war nicht nur von einem jüdischen Gelehrten gegründet worden, auch viele ihrer Mitarbeiter und Freunde waren Juden. Erwin Panofsky, der bereits seit 1931 parallel in Hamburg und New York unterrichtet hatte, ging in die USA; Cassirer kündigte im März 1933 von Wien aus seine Professur in Hamburg, emigrierte nach Oxford und hielt von dort aus auch am *Bedford College* in London Vorlesungen, bevor er 1935 nach Schweden und 1941 in die Vereinigten Staaten weiterzog. Im April 1933 fällten die festen Mitarbeiter und das Kuratorium – die für die Finanzierung geradestehende Warburg-Familie – den Grundsatzbeschluß, daß auch die Bibliothek Deutschland verlassen müsse. Die Fühler wurden nach Jerusalem, Leiden und in die USA, wo ein beträchtlicher Zweig der Warburgs saß, ausgestreckt, doch erfolgversprechende Verhandlungen, die den Gesamtbestand als Bibliothek und Forschungsstelle ermöglichen konnten, führte nur Edgar Wind in London. Der dreiunddreißigjährige Kunsthistoriker hatte bei längeren Forschungsaufenthalten in London und durch eine von ihm an der *Bibliothek Warburg* organisierte Vortragsreihe über »England und die Antike« Kontakte zu britischen Kollegen von Rang aufgebaut, die jetzt Früchte trugen. In Gesprächen, die von Wind, Saxl und den Warburg-Brüdern vor allem mit dem *Academic Assistance Council* – einem gerade gegründeten Hilfskomitee, das sich um englische Kurzzeitstipendien für verfolgte deutsche Wissenschaftler bemühte – geführt wurden, kristallisierte sich die Lösung heraus: Die Bibliothek sollte als auf drei Jahre befristete Leihgabe nach London gebracht, später der dortigen Universität assoziiert und einstweilen je zur Hälfte von der Familie Warburg und dem Garnfabrikanten Samuel Courtauld finanziert werden. Der Mäzen und Kunstsammler hatte erst ein Jahr zuvor das nach ihm benannte *Courtauld Institute* gestiftet und damit das erste kunstgeschichtliche Seminar an einer englischen Universität überhaupt ermöglicht, mit dem das *Warburg Institute* fortan eng zusammenarbeitete. Fritz Saxl etwa, der bis zu seinem Tod 1948 Direktor auch des neu eröffneten Institutes blieb, wurde als Professor ans *Courtauld Institute* berufen.

In seine Amtszeit fiel damit der erste Umzug des »Weihnachtsgeschenks aus Hamburg«, das 1937 von *Thames House* in die *Imperial Institute Buildings* nahe der *Royal Albert Hall* in **South Kensington** verlegt und somit sieben Jahre vor seiner vertraglichen

Edgar Wind, Kunsthistoriker. Er kam am 14. Mai 1900 in Berlin auf die Welt und bereitete im Frühsommer 1933 den Exodus der *Bibliothek Warburg* nach London vor. Nach deren Wiedereröffnung als *Warburg Institute* arbeitete er dort als Abteilungsleiter, bevor er 1942 eine Professur in Chicago antrat. 1955 nahm Edgar Wind den Ruf auf den ersten Lehrstuhl für Kunstgeschichte in Oxford an, am 12. September 1971 starb er in London.

Eingliederung zum offiziellen »Gast« der *University of London* wurde. Es war nicht der letzte Ortswechsel der stetig weiterwachsenden Bibliothek, die während des Bombenkrieges im sicheren Denham, Buckinghamshire ausgelagert war und im Februar 1958 ihr heutiges Domizil am **Woburn Square** bezog. Ihre Arbeit bestimmten weiterhin Emigranten: Saxl wurde wie in Hamburg von Gertrud Bing vertreten, die nach seinem Tod trotz ihrer universitären Lehrverpflichtungen auch seinen Nachfolger Henri Frankfort unterstützen und das Institut schließlich von 1955 bis 1959 selbst leiten sollte. Edgar Wind blieb als Honorarprofessor am *University College* an verantwortlicher Stelle auch fürs *Warburg Institute* tätig, bevor er 1942 einen Ruf der Chicagoer Universität annahm. Er hatte sich bei Kriegsausbruch zu einer Vortragsreise in den USA befunden, dort 1940 abermals Sondierungsgespräche über eine mögliche Verlegung geführt und war als Saxls Nachfolger im Gespräch, bevor es 1945 zum Bruch zwischen ihm und dem Institut kam.

Während Mitte der dreißiger Jahre die Beziehungen des *Warburg Institutes* nach Deutschland weitgehend einschliefen – der durch sein Buch *Europäische Literatur und lateinisches Mittelalter* bekanntgewordene Romanist Ernst Robert Curtius war einer der wenigen, die trotz des Nazi-Verdikts mit diesem »Hort jüdischer und emigrantischer Wissenschaft« Kontakt hielten –, stießen in London andere emigrierte Gelehrte zu der Bibliothek im Exil. Schon 1933 traf mit Unterstützung des *Academic Assistence Council* der Philosoph, Mittelalter-Spezialist und Meister-Eckhart-Herausgeber Raymond Klibansky ein, dessen Berichte von den Zuständen an der Universität Heidelberg einen wesentlichen Anstoß zur Emigration der Hamburger gegeben hatte. Der in Frankreich geborene Sohn eines deutsch-jüdischen Weinhändlers, mütterlicherseits ein Nachfahr des berühmten Gaon von Wilna, lehrte zunächst am *King's College*, wechselte 1936 nach Oxford, war während des Krieges als Nachrichtenoffizier für das britische Außenministerium und ›nebenher‹ als Studienleiter am *Warburg Institute* tätig, bevor er 1946 einem Ruf nach Kanada folgte, ohne deshalb seine Mitarbeit an Projekten des Instituts zu beenden. Die von ihm, Fritz Saxl und Erwin Panofsky vorgelegte Studie *Saturn und Melancholie* ist eines der Großwerke moderner Kulturgeschichte. Ebenfalls bereits 1933 kam von der *Bibliotheca Hertziana* in Rom der Kunsthistoriker Rudolf Wittkower ans *Warburg Institute*, dem er bis zu seinem Wechsel nach New York im Jahr 1956 angehörte; 1936 folgte aus

Raymond Klibansky, Philosoph. Er wurde am 15. Oktober 1905 in Paris geboren. Die Familie kehrte 1914 nach Frankfurt zurück. Schon während seines Studiums knüpfte er Kontakte zu Aby Warburg, Ernst Cassirer und Ernst Robert Curtius. Er emigrierte 1934 nach London, ging 1936 nach Oxford und nahm 1946 eine Professur in Montreal an. Klibansky lebt in Oxford und Kanada.

Wien mit Otto Pächt ein Spezialist für illuminierte Handschriften und niederländische Malerei, der 1941 nach Oxford ging und 1963 nach Wien zurückkehrte.

Vor allem trat 1936 ein Mann als Forschungsassistent in das *Warburg Institute* ein, der es wie kein zweiter nach Aby Warburg prägen sollte und heute allgemein als einflußreichster Kunstgeschichtler seit Heinrich Wölfflin gilt: Ernst H. Gombrich. 1909 als Sohn eines Rechtsanwalts und einer Pianistin geboren, wuchs der evangelisch getaufte Gombrich im vollständig assimilierten jüdischen Bildungsbürgertum Wiens auf. Im Elternhaus verkehrten Arturo Toscanini und der Geiger Adolf Busch, die Mutter war mit Gustav Mahler befreundet, hatte bei Bruckner studiert und mit Schönberg musiziert. Den Cello spielenden Sohn, dem die Musik lebenswichtig geblieben ist, zog es dennoch zur Kunstgeschichte. 1933 promoviert, schrieb er eine Weltgeschichte für Kinder, dann wich er gemeinsam mit der Pianistin Ilse Heller – einer Schülerin seiner Mutter, die er noch 1936 heiraten sollte – dem auch in Wien wachsenden antisemitischen Druck nach London aus. Während des Zweiten Weltkrieges arbeitete er beim Abhördienst der → *BBC* und fing dabei erste Nachrichten über den Holocaust auf, dem ein Großteil seiner Familie zum Opfer fiel. Eltern und Geschwister hatte er 1938 noch rechtzeitig nach England geholt.

1946 kehrte Ernst H. Gombrich ans *Warburg Institute* zurück, dem er von 1959 bis 1976 als Direktor seinen Stempel aufdrücken sollte. Ein breites wissenschaftliches Œuvre mit den dreibändigen *Studies in the Art of Renaissance* im Zentrum, die Professur an der Londoner Universität, Lehraufträge in Oxford, Cambridge und Harvard, Hegel-, Wittgenstein-, Goethe- und Erasmus-Preis sowie zahlreiche Ehrendoktortitel unterstreichen die herausragende Bedeutung eines psychologisch geschulten Gelehrten, dessen »antischöngeistige« Kunstgeschichte sich dem Rationalismus verpflichtet weiß – und damit dem Erbe Aby Warburgs, dem er eine »intellektuelle Biographie« widmete, ebenso wie der Philosophie seines Freundes, des gleich ihm zum Ritter geschlagenen Sir Karl Popper.

Sieben Jahre vor Gombrich ebenfalls in Wien als Sohn eines getauften Rechtsanwalts geboren, hatte der spätere Begründer des Kritischen Rationalismus nach einer Tischlerlehre und einem Volontariat bei Alfred Adler 1922 die Matura nachgeholt und 1924 das Volksschullehrerexamen bestanden, bevor er 1928 von dem Sprachpsychologen Karl Bühler promoviert wurde und 1930 eine Stellung als Lehrer antrat. Die Verbindung mit dem ›Wiener Kreis‹

Ernst Hans Josef Gombrich, Kunsthistoriker. Er wurde am 30. März 1909 in Wien geboren, emigrierte 1935 nach London und wurde 1936 Forschungsassistent am *Warburg Institute*, das er von 1959 bis 1976 leitete. Sir Ernst lebt im Londoner Emigranten- und Künstlerstadtteil Hampstead.

Karl Raimund Popper, Philosoph. Er wurde am 28. Juli 1902 in Wien geboren und hielt sich 1935/36 aus Studienzwecken in England auf. 1937 emigrierte er nach Neuseeland, nach dem Zweiten Weltkrieg kehrte er ins Vereinigte Königreich zurück und hatte von 1949 bis 1969 eine Professur an der *London School for Economics* inne. Am 17. September 1994 starb Karl Popper in Croydon bei London.

um Moritz Schlick, Otto Neurath und Rudolf Carnap trug 1934 in seinem ersten großen Werk *Die Logik der Forschung* Früchte. Sechs Jahre nach Ludwig Wittgensteins Berufung nach Cambridge ging auch Karl Popper 1935 zu einem Forschungsaufenthalt ins Mutterland des Empirismus, 1937 lockte ihn die Aussicht auf eine Universitätsstelle nach Neuseeland, wo er unter dem Eindruck von Nationalsozialismus und Stalinismus sein Hauptwerk *The Open Society and its Enemies* schrieb. Eine Anstellung an der *London School of Economics* brachte den aller Tagespolitik abholden Vordenker eines skeptisch-pragmatischen Liberalismus 1946 an die Themse zurück, wo man ihn drei Jahre später an der *School of Economics* auf den Lehrstuhl für Logik und wissenschaftliche Methodenlehre berief. Nach seiner Emeritierung im Jahr 1969 lebte Popper zurückgezogen in Kenley, Surrey.

Nach der *Bibliothek Warburg* kamen in Dreijahresabständen zwei weitere, bedeutende Spezialbibliotheken in England an. Eine von dem bibliophilen und hochmusikalischen Eisenhändler Paul Hirsch um 1895 in Frankfurt begründete Partituren- und Handschriftensammlung wechselte mit ihrem Besitzer, der 1951 im englischen Exil starb, 1936 vom Main nach Cambridge. Ihre rund zwanzigtausend Schriften sind seit 1947 unter dem Namen *Paul Hirsch Music Library* Bestandteil der Britischen Nationalbibliothek. 1939 wurde dann auch die *Wiener Library* nach London verlegt. Sie war 1934 von Alfred Wiener, dem langjährigen Syndikus des *Centralvereins deutscher Staatsbürger jüdischen Glaubens*, mit Unterstützung der Universität Amsterdam als zentrale jüdische Informationsstelle ins Leben gerufen worden und sammelte Quellen und Literatur zur Geschichte der Juden in Deutschland. Während des Zweiten Weltkrieges wurde dieses *Jewish Central Information Office*, das seit 1946 den Namen ihres 1964 in London gestorbenen Gründers trug, für die → *BBC* und das britische Informationsministerium, das im Senatsgebäude der Universität an der Ecke **Malet Street** und **Montague Place** untergebracht war, zur unentbehrlichen Quelle.

Nachgelesen

Ernst H. Gombrich: *Aby Warburg. Eine intellektuelle Biographie.* Frankfurt (Suhrkamp) 1981.

Es geht weiter

geradeaus vorbei an Torrington Square und der an Bying Place gelegenen Kirche bis zur von Universitätsgebäuden gesäumten Malet Street, in die man nach links einbiegt. An ihrer Südseite stößt man auf den Montague Place und damit auf den Hintereingang vom *British Museum*. Das an der Ecke Malet Street und Montague Place gelegene Senatsgebäude der Universität beherbergte während des Zweiten Weltkrieges das *Ministry of Information*. Es diente als Vorbild des »Ministry of Truth« in George Orwells Roman *1984*.

G elobt sei das *British Museum*, die schönste Bibliothek der
Welt«, preist → Stefan Zweig 1934 den *Round Reading Room*
der alten *British Library*, »wo man die politische Idiotie nicht spürt
und sich noch konzentrieren kann.« Bruno Franks 1937 bei Querido
in Amsterdam erschienener, von märchen- und kolportagehaften
Zügen geprägter Exilroman *Der Reisepass* gibt eine ganz ähnliche
Beschreibung dieses »Lesedoms«. Frank stellt seinen Helden Ludwig
von Sachsen-Camburg an die Spitze einer gescheiterten konservativen Revolte gegen Hitler, er führt den Prinzen in Gefangenschaft,
Prager Exil und Illegalität, bevor er ihn in London seine Ruhe finden läßt. Dort macht der kunsthistorisch interessierte Flüchtling den
Lesesaal des *Britischen Museums* zu seiner Heimat:

> »*In diesen gewaltigen Kuppelraum, den Lesesaal des Britischen Museums mündete, unweigerlich fast, der Weg der Heimatlosen, Verbannten. Gleich als Ludwig zum ersten Mal niedersaß an einem der lederbezogenen Arbeitstische, wurde ihm wohl und feierlich. Tiefe, verschlossene Stille. Kein Laut vom rasselnden Atem der Millionen draußen. Ein Grab des Lebens, aus dem der Geist sich aufschwingt, empor zur immensen Wölbung dort oben, die an die schönste Kuppel der Welt gemahnt, an den Pantheon.*
>
> *Rom und Antike, der Begriff stellte sich ungesucht ein. Dieser Lesedom war nicht unwert der Wunder aus Ephesus und Athen, die von den gleichen Mauern umfaßt werden. Mit einer Art Andacht schweift der Blick um den Ringwall von Büchern, die Galerie entlang, auf denen die Figuren der nachschlagenden Leser klein wie Puppen erscheinen. Denn was hier im Saale aufgestellt ist, das sind Nachschlagewerke, Lexika, bloße Wegweiser hinein in die Unerschöpflichkeit der eigentlichen Schatzkammer. Jeder, der hier eintritt, besitzt eine Bibliothek von vier Millionen Bänden [...]. Hier konnte man Jahre zubringen. Einer, den Zeitlauf und Schicksal vom lebendigen Wirken ausschloß, konnte sich wohl ein Dasein vorstellen, in dem er draußen für seinen Unterhalt notdürftig sorgte, die eigentliche Existenz aber hier vergehen ließ, in den hundertsprachigen Schächten des Geistes.*«

Freilich bot dieses »Grab des Lebens, aus dem der Geist sich aufschwingt«, vielen Flüchtlingen auch handgreiflichen Schutz: Wer
in der *British Library* saß, sparte nicht nur die Heizung daheim, er
brauchte auf der Straße auch nicht zu verbergen, daß er auf den
Hund gekommen und, wie ein bekannter Emigrantenscherz es ausdrückte, vom Bernhardiner zum Pinscher geworden war.

Jedenfalls bis zum Beginn des deutschen Bombenterrors gegen
London: Nach einem Angriff am 23. September 1940 mußte der

Bruno Frank, Norbert Elias, Karl Mannheim und die Sozialwissenschaft im Exil

**British Museum
Great Russell Street,
W.C.1**

Am Rand notiert

Nach dem Umzug von *British Library* nach St. Pancras wird
der berühmte Innenhof des
Museums derzeit wiederhergestellt. Der *Round Reading Room*
soll im Herbst 2000 in alter
Pracht als öffentliche Referenzbibliothek neu eröffnet werden.
Das Museum ist montags bis
samstags von 10 bis 17 Uhr, an
Sonntagen von 14.30 bis 18 Uhr
geöffnet.

Nachgelesen

Bruno Frank: *Der Reisepass*.
München 1980.

Bruno Frank,

Schriftsteller. Er kam am
13. Juni 1887 in Stuttgart auf
die Welt. Am 28. Februar 1933
floh er von München aus in
die Schweiz, lebte in den ersten
Exiljahren dann aber abwechselnd in Sanary-sur-Mer, Aigen
bei Salzburg und London.
1937 übersiedelte er in die USA
und ging nach Hollywood.
Am 20. Juni 1945 starb er in
Beverly Hills.

beschädigte *Round Reading Room* geschlossen, der Lesesaal in die *North Library* verlegt werden. Wesentlich schwerer traf es die bewußt nur teilevakuierte Bibliothek am achten Jahrestag der Bücherverbrennung in Deutschland, dem 10. Mai 1941, als Brandbomben schwere Schäden anrichteten. Zehntausende Bücher gingen durch Feuer- und Wasserschaden verloren, ein noch während des Krieges erstellter Index zählt einhundertsechzigtausend durch deutsche Angriffe abgängige Titel auf. Bruno Franks »Heimat« der »Verbannten«, die mittlerweile großenteils ohnehin im Internierungslager saßen, war fürs erste all jenen verloren, die nicht im »öffentlichen Interesse« – etwa als Beauftragte von Regierungsstellen – lasen.

Frank selbst, der fast so häufig als Glückskind wie als Gentleman beschrieben wird, lebte zu dieser Zeit längst in Beverly Hills, wo er zu einem der wichtigsten Repräsentanten des Exils wurde und von wo aus er vehement für die in Europa hängengebliebenen Refugees eintrat. Mit seiner Frau Liesl, der Tochter Fritzi Massarys, setzte er sich etwa für Fritz Landshoff ein. Der frühere Kiepenheuer-Geschäftsführer, der bei Querido zu einem herausragenden Verleger des Exils geworden war, hatte sich während des deutschen Einmarschs in Holland im Mai 1940 geschäftlich in London aufgehalten und war von den Briten monatelang interniert worden, bevor er im Januar 1941 in die USA ausreisen durfte. Nur ein Beispiel für das politisch-humanitäre Engagement Liesl und Bruno Franks. Der liberale Großbürger und überzeugte Europäer Frank, am 13. Juni 1887 als Sohn eines jüdischen Bankiers in Stuttgart geboren, hatte Jura studiert, die Mittelmeerländer bereist und freiwillig am Ersten Weltkrieg teilgenommen, bevor er sich 1924 als Freund und Nachbar Thomas Manns in München niederließ. Nach lyrisch-novellistischen Anfängen bestimmte in den zwanziger Jahren zunächst die zeittypische Faszination durch Friedrich den Großen sein erzählerisches Schaffen. Scharfe Angriffe der nationalistischen Kräfte löste dann 1928 die *Politische Novelle* aus, in der Frank für die deutsch-französische Aussöhnung plädierte und ein sympathetisches Porträt des französischen Außenministers Aristide Briand zeichnete. Großen Erfolg hatte Bruno Frank aber vor allem als Dramatiker: Die zwischen Boulevard und Volksstück angesiedelte Komödie *Sturm im Wasserglas* wurde ein wahrer Kassenschlager und erlebte bereits 1930, im Jahr ihrer Premiere, auch zwei deutschsprachige Aufführungen am Londoner *Arts Theatre*.

Ein Anknüpfungspunkt, als Liesl und Bruno Frank am Tag nach dem Reichstagsbrand ins Exil gingen, sich zunächst in der Schweiz

Liesl Franks Mutter, Fritzi Massary, wurde am 21. März 1883 in Wien geboren. Die berühmte Schauspielerin und Operettendiva war vor 1933 die unumschränkte Kaiserin unter den Berliner Soubretten gewesen. Sie kehrte nach dem Reichstagsbrand über die Schweiz in ihre Heimatstadt zurück und trat nach dem Tod ihres Mannes, des Schauspielers Max Pallenberg, der 1934 bei einem Flugzeugabsturz umkam, vorübergehend von der Bühne ab. 1938 emigrierte sie zunächst nach London, wo sie in Noël Cowards *Operetta* ein kurzes, aber glanzvolles Comeback am *His Majesty's Theatre* am Haymarket erlebte. 1939 folgte sie Bruno und Liesl Frank nach Kalifornien. Sie starb am 31. Januar 1969 in Berverly Hills.

und Sanary-sur-Mer aufhielten, dann ein Haus in Aigen bei Salzburg kauften. Denn der *Sturm im Wasserglas* bescherte ihnen nicht nur ein finanziell weitgehend sorgenfreies Leben, das den Schriftsteller die Muße zu seinem ersten Exilroman *Cervantes* finden ließ, sondern ermöglichte auch das Pendeln zwischen dem noch unbesetzten Österreich und London, wo das Ehepaar 1935 und 1936 die Wintermonate verbrachte. Und Bruno Franks Erfolgsstück sollte nun auch die Stadt an der Themse erobern: In einer englischen Bearbeitung von James Bridie, der die Handlung von Süddeutschland an die schottische Küste verlegte, wurde *Storm in a Teacup* zu einem Renner der West-End-Theater. Am *Royalty*, am *Garrick* und am *Haymarket* wurde die den englischen Geschmack treffende Farce in den Jahren 1936 und 1937 über vierhundertdreißigmal gespielt – ein für deutschsprachige Exil-Dramatiker in London beispielloser Triumph, den nur Bruno Frank selbst nochmals annähernd erreichte: 1937 brachte das *Savoy* sein *Young Madame Conti* fünfzigmal auf die Bühne. Trotzdem folgte Bruno Frank dem Ruf Hollywoods und schiffte sich im Oktober des gleichen Jahres nach Amerika ein. Dort arbeitete er mit mäßigem Erfolg in der Filmindustrie, schrieb etwa das Drehbuch zum *Glöckner von Notredame*. 1943 erschien sein letzter vollendeter Roman *Die Tochter*, 1944 erlitt er einen Herzanfall, am 20. Juni 1945 wachte er, gerade erst achtundfünfzig geworden, nicht mehr aus seinem Mittagsschlaf auf.

Der Lesesaal des *Britischen Museums*, in dem bereits Karl Marx *Das Kapital* geschrieben hatte, wurde auch Norbert Elias zum ständigen Aufenthaltsort, als er im Herbst 1935 in England ankam. Von da an, erinnert sich der bedeutende Soziologe, »spielte sich mein Leben so ab, daß ich morgens aufstand und den ganzen Tag im Britischen Museum verbrachte« – nur unterbrochen von einem Imbiß in einem nahegelegenen Café. Er habe dieses ungebundene Leben sehr genossen, fährt Elias fort: »Ich wußte, daß ich vorerst keine Zukunft hatte, aber ich konnte im Britischen Museum schmökern – oder genauer: im Katalog der Bibliothek; und wann immer ich einen Titel sah, der mich interessierte, ließ ich mir das Buch kommen und las darin.« Eines Tages stieß er dabei auf alte Benimmbücher – der Ausgangspunkt seines zweibändigen Hauptwerkes *Über den Prozeß der Zivilisation*, an dem er mit der Unterstützung einer jüdischen Hilfsorganisation bis 1938 in der *British Library* weiterarbeitete und damit der Soziologie einen neuen Zugang zur Untersuchung langfristiger historischer Prozesse erschloß.

Norbert Elias, Soziologe. Er wurde am 22. Juni 1897 in Breslau geboren und studierte Medizin und Philosophie, bevor er in der Geschäftsleitung eines mittelständischen Unternehmens arbeitete. 1924 gab er diese Stellung auf und ging nach Heidelberg, um bei Alfred Weber und Karl Mannheim Soziologie zu hören. Als Mannheim 1930 auf den Frankfurter Lehrstuhl für Soziologie berufen wurde, nahm er ihn als Assistenten mit. 1933 emigrierte Elias über die Schweiz nach Paris, im Herbst 1935 übersiedelte er nach Cambridge und von dort Anfang 1936 nach London. 1954 übernahm er eine Dozentur in Leicester, 1962 eine Professur in Ghana. 1975 kehrte er England endgültig den Rücken und zog nach Amsterdam. Dort starb er am 1. August 1990. In London ließ er sich zunächst in Bloomsbury nieder und lebte unter verschiedenen Adressen in der University Street sowie im Bedford Way, nach der Internierung zog er nach Hampstead, wo er zuerst in 20 Kings College Road, dann in 84 Fellows Road und schließlich in 11 Primrose Gardens (alle N.W. 3) wohnte.

Die Nationalsozialisten hatten den soeben habilitierten Sozialwissenschaftler 1933 noch vor seiner Antrittsvorlesung von der Frankfurter Universität verjagt. Über die Schweiz war er zunächst in das ihm vertraute Paris gegangen, hatte dort aber nicht das erhoffte akademische Fortkommen gefunden und mit dem Arbeiterdichter Ludwig Turek eine kleine Firma gegründet, die Holzspielzeug herstellte. Dabei verlor er sein Geld und übersiedelte auf das Anraten von Freunden via Cambridge nach London. Als ihn seine Eltern 1938 in England besuchten, vermochte er sie nicht zur Emigration zu bewegen. Vielmehr finanzierte sein Vater, der sich in Breslau sicher wähnte, einen privaten Vorabdruck des *opus magnum* des Sohnes, mit dem der endlich auf sich aufmerksam machen wollte. Doch die gewünschte Resonanz blieb aus, obwohl er sich beispielsweise an Sigmund Freud, Walter Benjamin und später auch an Thomas Mann wandte. Als *Über den Prozeß der Zivilisation* 1939 in einem Schweizer Verlag erschien und er eine bescheidene Dozentenstelle an der *London School of Economics* erhielt, konnte Elias trotzdem hoffen, an einer englischen Universität Fuß zu fassen. Aber vergeblich. Der Beginn des Zweiten Weltkriegs blockierte die Rezeption des noch nicht ins Englische übersetzten Buches, eine zum Greifen nahe Karriere an der nach Cambridge evakuierten LSE zerschlug sich, er wurde als »feindlicher Ausländer« zunächst im Camp Huyton bei Liverpool, dann auf der Isle of Man interniert.

Im Lager spielte Norbert Elias plötzlich die Rolle, die ihm ›draußen‹ versagt blieb: Schon in Huyton hielt er Vorträge an der von Häftlingen organisierten Lageruniversität, auf der Insel Man war er deren ›Rektor‹. Ebenfalls auf Man kam seine *Ballade vom Armen Jakob* in einer Vertonung des Musikwissenschaftlers Hans Gál zur Aufführung – ein langes Gedicht, das die Exilerfahrung mit der Ahasver-Legende und einer sozialpsychologischen Deutung des Antisemitismus verbindet. Als Elias das Internierungslager nach acht Monaten endlich verlassen konnte, war ihm die Tür zu einer wissenschaftlichen Laufbahn aber trotz seiner Bekanntschaft mit Harold Laski und C. P. Snow immer noch verschlossen. Er mußte sich mit einer Stelle bei der *Workers Education Association*, einer Unterorganisation der *Labour Party*, bescheiden, von der er zur Abteilung für Erwachsenenbildung an der Londoner Universität wechselte. Zwar wurde er gelegentlich auch zu Vorträgen vor einem akademischen Publikum eingeladen, doch auf einer Dozentenstelle fand er sich erst 1954 in Leicester wieder. Auch dieser Posten war freilich nicht der ersehnte Lehrstuhl. Den sollte Elias erst nach seiner Pensionierung ergattern – 1962 im zum Commonwealth gehörenden Ghana.

Daß Elias sich in Großbritannien nicht durchsetzen konnte, hängt auch mit dem Mann zusammen, der ihn in Heidelberg und Frankfurt gefördert und ihm wohl auch zum Zwischenspiel an der LSE verholfen hatte: Karl Mannheim. Der nämlich hatte sich als Gastdozent an dieser berühmten Abteilung der *University of London* mit dem ihm zunächst wohlgesonnenen Lehrstuhlinhaber Morris Ginsberg angelegt – und war nicht nur selbst über diese Affäre gestolpert. Ginsberg war bereit gewesen, Elias zu seinem Assistenten zu machen, zog dieses Angebot aber nach dem Streit mit Mannheim zurück. Zwar blieb Englands führender Soziologe Elias freundschaftlich verbunden und schickte ihm Geld ins Internierungslager, doch befürchtete er, eine Zusammenarbeit mit dem früheren Assistenten seines Kontrahenten Mannheim werde ihn allzuoft an die für ihn verletzende Auseinandersetzung erinnern. Nicht ganz zu Unrecht: Schon in Heidelberg war der Privatdozent Karl Mannheim als Konkurrent des liberalen Ordinarius Alfred Weber aufgetreten, in Frankfurt wurde Max Horkheimer, dessen Institut für Sozialforschung im gleichen Haus wie Mannheims Soziologisches Seminar untergebracht war, zu seinem Antipoden. Konflikte, die auch den materialistischen, nicht aber marxistischen Ansatz Mannheims und sein ideologiekritisches Credo von der

Nachgelesen

Norbert Elias über sich selbst. Frankfurt (edition suhrkamp 3329) 1990.

Nobert Elias: *Die Ballade vom Armen Jakob.* Mit Illustrationen von Karl-Georg Hirsch. Frankfurt und Leipzig (Insel-Bücherei 1165) 1996.

Karl Mannheim,

Soziologe. Er erblickte am 27. März 1893 als Sohn eines jüdischen Textilkaufmanns in Budapest das Licht der Welt. Dort wuchs er zweisprachig auf und schloß sich nach einem Berlin-Aufenthalt dem Galilei-Kreis um den ungarischen Nationaldichter Endre Ady sowie dem Sonntagskreis um Georg Lukács und den Kunsthistoriker Arnold Hauser an. Im Dezember 1918 trat er der ungarischen KP bei, im Frühjahr 1919 wurde er zum Professor für Philosophie berufen. Nach Horthys Gegenrevolution begann Karl Mannheims erstes Exil. Über Wien, Berlin und Freiburg kam er 1921 nach Heidelberg, wo er mit seiner Habilitationsschrift über das konservative Denken und seinem zweiten Hauptwerk *Ideologie und Utopie* seinen wissenschaftlichen Ruhm begründete. 1929 erhielt er den Soziologie-Lehrstuhl in Frankfurt, 1933 mußte er zum zweiten Mal ins Exil: Am 24. Mai floh er über Amsterdam nach London. Dort starb er am 9. Januar 1947.

»Seinsgebundenheit« des Denkens reflektieren. 1933 verlor er auch seine zweite Professur: Das »Gesetz zur Wiederherstellung des Berufsbeamtentums« vertrieb ihn von der Frankfurter Universität, am 24. Mai emigrierte er über Amsterdam nach London.

Dort hielt Karl Mannheim, dessen doppelte Exilierung in sein Konzept der ›freischwebenden Intelligenz‹ einfloß, deren Ortlosigkeit ihm als möglicher Damm gegen die Ideologizität allen politischen Denkens erschien, 1934 die Hobhouse-Gedächtnisvorlesung. Seinen Lehrauftrag an der LSE finanzierte die Rockefeller-Foundation. Zu seinen Studenten zählte der als junger SPD- und Gewerkschaftsanwalt von den Nazis verhaftete Franz Neumann, der im Londoner Exil bei Mannheim und Harold Laski in den Vorlesungen saß, dann nach New York weiteremigrierte und dort mitten im Zweiten Weltkrieg den *Behemoth*, seine berühmte Analyse des nationalsozialistischen Staates, verfaßte, die ihn zum Deutschland-Experten der US-Behörden und schließlich auf den Lehrstuhl der *Columbia University* beförderte.

In London intensivierte Karl Mannheim auch die Bekanntschaft mit Theodor Wiesengrund Adorno. Der Schönberg-Schüler und spätere Meisterdenker der *Frankfurter Schule* hatte Deutschland, wo er weiterhin die Ferien verbrachte, im Frühjahr 1934 verlassen und war nach einem kurzen London-Aufenthalt als Honorary Guest Research Student ans *Merton College* in Oxford gegangen, wo er seine Hegelstudien begann und mit der Abkehr vom phänomenologischen Idealismus die Grundlagen für sein späteres Denken legte, bevor ihn Horkheimer im Februar 1938 nach Amerika holte.

Ebenfalls 1938 stieß Karl Mannheim auf Empfehlung des Theologen Paul Tillich, der ihm wie Adorno aus seiner Frankfurter Zeit vertraut war, in London auf den Moot-Kreis um T.S. Eliot, in dem progressive Mitglieder der Church of England über ein erneuertes Christentum debattierten. Mannheim, dessen Bemühungen um eine feste Anstellung an der LSE am Streit mit Ginsberg gescheitert waren, wandte sich nun verstärkt der Pädagogik zu, hielt Rundfunk-Vorträge und begann, das Konzept einer »geplanten Demokratie« zu entwickeln. Im Oktober 1945 erhielt er eine Pädagogik-Professur an der Londoner Universität, am 9. Januar 1947 erlag er den Folgen eines Herzinfarkts. Angebote, die Unesco in Europa oder die Reorganisation der Universitäten Australiens zu leiten, hatte er wegen seiner angeschlagenen Gesundheit ablehnen müssen.

In Heidelberg wie in Frankfurt war Norbert Elias so etwas wie das Bindeglied zwischen Karl Mannheim und seinen Studenten,

Theodor W. Adorno,

Philosoph. Er wurde am 11. September 1903 in Frankfurt a.M. geboren. Die Universitätskarriere Theodor Wiesengrund Adornos (1903 bis 1969) schien gescheitert, bevor sie richtig begonnen hatte: Ausgerechnet am 30. Januar 1933 war seine Habilitationsschrift über Kierkegaard erschienen. Nach dem Verlust der Venia Legendi versuchte Adorno eine Zeitlang, sich als Musikkritiker durchzuschlagen. Im Frühjahr 1934 verließ er Deutschland und ging via London nach Cambridge, von dort 1938 zu Max Horkheimer in die USA. 1949 kehrte er nach Frankfurt zurück, wurde Odinarius für Philosophie und Soziologie und leitete mit Horkheimer das *Institut für Sozialforschung*.

ein freundschaftlicher Mentor des wissenschaftlichen Nachwuchses gewesen. Zu diesem hatten auch Richard Löwenthal und Franz Borkenau gehört, die nacheinander an der Spitze der *Kommunistischen Studenten-Fraktion* standen und auf der Flucht vor Hitler ebenfalls in London gelandet waren. Richard Löwenthal, in der Bundesrepublik später als Politologe und rechter Sozialdemokrat bekanntgeworden, hatte etwa zwei Jahre nach seinem Bruch mit der KPD um 1931 erste Kontakte zu der linkssozialistischen Gruppe *Neu Beginnen* geknüpft, sich ihr aber erst kurz nach Hitlers Regierungsübernahme angeschlossen und illegal für sie gearbeitet. Seit Mitte 1935 gehörte er der neuen Leitung der Organisation um Fritz Erler an, die sich zunehmend auf die Sozialdemokratie zubewegte und Löwenthal im Sommer 1935 zur publizistischen Arbeit über Prag nach London schickte. Als die Gruppe ihr Auslandsbüro kurz vor dem Zweiten Weltkrieg aus Paris in die britische Hauptstadt verlegte, ließ auch er sich nach mehreren Zwischenstationen dauerhaft an der Themse nieder, wo er sich mit Publikationen, die er unter dem Pseudonym Paul Sering verfaßte, rasch einen Namen machte. Löwenthal betrieb während des Krieges die weitere Annäherung von *Neu Beginnen* an die exilierte Sozialdemokratie, deren schließlich ebenfalls in London gestrandeter Vorstand um Hans Vogel und Erich Ollenhauer mit ihm in der »Union der deutschen sozialistischen Organisationen« saß, und er betrieb mit Fritz Eberhard und Erwin Schoettle Funkpropaganda (→ *BBC*). Nach Kriegsende ging der 1947 eingebürgerte Löwenthal als Korrespondent zur Nachrichtenagentur *Reuter*, dann als außenpolitischer Leitartikler zum *Observer*, bevor ihn die *Freie Universität Berlin* auf den Lehrstuhl für Außenpolitik berief und so in seine Heimatstadt zurückholte, wo er 1991 starb.

Sein aus Wien stammender Freund Franz Borkenau hatte sich als Funktionär der *Kommunistischen Internationale* zur gleichen Zeit wie Löwenthal mit der stalinhörigen KPD überworfen. Sein Weg führte von Horkheimers *Institut für Sozialforschung* über Wien und Paris 1934 nach London, wo er später wie Norbert Elias in der universitären Erwachsenenbildung arbeiten sollte. Sein unter dem Titel *The Spanish Cockpit* erschienener Augenzeugenbericht über den Spanischen Bürgerkrieg steht in einer Reihe mit den Büchern George Orwells und → Arthur Koestlers. Nach dem Hitler-Stalin-Pakt und einer umfassenden Darstellung der Geschichte der Kommunistischen Internationalen legte Borkenau mit *The Totalitarian Enemy* eine der ersten Totalitarismus-Analysen überhaupt vor.

Richard Löwenthal, Politologe und Publizist. Er wurde am 15. April 1908 in Berlin geboren. Seit 1933 arbeitete er illegal für die Widerstandsgruppe *Neu Beginnen*. Im Sommer 1935 erhielt er den Auftrag, für sie im Ausland publizistisch tätig zu werden. Seine Exil-Stationen heißen Prag, London, wieder Prag, Paris und dann endgültig London. 1961 holte ihn eine Professur in seine Heimatstadt zurück. Dort starb er am 9. August 1991.

Franz Borkenau, Historiker, Kulturtheoretiker und Publizist. Er kam am 15. Dezember 1900 in Wien zur Welt. 1933 emigrierte er von Frankfurt aus über Wien nach Paris, danach nach London. 1947 holte ihn eine Marburger Professur aus dem Exil zurück, am 18. Mai 1957 starb er in Zürich.

Trotzdem wurde er 1940 interniert und nach Kanada deportiert. 1947 nahm er eine Professur in Marburg an, kehrte der Hochschule aber bald wieder den Rücken und arbeitete bis zu seinem Tod in einem Züricher Hotel im Mai 1957 als Publizist und freier Autor. Sein Hauptwerk, eine von Spengler und Toynbee ausgehende Kulturtheorie, blieb unvollendet.

Es geht weiter

durch den Hauptausgang vom *British Museum* auf die Great Russell Street. Ihr folgt man nach rechts (Westen) bis zur Bloomsbury Street, in die man links (gen Süden) einbiegt. Geradeaus über Oxford Street hinweg gelangt man in die Shaftesbury Avenue. Das *Shaftesbury Theatre* findet sich an dem kleinen, vom Verkehr umtosten Platz auf der linken Seite.

V orsintflutlich«, lautet im Herbst 1934 Bert Brechts knappes Urteil über das Londoner Theater. Nur ein Jahr nach dem Verdikt des Stückeschreibers auf Arbeitssuche kommt *Das Neue Tage-Buch* zu einer weit günstigeren Einschätzung: Die »Überpflanzung des Berliner Theaters von ehedem nach London« mache ständig Fortschritte, schreibt das in Paris erscheinende Emigranten-Blatt am 21. Dezember 1935 zufrieden – und meldet, daß nun auch Ernst Deutsch »den Übergang zur englischen Bühne« vollzogen habe. Tatsächlich ist die Liste prominenter deutschsprachiger Schauspieler, die Mitte der dreißiger Jahre ihr Auskommen in London suchen, lang. Allerdings lockt weniger das in der Tat künstlerisch zweitklassige **West-End**-Theater als vielmehr die britische Filmindustrie einen Ernst Deutsch, einen Conrad Veidt, → Fritz Kortner oder Oskar Homolka an die Themse: Der englische Film boomt, behauptet neben Hollywood seinen Anteil am englischsprachigen Markt und bietet, da zahlreiche Filme noch parallel in zwei Sprachen gedreht statt synchronisiert werden, schon seit Beginn des Jahrzehnts auch Autoren, Kameraleuten, Komponisten und Regisseuren vom Kontinent eine Chance. Vor allem der aus Ungarn stammende Regisseur und Produzent Alexander Korda, der in den zwanziger Jahren in Berlin gearbeitet hat, wird jetzt zur Anlaufstelle für die aus Deutschland fliehenden Künstler. Als die Branche nach 1938 kollabiert, wandert ein Großteil der exilierten Film- und Theaterwelt – wie übrigens auch Korda – weiter nach Kalifornien.

Ein typisches Beispiel ist Ernst Deutschs früher Regisseur Berthold Viertel. Der Karl-Kraus-Intimus hatte sich als Autor und Kritiker, erst recht aber als Spielleiter an den Bühnen von Wien, Berlin, München, Düsseldorf und Dresden einen Namen gemacht und erfolgreiche Filme gedreht, als ihn die *Twentieth Century Fox* 1928 nach Hollywood lotste. Anders als seine Frau Salka, die sich mit Greta Garbo anfreundete und als deren Drehbuchautorin große Erfolge feierte, hielt es Berthold Viertel nicht in Amerika. Im Herbst 1932 kehrte er nach Europa zurück und wollte Anfang 1933 in Berlin Hans Falladas *Kleiner Mann, was nun?* verfilmen, als ihn der Reichstagsbrand zur Emigration veranlaßte. Über Prag, Wien und Paris ging er im Oktober 1933 nach London, wo er bereits Ende 1932 auf Vermittlung Alexander Kordas mit der *Gaumont British* handelseinig geworden war.

Das erste Projekt, das Viertel für seine neuen Brötchengeber in Angriff nimmt, ist die Verfilmung von Ernst Lothars Roman *Kleine Freundin*. Obwohl der Regisseur keineswegs der einzige Emigrant

Berthold Viertel,
Elisabeth Bergner,
Lilli Palmer,
Walter Hasenclever,
Peter Zadek und
die Welt des Films
und Theaters

**Shaftesbury Theatre
210 Shaftesbury Avenue,
W.C. 2**

Der wichtigste Magnet für Filmschaffende aus Deutschland und Österreich in London war der aus Ungarn stammende **Alexander Korda** (1893 bis 1956), damals der bedeutendste unabhängige Produzent in Großbritannien. Er hatte in Wien, Berlin, Paris und Hollywood gedreht, bevor er sich 1932 an der Themse niederließ. 1938 geriet Korda in eine finanzielle Krise und verlor die Kontrolle über seine Denham-Studios, 1940 bis 1943 war er wieder in Hollywood. In London lebte er in 81 Radlett Place, N.W. 8.

Berthold Viertel (links
neben der Kamera stehend)
bei den Dreharbeiten
zu »Little Friend«, 1934

Berthold Viertel,

Schriftsteller und Regisseur.
Er kam am 28. Juni 1885 in
Wien als Sohn eines Möbel-
händlers und einer Regen-
schirmverkäuferin zur Welt
und machte in Deutschland
und Österreich als Regisseur
und Theaterleiter Karriere.
Viertel emigrierte im Herbst
1933 nach London, wo er sich
bis Mai 1939 vorwiegend aufhielt. Danach ging er in die
USA. Im Oktober 1948 kehrte
er vorübergehend nach London
zurück, wechselte von dort in
die Schweiz und 1949 in seine
Heimatstadt Wien. Hier starb
er am 24. September 1953.
Viertels Londoner Adressen
waren 20 Hyde Park Place, W. 2
und 2 High Point, North Hill,
N. 6.

Nachgelesen

Christopher Isherwood:
Praterveilchen. Frankfurt
(Suhrkamp) 1998.

im Stab ist – → Fritz Kortner etwa, der bereits in Berlin zu Viertels
Ensemble *Die Truppe* gehört hatte, spielt in *Little Friend* einen
Riesen –, versinkt er bald in melancholischer Einsamkeit. Das jedenfalls legt Christopher Isherwoods 1946 erschienener Roman *Prater
Violet* nahe. Der englische Schriftsteller, dessen *Goodbye to Berlin*
später die Grundlage des *Cabaret*-Films mit Liza Minelli wurde,
stand Viertel als bilingualer Drehbuchschreiber zur Seite – eine
Zusammenarbeit, an die er sich in seinem *Praterveilchen* erinnert.
In der Figur des Friedrich Bergmann zeichnet Isherwood ein iro-
nisch-einfühlsames Porträt des skurril-eigensinnigen Regisseurs
aus Wien, der am Exil leidet und in den Rankünen der besinnungs-
los weiterwurstelnden Branche unterzugehen droht. Viertel flieht
nach Abschluß der Dreharbeiten für einige Monate zu seiner Frau
Salka nach Santa Monica – nur um 1935 seinen nächsten englischen
Film anzupacken. *The Passing of the Third Floor Back* basiert auf
einem Drama Jerome K. Jeromes, die Hauptrolle spielt ein international gefeierter Emigrant: Conrad Veidt, der seit dem *Cabinet des
Dr. Caligari* Filmgeschichte geschrieben hat, seit 1933 in England
dreht und dort mit *The Wandering Jew, Jew Süss, King of the Damned* oder *The Thief of Bagdad* an seine UFA-Erfolge anschließen
kann, bevor er 1940 in die USA weiterzieht.

Berthold Viertels zweiter langer England-Aufenthalt scheint
unter einem besseren Stern zu stehen als das erste Zwischenspiel:
Zu seinem 50. Geburtstag am 28. Juni 1935 besucht ihn Salka, im
August bezieht er mit seiner inzwischen ebenfalls nach London emi-

grierten Schwester Helene und deren Mann, dem Tenor Wilhelm Bruckner-Karplus, eine gemeinsame Wohnung in **Highgate**, er verliebt sich in die englische Schauspielerin Beatrix Lehmann, die in *The Passing of the Third Floor Back* die Miss Kite darstellt. Andererseits verstört ihn bei einem Wien-Besuch die politisch mißverständliche Haltung seines Mentors und Freundes Karl Kraus – und er setzt sich mit seinem dritten *Gaumont*-Film *Rhodes of Africa*, in dem sein alter Freund Oskar Homolka mitspielt, gehörig in die Nesseln: Statt der erwarteten Glorifizierung des britischen Imperialismus liefert der Streifen eine Parabel auf den Nazi-Staat. Der unbotmäßige Österreicher erhält daraufhin keinen neuen Vertrag mehr und verläßt Großbritannien im Sommer 1936, kehrt aber schon im Mai 1937 mit dem Ziel wieder, doch noch im britischen Filmgeschäft, dessen Konjunktur soeben ihren Scheitelpunkt erreicht, Fuß zu fassen. Aber diese Hoffnung trügt. Viertel wendet sich verstärkt der Schriftstellerei zu, verdient mit Beiträgen für Exilzeitschriften jedoch nur mäßig und ist auf die Unterstützung seiner Frau Salka und seiner Geliebten Beatrix Lehmann angewiesen. Beim Einmarsch der Nazis in Österreich geht 1938 der Satz seines Lyrikbandes *Der Lebenslauf*, der in Wien erscheinen soll, verloren. Wenigstens kann er nun ein einziges Mal in seinen insgesamt fünf Londoner Jahren an einem Theater arbeiten: Im Januar 1939 hat seine Inszenierung von Max Cattos Mord- und Schauerdrama *They Walk Alone* mit Beatrix Lehmann in der Hauptrolle am *Shaftesbury Theatre* Premiere. Doch Berthold Viertels Londoner Theaterdebüt ist zugleich seine Abschiedsvorstellung: Im Mai 1939 läuft seine Aufenthaltsgenehmigung aus, er geht für acht schwere Jahre in die USA. »Wir sind, mein Kind, nie mehr zuhause«, heißt es in dem dort 1941 erschienenen Gedicht *Auswanderer*, »vergiß das Wort, vergiß das Land / Und mach im Herzen eine Pause – / Dann gehn wir. Wohin? Unbekannt.« Im Oktober 1947 kommt er nochmals für kurze Zeit nach London: Sein Freund Heinrich Fischer hat ihm eine Stelle beim → Deutschen Dienst der *BBC* verschafft, für den er einige Features einrichtet. 1948 kehrt Berthold Viertel auf den Kontinent, 1949 in seine Heimatstadt Wien zurück, wo er am 24. September 1953 stirbt.

Ungleich erfreulicher als diejenige ihres Regie führenden Landsmannes begann die Londoner Karriere Elisabeth Bergners. Die herausragende Schauspielerin der Weimarer Republik war im November 1932 an der Themse eingetroffen, wo sie bereits 1930 eine

Einer der wenigen deutschsprachigen Schauspieler, die sich dauerhaft und mit Erfolg an der Themse niederließen, war Adolf Wohlbrück (1896 bis 1965). Er hatte an der Seite von Reinhold Schünzel in *Viktor und Viktoria*, als Johann Strauß im *Walzerkönig* und als Maler Heideneck in Willi Forsts *Maskerade* geglänzt, bevor er 1936 via Frankreich und Hollywood nach London ging, wo sich der stets elegante, unterkühlt agierende Max-Reinhardt-Schauspieler fortan Anton Walbrook nannte und bis in die fünfziger Jahre hinein zwölf Filme drehte. In Herbert Wilcox' *Victoria The Great* eroberte der homosexuelle Jude als Prinzgemahl Albert vor allem die Herzen der englischen Damenwelt. Londons ›beliebtester Junggeselle‹ lebte in 69 Frognal, N.W. 3.

Elisabeth Bergner,

Schauspielerin. Sie wurde am
22. August 1897 in Drohobycz
(Galizien) geboren und wuchs
in Wien auf. Ihre ersten Erfolge
feierte sie während des Ersten
Weltkriegs in Zürich. Die Bergner brach die Herzen Albert
Ehrensteins, Wilhelm Lehm-
brucks und Alexander Moissis,
in den zwanziger Jahren stand
sie an der Seite von Alexander
Granach, Ernst Deutsch, Conrad Veidt, Heinrich George,
Albert Bassermann oder Emil
Jannings in Deutschland und
Österreich auf der Bühne und
vor der Kamera. Im November
1932 reiste sie zu Dreharbeiten nach London, wo Hitlers
›Machtergreifung‹ sie zur
Emigrantin machte. Sie zog
nach einigen Jahren in London
zunächst nach Huntersdale in
Egham, im Sommer 1940 übersiedelte sie in die USA. 1950
kehrte sie nach London zurück
und starb dort am 12. Mai 1986.
Elisabeth Bergners Londoner
Adressen lauteten Admiral's
House, Admiral's Walk, N.W. 3
und 3 The Grove, N. 6.

Der Filmautor **Carl Mayer**
(20. Februar 1894 – 1. Juli 1944)
schrieb unter anderem die
Drehbücher für Robert Wienes
Das Cabinet des Dr. Caligari
und F. W. Murnaus *Der letzte
Mann*. Schon in Berlin hatte er
auch mit Paul Czinner zusam-
mengearbeitet. Er kam über
Frankreich nach London, wo er
– teils ungenannt – weiter an
Drehbüchern mitwirkte.

englische Parallelfassung ihres *Ariane*-Films aufgenommen hatte. An diesen Erfolg wollte sie nun gemeinsam mit ihrem Vertrauten, Manager und Filmregisseur Paul Czinner, den sie am 10. Januar 1933 in London heiratete, anknüpfen. Drei Wochen später wurde aus dem Arbeitsaufenthalt der Flitterwöchner ein Exil. Die Zeichen der sich anbahnenden ›neuen Zeit‹ hatte die in Wien aufgewachsene Künstlerin bereits bei ihrem letzten Auftritt in Berlin erkennen müssen: Am dortigen Staatstheater war die überragende Shakespeare-Darstellerin als Partnerin von Werner Krauss zum 70. Geburtstag Gerhart Hauptmanns in *Gabriel Schillings Flucht* zu sehen gewesen – und die geplante Verlängerung zu Krauss' Entgeisterung schon Wochen vor Hitlers Ernennung zum Reichskanzler wegen Elisabeth Bergners nichtarischer Blutzusammensetzung abgesagt worden. Wenige Monate später hatte sich Werner Krauss freilich mit dem arisierten Theater arrangiert. Als er Elisabeth Bergner im Sommer 1933 in London traf, war sie über seinen Opportunismus so empört, daß sie das Ausflugsboot, in dem sie mit ihm auf der Themse ruderte, zum Kentern bringen wollte – obwohl auch sie Nichtschwimmerin war.

Tatsächlich hat sich Elisabeth Bergner anders als mancher Kollege sofort und unmißverständlich entschieden. Sie engagiert sich vehement in Hilfsorganisationen für weniger bekannte Hitler-Flüchtlinge, unterstützt ihren mittellos in der Schweiz sitzenden Freund und frühen Förderer Albert Ehrenstein ebenso wie Hilfsaktionen Else Lasker-Schülers, besorgt Carl Mayer, dem wohl bedeutendsten Drehbuchautor des deutschen Films, in London Asyl und Arbeit und versucht, auch Carl Zuckmayer an die Themse zu holen. Vor allem aber stürzt sie sich ins Studium der englischen Sprache, die sie bereits im Sommer 1933 so gut beherrscht, daß sie an einer *BBC*-Radiofassung von Ibsens *Wildente* mitwirken kann. Im September beginnen die Dreharbeiten an Czinners Film *Catherine the Great*, in dem Douglas Fairbanks jr. ihr Partner ist. Der Streifen erweist sich als Kassenschlager, der Erlös der Londoner Premiere im Februar 1934 geht an ein Flüchtlingskomitee. Als die deutsche Fassung im März in die Kinos kommen soll, erlebt Berlin inszenierte Publikumsproteste gegen »die ausgewanderte Jüdin Bergner«. Das sogleich folgende Aufführungsverbot der Reichskulturkammer ist auch ein Signal an die britische Industrie, daß Filme mit Emigranten von nun an in Deutschland keinen Markt mehr finden werden.

Elisabeth Bergner hat inzwischen aber auch die Herzen des englischen Theaterpublikums erobert und, nach einer Vorpremiere in

Manchester, am 8. Dezember 1933 mit Margaret Kennedys *Escape Me Never* im *Apollo Theatre* ein umjubeltes Londoner Bühnendebüt gefeiert. Monatelang gibt sie täglich eine, manchmal sogar zwei Vorstellungen des ihr auf den Leib geschriebenen Stückes. Dessen Triumphzug ist in Klaus Manns Gründgens-Roman *Mephisto* – in dem die Bergner im Gewand der Dora Martin auftritt – übrigens ebenso festgehalten wie das Verbot ihres *Katharina*-Films. Erst ein akuter Schwächeanfall stoppt die überanstrengte Schauspielerin vorübergehend. Doch schon bald dreht sie die Filmfassung des Erfolgsstückes, mit dem sie in der ersten Jahreshälfte 1935 auch bei einer Amerika-Tournee reüssiert. Unterdessen ist in London zwischen George Bernard Shaw und James Barrie ein Wettlauf um die Gunst des Stars aus Österreich entbrannt: Während Shaw sie drängt, seine *Saint Joan*, die in Deutschland zu ihren Paraderollen gehörte, auch in England auf die Bühne zu bringen, gibt der Autor des *Peter Pan* seine seit 15 Jahren währende Abstinenz auf und schreibt eigens für die Bergner wieder ein Stück. Zu ihrem Nachteil gibt sie dem Werben beider nach: Ohne so recht von Barries *The Boy David* überzeugt zu sein, spielt sie den biblischen Knaben erstmals am 14. Dezember 1936 in *His Majesty's Theatre*. Eine frühere Premiere hatte ein Blinddarmdurchbruch der Hauptdarstellerin verhindert, deren Skepsis vom mäßigen Erfolg des als altmodisch empfundenen Dramas bestätigt wird. Nicht besser ergeht es ihr mit dem eifersüchtigen Shaw, auf dessen Drängen sie in Malvern die *Johanna* spielt. Zwar erhält sie auch diesmal freundliche Kritiken, doch die Rolle, die ihr auf Deutsch so vertraut ist, will ihr in der neuen Sprache und ohne ausreichende Proben einfach nicht recht passen. Fatalerweise besucht Shaw entgegen allen Absprachen auch noch eine Matinee, in der sie ihre strapazierten Kräfte für die Abendvorstellung schont – und ist zutiefst enttäuscht von ihrer Leistung. Pläne, Shaws Stück gemeinsam mit Czinner zu verfilmen, scheitern ebenfalls, während die Zusammenarbeit mit ihrem Mann sonst die gewohnten Früchte trägt, etwa, als sie mit Laurence Olivier ihr zweites Paradestück, Shakespeares *As You Like It*, aufnimmt.

Im Juli 1938, als immer neue Flüchtlinge nach England drängen und Elisabeth Bergner sich angesichts »der unzähligen Juden, für die ich jetzt zu sorgen habe«, über ihre finanziellen Möglichkeiten Gedanken zu machen beginnt, erhält das Ehepaar Czinner einen britischen Paß. Der ist ein gutes Jahr später allerdings nur noch die Hälfte wert, denn die naturalisierte Emigrantin wird als »enemy alien« registriert. Das ist für die inzwischen nach Huntersdale in Sussex umgezogene Schauspielerin hinderlich, weil sie sich vor ihren Fahrten nach London jedesmal bei der Polizei melden muß. Vor allem aber kann sie kein Geld mehr ins Ausland schicken – und damit auch ihre nach Frankreich emigrierte Mutter nicht mehr unterstützen. Im Juni 1940 nutzt sie deshalb Filmarbeiten in Kanada, um sich mit Czinner in den USA niederzulassen. In England trägt ihr das – gerade auch von anderen Refugees – den Vorwurf der Fahnenflucht ein. In Hollywood hat sie keinen, am Theater in New York, wo sie sich mit Brecht anfreundet, für ihre Verhältnisse nur bescheidenen Erfolg. 1950 kehrt sie nach London zurück, glänzt dort und in Deutschland wieder auf der Bühne und arbeitet – häufig unter ihrem Niveau – für Film und Fernsehen. Am 12. Mai 1986 fällt ihr letzter Vorhang.

Nachgelesen
Elisabeth Bergner:
Bewundert viel und viel gescholten. Elisabeth Bergners unordentliche Erinnerungen.
München (Bertelsmann) 1978.

Lilli Palmer,

Schauspielerin und Autorin. Geboren wurde sie am 24. Mai 1914 in Berlin. 1933 emigrierte sie nach Paris, 1934 weiter nach London. 1946 ging sie nach Hollywood, 1960 ließ sie sich in der Schweiz nieder. Sie starb am 27. Januar 1986 in Los Angeles.

Lilli Palmers Laufbahn hatte gerade erst begonnen, als ihr die Nazis einen Strich durch die Karriereplanung machten. Nach Abitur, Schauspielschule, Bühnendebüt am Berliner Rose-Theater und einer ersten Saison am Hessischen Landestheater in Darmstadt durfte die junge Berlinerin auf ein Engagement in Frankfurt hoffen – da zog das dortige Schauspielhaus Anfang 1933 sein Vertragsangebot zurück. Der Grund lag auf der Hand, schließlich stießen die örtlichen Nationalsozialisten auch in Darmstadt Drohungen gegen Aufführungen mit der jüdischen Nachwuchsschauspielerin aus. Nach dem Ende der Spielzeit wollte sie daher sofort nach London emigrieren, hatte sie als Schülerin ihre Ferien doch regelmäßig in England verbracht und sprach die Landessprache fließend. Ihr Vater,

*Lilli Palmer,
erster Bühnenauftritt
in London, 1938*

Chirurg an der Charité, schickte seine neunzehnjährige Tochter aber erst einmal zu ihrer älteren Schwester nach Paris. Wiener Walzer singend und tanzend, mußten die beiden Berlinerinnen als unschuldig-naive »*Sœurs viennoises*« dort durch Nachtclubs und Cabarets tingeln – Deutsche waren 1933 an der Seine nicht allzu populär.

Ende 1934 kommt Lilli Palmer dann aber doch in der in Emigrantenkreisen berühmten Pension der ehemaligen Stummfilmschauspielerin Lo Harding in **Paddington** an: Alexander Korda hat sie in Paris gesehen und nach London eingeladen. Nur ist die Rolle, die er Lilli Palmer anbietet, so bescheiden, daß man ihre Besetzung mit einer Nichtbritin den Behörden auch beim besten Willen nicht als zwingend verkaufen kann. Eine englische Arbeitserlaubnis für die als Touristin eingereiste, noch völlig unbekannte Emigrantin scheint so in weite Ferne gerückt, als ein plötzlicher Personalengpaß in einem englischen Projekt der *Warner Brothers* die Wende bringt: Eine Rolle in dem Streifen *Crime Unlimited* ist offen, der US-Konzern fackelt nicht lange und beschafft der jungen Frau, die sein Problem lösen kann, die nötige Lizenz. Sie bedankt sich mit einer Leistung, die *Warner Brothers* dazu motiviert, ihr einen Dreijahresvertrag anzubieten. Doch wieder spielt das amtliche England zunächst nicht mit: Statt einer erneuten Arbeitsgenehmigung flattert Lilli Palmer die Ausweisung ins Haus. Diesmal erweist sich *Gaumont British* als eigennütziger Helfer aus der Not, der die so ehrgeizige wie talentierte Nachwuchskraft im Gegenzug für die Arbeitserlaubnis, die er ihr besorgt, langfristig an sich binden kann. Insgesamt wird Lilli Palmer bis 1939 in acht *Gaumont*-Produktionen zu sehen sein, darunter in Hitchcocks *The Secret Agent* und in Carol Reeds *A Girl Must Live*.

Für Lilli Palmer geht mit dem Vertragsabschluß der Traum von etwas materieller Sicherheit in Erfüllung: Sie kann sich ein kleines Auto leisten und mietet ein Haus in der **Parsifal Road** in **West Hampstead**, wohin sie auch ihre Schwestern und ihre inzwischen verwitwete Mutter holt. Dem Durchbruch im Kino folgt mit ihrem Debüt im *Garrick Theatre* 1938 der Erfolg auf der Bühne. Daß *Gaumont* ihren Vertrag 1939 kündigt und die Londoner Theater während des Kriegs nach und nach schließen, kann ihren Aufstieg nun nicht mehr stoppen. Sie dreht weiterhin Filme und tourt durch die Provinz, wobei sie ihren englischen Kollegen und ersten Mann Rex Harrison kennenlernt, den sie 1942 heiratet und 1946 nach Hollywood begleitet, wo sie an der Seite von Gary Cooper und Clark Gable vor der Kamera stehen wird. Vom englischen Kino hat sie sich mit *The Rake's Progress*, dem ersten gemeinsamen Film mit Harrison, und *Beware of Pity*, der Verfilmung von → Stefan Zweigs *Ungeduld des Herzens* an der Seite des 1936 nach London emigrierten Albert Lieven verabschiedet. Von 1954 an arbeitet sie gelegentlich wieder in Deutschland, 1960 zieht sie in die Schweiz. Als sie am 27. Januar 1986 stirbt, hat sie auch als Malerin und Schriftstellerin auf sich aufmerksam gemacht.

Konnten sich Regisseure und Schauspieler zumindest teilweise behaupten, so gelang es selbst erfolgsgewohnten Dramatikern selten, sich am Londoner Theater durchzusetzen. Ein Beispiel vollständigen Scheiterns bieten die Versuche Walter Hasenclevers, in England Fuß

Nachgelesen
Lilli Palmer:
Dicke Lilli – gutes Kind.
Zürich (Droemer Knaur) 1974.

zu fassen. Nach frühen expressionistischen Dramen – voran das 1916 mit Ernst Deutsch in einer geschlossenen Vorstellung urauf-geführte, revolutionäre Stück *Der Sohn* – hatte sich der gebürtige Aachener, der seit 1924 überwiegend in Frankreich lebte, schon in den zwanziger Jahren verstärkt der Komödie zugewandt. Anfang 1933 war er nach einem Deutschland-Besuch wieder nach Paris ge-reist und danach in Südfrankreich mit seinem alten Freund, dem Verleger Kurt Wolff, zusammengetroffen, als im Reich seine Wer-ke verbrannt wurden. Hasenclever war klar, daß er damit ein Exilant war – obwohl er sich anfangs mit politischen Äußerungen zurück-hielt und auch materiell so gesichert wähnte, daß er sich einige mondäne Monate an der Côte d'Azur leistete. Daß selbst ein nicht unbeträchtliches Vermögen einem Flüchtling allenfalls bedingte Ga-rantien bieten kann, mußte der Sohn eines tyrannischen Sanitäts-rats, den er selbst als einen »Vorgänger Onkel Adolfs« bezeichnete, jedoch nur zu bald erfahren: Als sein in Deutschland seit dem Früh-jahr verbotenes Stück *Mord* im November 1933 am Londoner *Gate Theatre* gegeben wurde, flossen die Tantiemen an den zur Ullstein-Gruppe gehörenden Arcadia-Verlag. Und der dachte gar nicht daran, sie an seinen verfemten Autor weiterzuleiten.

Im Frühjahr 1935 verließ der nun um sein Auskommen besorg-te Hasenclever das teure Frankreich und zog mit seiner Lebensge-fährtin Edith Schäfer für einige Zeit zu seiner Schwester auf die ju-goslawische Insel Sipan. Dann mietete er gemeinsam mit dem ihm befreundeten Ehepaar Schairer ein Haus in London, wo Reinhold Schairer, der Jurist und frühere Geschäftsführer der *Wirtschafts-hilfe der Deutschen Studentenschaft*, am *Institut für Internationale Studien* untergekommen war. Im September 1935 traf der Drama-tiker, der 1908 ein Semester in Oxford studiert und im Herbst 1931 mit Kurt Tucholsky in Ashford, Kent, an beider Satire *Christoph Kolumbus oder die Entdeckung Amerikas* gearbeitet hatte, in dem Häuschen in **Golders Green** ein. Dort warteten bereits seine Möbel, seine Bibliothek und der von Schairers Frau Gerda verwaltete Teil seiner in Gold angelegten Habe auf ihn. Es wartete auch Robert Klein, der frühere Leiter der Berliner Reinhardt-Bühnen, der seinem Autor von ehedem, der seit über zwei Jahren nichts mehr verdient hatte, sogleich ein gemeinsames Projekt vorschlug: eine ganz auf den ›typisch englischen‹ Publikumsgeschmack zugeschnittene Bou-levard-Komödie, etwas seicht zwar, doch erfolgversprechend. Das deutsche Duo gewann den einheimischen Dramatiker Hubert Grif-fith als Dritten im Bunde und machte sich ans Werk. Die *Ehekomö-*

Walter Hasenclever, Schriftsteller. Er wurde am 8. Juli 1890 in Aachen geboren und lebte von 1924 an vor-wiegend in Frankreich. Als Emi-grant verbrachte er 1935, 1936 und 1938 mehrere Monate in London. Am 20. Juni 1940 nahm er im französischen Lager Les Milles Veronal, tags darauf starb er in Aix-en-Pro-vence. Hasenclevers Londoner Anschrift lautete 27 Heathgate, N.W. 11.

die entstand – Klein lieferte die Idee und sollte sich um Geldgeber für eine Inszenierung bemühen, Hasenclever das Stück ausarbeiten und Griffith die englische Übersetzung besorgen. Doch Anfang 1936 geriet das Projekt ins Stocken. Und als *What Should a Husband Do* im Frühjahr 1937 endlich in New Brighton auf die Bühne kam und sich als völliger Flop erwies, hatte Hasenclever sich nicht nur mit Klein zerstritten, sondern England schon längst verlassen. Die hoffnungsvoll begonnenen Monate auf der nordatlantischen Insel waren dem vom Mittelmeer verwöhnten Dichter zunehmend schwer geworden. An Rheuma und Ischias leidend, vertrug er das britische Klima nicht, Konflikte mit Schairer zerrten an seinen Nerven, an Weihnachten schockierte ihn die Nachricht vom Selbstmord Tucholskys. »Er ist mutig vorangegangen«, schrieb er ahnungsvoll – und machte sich Vorwürfe, daß er einen Besuch bei seinem Freund verschoben hatte und ihn so nicht von dieser Verzweiflungstat abhalten konnte. Überdies erwiesen sich die Monate in London als finanzielles Fiasko: Die *Ehekomödie* stand vorerst nur auf dem Papier; von Gerda Schairer eingefädelte Versuche, das erste Exil-Drama *Münchhausen* in ihrem Heimatland Dänemark aufführen zu lassen, versandeten; Hasenclevers Bemühungen, im britischen Filmgeschäft eine Verdienstmöglichkeit zu finden, führten trotz seiner Hollywood-Erfahrung nicht über eine episodische Beschäftigung im April 1936 hinaus. Resigniert kehrte er dem Land, in dem er entgegen seinen Erwartungen kein Auskommen gefunden hatte, den Rücken und ging in die Toskana. Er kaufte in dem Dorf Lastra Signa bei Florenz ein Landgut, vertauschte »die Literatur mit dem Spaten« und verlebte gemeinsam mit Edith Schäfer als bäuerlicher Selbstversorger zwei vergleichsweise gute Jahre, die nur von einem längeren London-Besuch im März 1937 unterbrochen wurden: Auf Drängen Kleins, mit dem er sich wieder verständigen konnte, überarbeitete er die *Ehekomödie*; eine neue Chance an einer englischen Bühne bekam sie allerdings nicht. Hasenclever überschrieb Gerda Schairer sein in London deponiertes Goldvermögen – gegen die Garantie, bei Bedürftigkeit von seiner Freundin aufgenommen und versorgt zu werden.

Ende April 1938 geht auch das beschauliche Zwischenspiel in der Toskana jäh zu Ende: Anläßlich des bevorstehenden Staatsbesuchs Hitlers läßt Mussolini Hasenclever wie viele andere Nazigegner verhaften und zehn Tage lang in der mittelalterlichen Festung Massa einsperren. Nach seiner Freilassung fühlt sich der Flüchtling, dessen deutsche Papiere inzwischen ungültig sind, in Italien nicht mehr sicher und befürchtet die Abschiebung nach Deutschland. In London bemühen sich die Schairers sowie → Liesl und Bruno Frank, die zu einem Urlaub an die Themse zurückgekehrt sind, fieberhaft um eine Einreisemöglichkeit für den jetzt staatenlosen Schriftsteller. Dabei zahlt sich aus, daß Walter Hasenclever während seines ersten Londoner Halbjahrs nicht nur Mitglied der *Society of Authors* und der *League of Dramatists* geworden ist, sondern auch eine unbefristete Aufenthaltsgenehmigung in England erworben und seinen Wohnsitz in London zwar inoffiziell, nicht aber förmlich aufgegeben hat: Während die Konferenz von Evian ergebnislos über die Lösung des Flüchtlingsproblems verhandelt, erhält er ein englisches Fremdenpapier und ein Visum in seinen abgelaufenen deutschen Paß. Am 6. Juli 1938 ist er wieder in **Golders Green**. Er besucht den im benachbarten **Hampstead** lebenden → Sigmund Freud, trifft bei Spaziergängen oder der Eröffnung der Ausstellung verbotener deutscher und österreichischer Künstler in den *New Burlington Galleries* alte Bekannte wie → Kerr, → Toller, → Herrmann-Neiße – und schmiedet mit Robert Klein neue Theaterpläne. Tatsächlich entsteht in wenigen Wochen Hasenclevers letztes Stück, die Satire *Konflikt in Assyrien*, die den biblischen Esther-Stoff kurz vor dem November-Pogrom als Folie für eine bitterböse Parabel auf die Judenverfolgung in Deutschland nutzt. Doch auch diesmal hat Walter Hasenclever nicht vor, im ungeliebten England zu bleiben. Er glaubt, dank seiner langen Jahre in Frankreich gute Chancen auf einen französischen Paß zu haben und dann als Neufranzose ungefährdet nach Italien zurückkehren zu können. Um die Angelegenheit in Paris zu beschleunigen, reist er am 12. September aus London ab – diesmal auf Nimmerwiedersehen.

Statt der erhofften französischen Staatsbürgerschaft erhält Hasenclever jedoch nur seine förmliche Ausbürgerung aus dem Deutschen Reich. Damit sind alle Rückkehrpläne nach Lastra Signa gescheitert. Edith Schäfer verkauft das Landgut, das Paar läßt sich im südfranzösischen Cagnes nieder, von wo aus Hasenclever in Briefen an seinen Londoner ›Agenten‹ Robert Klein gegen die nach England emigrierte Sybille Binder wettert. Die aus Österreich stammende Schauspielerin spielt nämlich die Hauptrolle in dem von John Bullet übersetzten *Scandal in Assyria*, das John Gielgud für den *International Theatre Club at the Globe* inszeniert. Ihm und Sybille Binder gibt der Verfasser jetzt alle Schuld daran, daß das Stück nach der Premiere am 30. April 1939 nur noch eine Aufführung in London erlebt. Doch auch Kleins Bemühungen, die dezidiert politische Komödie in New York unterzubringen, scheitern – und damit alle Hoffungen Hasenclevers, von Frankreich in die USA überzusiedeln. Als der Zweite Weltkrieg beginnt, wird er von dem Land, in dem er so lange gelebt hat, zweimal interniert und zweimal freigelassen. Als die Deutschen im Frühsommer 1940 auf Paris vorrücken, begibt er sich freiwillig ins Lager Les Milles. Weil dort der dringend erwartete Evakuierungszug auf sich warten läßt, äußert sich Lion Feuchtwanger ihm gegenüber skeptisch über die Chancen, den Deutschen nochmals entkommen zu können. Am Abend des 20. Juni 1940 nimmt Walter Hasenclever Gift. »Ich habe fünf Tuben Veronal bei mir«, heißt es in seinem autobiographischen Roman *Irrtum und Leidenschaft*. »Gutes, echtes Veronal: für alle Fälle.« Der Zug, der am nächsten Tag in Les Milles eintrifft, kommt für Walter Hasenclever zu spät. Er stirbt am 21. Juni in einem Krankenhaus in Aix-en-Provence.

Einige wenige deutsche Theater-Karrieren beginnen aber auch im Londoner Exil. Peter Zadek ist erst sieben Jahre, als sein Vater die Emigration der Familie nach England durchsetzt. Denn in diesem Land kennt sich der jüdische Handelsreisende Paul Zadek aus. Bereits während des Ersten Weltkrieges war er hier interniert, dann in erster Ehe mit einer Schottin verheiratet gewesen. Noch 1933 lebt er davon, daß er jeweils die Hälfte des Jahres eine Berliner Knopf- und Gürtelfabrik in Großbritannien vertritt. Also überredet er seine noch keineswegs zur Auswanderung bereite Frau im Sommer zu einem England-Urlaub – und läßt kurzerhand die Möbel aus Berlin nachkommen. Die Familie wohnt zunächst im *Regent Palace Hotel*, wo sich Paul Zadek auch bei seinen Geschäftsreisen aufzuhalten pflegt, dann in den *Abingdon Mansions* am **Holland Park**. Bald floriert das neugegründete Im- und Exportgeschäft für Knöpfe und Gürtel und ermöglicht den Kauf eines Hauses in der **Hampstead Garden Suburb**. Als 1940 eine deutsche Bombe in den Hintergarten des Häuschens fällt, zieht die Familie nach Oxford, wo Peter Zadek Französisch und Deutsch zu studieren beginnt und 1944 bei einer universitären Shakespeare-Aufführung neben Richard Burton auf der Bühne steht. Eine Karriere als Geiger scheint dem musikalischen Philologie-Studenten zu diesem Zeitpunkt ebenso möglich wie die Hinwendung zum Theater. Die schließliche Entscheidung für die Bühne hängt auch damit zusammen, daß Zadek das Kriegsende als nach London zurückgekehrter Hilfslehrer erlebt. Denn in der nahe seinem Elternhaus gelegenen Schule kann er, dessen Phantasie eng-

Peter Zadek,

Regisseur. Er wurde am 19. Mai 1926 in Berlin geboren. Von 1933 bis 1960 lebte er in London und zeitweise in Oxford, dann kehrte er nach Deutschland zurück. Das Londoner Elternhaus befindet sich in 90 Hampstead Way, N.W. 11.

lische Kinderbücher und die großen Märchenrevuen im benachbarten *Hippodrome* von **Golders Green** geprägt haben, erstmals die Aufführungen einer ehrgeizigen Laientruppe inszenieren. Im *Laterndl*, dem kleinen Theater des → *Austrian Centre* am **Swiss Cottage**, lernt er deutschsprachiges Kabarett kennen, bei der *Freien Deutschen Jugend*, deren Anfänge in **Belsize Park** der SED-Staat später lieber verschweigen wird, trifft er andere, aus Deutschland stammende »junge Leute, die Theater machten«, darunter Renee Goddard, mit der er alsbald zusammenzieht. Die 1923 in Berlin geborene Tochter des in Buchenwald ermordeten KPD-Politikers Werner Scholem und Nichte Gershom Scholems ist nach der Flucht ihrer Mutter aus Nazihaft im Haus des zionistischen Anwalts Norman Bentwich aufgewachsen, studiert an der *Royal Academy* und spielt auf diversen Emigraten-Bühnen vom *Laterndl* bis zur *Blue Danube*, bevor sie nach dem Krieg in den Theatern, Rundfunkanstalten und Fernsehstationen Englands und Deutschlands reüssieren wird.

1946 besucht Zadek die *Old Vic Theatre School*, die er allerdings nach nur einem Jahr wieder verlassen muß, weil er sich über das Verbot, außerhalb der Schule zu inszenieren, hinweggesetzt hat. Schließlich heiratet er die ebenfalls aus Deutschland stammende Filmcutterin Gitta Blumenthal, die er über Renee Goddard und seinen Freund, den späteren Lyriker und Feldenkrais-Therapeuten Franz Wurm kennengelernt hat. Er beschäftigt sich mit Ausdruckstanz, inszeniert an Provinzbühnen und Londoner Zimmertheatern, arbeitet beim Film und für das Fernsehen der *BBC*, produziert Jean Genets *Die Zofen* und findet mit dessen *Balkon* 1957 am *Arts Theatre* erstmals größere Beachtung, ohne wirklich den Durchbruch zu schaffen. Der wird ihm Ende der fünfziger Jahre mit seinen ersten Arbeiten in der Bundesrepublik gelingen. 1960 holt ihn Kurt Hübner nach Ulm. Die Karriere eines immer wieder Aufsehen erregenden Regisseurs kann ihren Lauf nehmen.

Nachgelesen

Peter Zadek: *My Way. Eine Autobiographie. 1926–1969.* Köln (Kiepenheuer und Witsch) 1998.

Zur U-Bahn

Wer noch etwas Zeit zum Bummeln hat: Über Neal oder Endell Street kommt man zum Covent Garden, über Monmouth Street zum Leicester und Trafalgar Square, durch Shaftesbury Avenue zu Piccadilly Circus und nach Soho. Die nächstgelegenen U-Bahnstationen sind Tottenham Court Road und Holborn.

DRITTER SPAZIERGANG

Ein Tag
in Hampstead

Einem über seine schwere Krankheit verzweifelten Engländer, erzählt ein in den vierziger Jahren bekannter Witz, sei ein nach London emigrierter Spezialist aus Berlin empfohlen worden. Der Mann
findet den richtigen Hinterhof in **Hampstead**, aber keine Türschil-
der. Also ruft er kurz entschlossen »Herr Professor …« – worauf sich
sämtliche Fenster des Mietshauses öffnen.

Die Anekdote mag gut erfunden sein, ebenso wie die Behauptung, in London, North West Three, seien zur fraglichen Zeit selbst
die Busstationen auf Deutsch ausgerufen worden. Sicher ist: In
Hampstead war Deutsch so selbstverständlich wie heutzutage Tür-
kisch in Kreuzberg. Ob in **West Hampstead**, **Belsize Park** oder **Swiss
Cottage**: Hier sammelte sich jene deutschsprachige, meist jüdische
oder von Hitler zu Juden gemachte Intelligenz, die in Berlin, Wien
oder Prag ihres Lebens nicht mehr sicher war. Die Wohnungen
zumal in **Hampsteads** südlicheren Quartieren waren erschwinglich
und das alte Künstlerviertel, in dem sich schon Daniel Defoe »so
close to heaven« gefühlt hatte, bot gerade den Kreativen ein halbwegs vertrautes Milieu. Im achtzehnten und neunzehnten Jahrhundert hatten etwa die Maler John Constable, Thomas Gainsborough
und William Hogarth sowie der Dichter John Keats in **Hampstead**
gelebt, das *Spaniard's Inn* an der **Hampstead Heath**, über die auch
Friedrich Engels und Karl Marx Sonntag für Sonntag samt Familie
spaziert waren, war die Stammkneipe von Lord Byron, Dickens und
Shelley gewesen. Später hatte sich der dank seiner *Lady Chatter-
ley* sowie Frieda von Richthofens auch in Deutschland berüchtigte
D.H. Lawrence in **Hampstead** niedergelassen, jetzt nahmen Henry
Moore, Piet Mondrian, Naum Gabo, Agatha Christie, Daphne du
Maurier und Stephen Spender hier Quartier. Eine Tradition, die sich
– Namen wie Peter O'Toole, Ronald D. Laing, Sting, Boy George,
Norman Forster oder James Stirling beweisen es – auch nach dem
Zweiten Weltkrieg fortsetzen sollte und einen Ausflug zum ›Mont-
martre Londons‹ allein schon lohnt.

Den frühen, oft prominenten Emigranten aus Deutschland und Österreich folgte bald eine ganze deutschsprachige Kolonie, 1941 waren rund fünfundzwanzig- der sechzigtausend Einwohner Hampsteads ›aliens‹. Die Tour durch den Londoner Norden, für die man möglichst den ganzen, auf jeden Fall aber einen halben Tag einplanen sollte, beginnt am U-Bahnhof **Belsize Park**, der mit der Northern Line erreichbar ist, nur wenige Gehminuten von den *Isokon Flats*, die vorübergehend Walter Gropius und andere ›Bauhäusler‹ beherbergten, und vom Sitz des *Freien Deutschen Kulturbundes* in der **Upper Park Road** entfernt. Auf dem weiteren Weg liegen drei Museen, alle sehenswert, eines Pflicht: das Wohn- und Sterbehaus Sigmund Freuds, dessen Behandlungs- und Arbeitsräume seit seinem Tod 1939 unverändert erhalten wurden. Unterwegs begegnet man so bekannten Namen wie Ernst Toller und Elias Canetti, Vergessenen wie dem einst berühmten Links-Pazifisten Kurt Hiller, Wiederentdeckten wie dem Komponisten Berthold Goldschmidt oder in Deutschland immer noch erst zu Entdeckenden wie dem Maler und Schriftsteller Fred Uhlmann.

Der Rundgang endet am **Swiss Cottage**, der Drehscheibe der deutschsprachigen Kolonie in **Hampstead**, die von den besagten Busfahrern denn auch als »Schweizer Häuser« annonciert worden sein soll. Hier spielte die österreichische Kleinkunstbühne → *Laterndl* Nestroy, Raimund und Jura Soyfer, hier konnte man sich bis 1997 mit einem Wiener Schnitzel oder Mehlspeisen in *Cosmo's Restaurant* an **5 Northways Parade**, **Finchley Road** stärken, und hier kann man den Tag in **Hampstead** noch immer mit einer ›österreich-ungarischen‹ Süßigkeit im gegenüberliegenden *Loui's Café* beschließen. Wer danach noch weiterbummeln möchte: In Hampstead selbst ist → Lilli Palmer auf dem kleinen Friedhof in der **Church Row** begraben, im *Admiral's House* am **Admiral's Walk** wohnte → Elisabeth Bergner. Wenige Schritte südlich von **Swiss Cottage** beginnt mit **Saint John's Wood** ein bedeutender Ausläufer dieses Zentrums der Emigration. In der allerdings nicht mehr sehenswerten **38 Boundary Road, N.W. 8** etwa hatte der aus Wien stammende Dr. Joseph Suschitzky einen großen deutschsprachigen Buchladen. *Libris* wurde nicht nur zu einem Treffpunkt aller Literaten, das Geschäft hielt auch den gesamten literarischen Expressionismus in spottbilligen Erstausgaben auf Vorrat und ermöglichte so dem in den nahegelegenen *Grove End Gardens* residierenden → Karl Otten seine berühmten Anthologien. Michael Hamburger schließlich, der Dichter und große Vermittler zwischen deutscher und englischer Literatur, wuchs in **45 St. John's Wood Park** auf und lebte später in **65 Alexandra Road, N.W. 8**. Die am U-Bahnhof **Swiss Cottage** haltende Jubilee Line fährt zurück in die Stadtmitte, aber auch ins nördlich an **Hampstead** grenzende **Golders Green**. In dem noch immer sichtbar jüdisch geprägten Stadtteil erinnert ebenfalls mehr als nur die nach → Leo Baeck benannte Kultusgemeinde daran, daß das ›deutschsprachige London‹ sich einst bis hierher erstreckte.

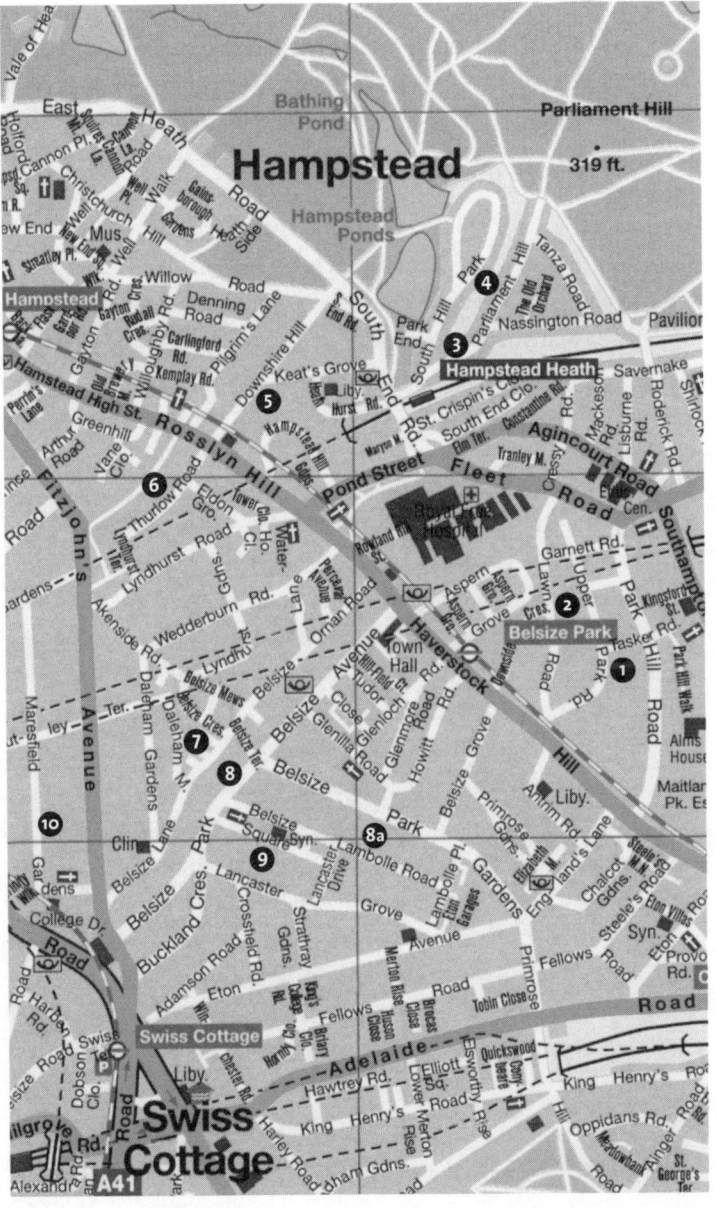

1 **36 Upper Park Road, N.W. 3**
Der Freie Deutsche
Kulturbund,
Jürgen Kuczynski
und Agnes Bernelle

2 **Isokon 1, Lawn Road, N.W. 3**
Walter Gropius

3 **3 Parliament Court,**
Parliament Hill, N.W. 3
Dosio Koffler
und Kurt Hiller

4 **15 Parliament Hill, N.W. 3**
Hans Flesch-Brunningen

5 **47 Downshire Hill, N.W. 3**
Fred Uhlmann

6 **8 Thurlow Road, N.W. 3**
Elias und Veza Canetti
und ihr Kreis

7 **13 Belsize Crescent, N.W. 3**
Berthold Goldschmidt,
Rudolf Bing und
das Glyndebourne Festival

8 **27 Belsize Park, N.W. 3**
8a **1 Lambolle Road, N.W. 3**
Ernst Toller

9 **Belsize Synagogue**
Belsize Square, N.W. 3
Der Club 43,
Mechtilde Lichnowsky,
Hans José Rehfisch,
Hans Jaeger, Grete Fischer
und Hermann Friedmann

10 **20 Maresfield Gardens, N.W. 3**
Sigmund und Anna Freud

D er Name war klug gewählt: Als sich der informell bereits im Dezember 1938 im Hause → Fred Uhlmanns gegründete *Freie Deutsche Kulturbund* am 1. März 1939 auch förmlich konstituierte, lehnten sich seine kommunistischen Mitinitiatoren nicht zufällig an den *Kulturbund Deutscher Juden* an, der es sich zum Ziel gesetzt hatte, die kulturelle Identität der verfolgten jüdischen Gemeinschaft in Hitlers Reich so lange wie möglich zu wahren. Seit Ende 1938 floh sein Publikum in großer Zahl nach London. Und was konnte für die in Großbritannien halblegal arbeitenden deutschen Kommunisten näher liegen, als das jüdische Bürgertum, das nun aus Deutschland nach London strömte, für sich und ihre ›Volksfront‹-Politik zu gewinnen? Direkte politische Agitation war ihnen untersagt – und die im Programm des *FDKB* festgelegten Ziele wie die Erhaltung einer »freien deutschen Kultur«, die Verständigung mit dem englischen Volk und und die Solidarität aller demokratischen und freiheitsliebenden, mithin antifaschistischen Kräfte konnten nicht nur Kommunisten unterschreiben. So wurden denn zuerst → Alfred Kerr, dann → Oskar Kokoschka Präsident des *FDKB*, in dessen Vorstand vor ihrer Übersiedelung nach Amerika auch → Stefan Zweig und → Berthold Viertel noch einige Zeit mitwirkten. Im Kuratorium saßen ›bürgerliche‹ englische Intellektuelle wie der frühere *Times-Chef* und intime Deutschland-Kenner Henry Wickham Steed, der Schriftsteller J.B. Priestly oder George Bell, Lordbishop of Chichester. Der Freund → Dietrich Bonhoeffers und ›Schutzengel‹ der Flüchtlinge in der anglikanischen Kirche war es auch, der dem nach dem Vorbild eines englischen Clubs organisierten – und damit nicht der Zensur unterliegenden – Verband Ende 1939 Räume für ein Vereinsheim in der **Upper Park Road** überließ. Und die in die fünf Sektionen Literatur, Theater, Musik, Malerei und Wissenschaft gegliederte *Free German League of Culture* wuchs schnell, hatte bald tausend Mitglieder.

Ein voller Erfolg für die KPD also? Nicht ganz, denn zum ersten war den deutschen Sozialdemokraten die Mitgliedschaft im *FDKB* von ihrer Parteileitung ebenso verboten worden wie ihren österreichischen Genossen die im → *Austrian Centre*. Vor allem aber machte Stalin höchstselbst seinen deutschen Vasallen in London einen Strich durch die Rechnung. Ein Blick in die Memoiren des bedeutenden marxistischen Wirtschaftshistorikers Jürgen Kuczynski verrät, warum. Der Sohn eines ebenfalls nach London emigrierten Statistik-Professors und gewerkschaftsnahen Wirtschaftsfachmanns, der im Exil an der *London School of Economics* Demographie lehrte,

Der Freie Deutsche Kulturbund, Jürgen Kuczynski und Agnes Bernelle

36 Upper Park Road, N.W. 3

Hinweg

Zum U-Bahnhof Belsize Park gelangt man mit der Northern Line (Richtung Edgware). Am Ausgang geht man nach links den Haverstock Hill hinunter und biegt nach links in die Upper Park Road ein. An der Verzweigung mit Lawn Road bleibt man rechts auf Upper Park Road. Nummer 36 ist das Eckhaus zur Tasker Road.

Am Wegesrand

In der Tasker Road liegen die berühmten Mall Studios, in denen Barbara Hepworth, Ben Nicholson und Henry Moore lebten. Letzterer logierte allerdings länger in der nahen Parkhill Road (Nummer 11 A), wo auch Piet Mondrian wohnte (Nummer 60). Unweit entfernt in Maitland Park Road hatte bereits Karl Marx elf Jahre lang auf Höhe der heutigen *The Grange Flats* gelebt. In dem modernen Block namens *Barn Field*, der in der Upper Park Road nach Überquerung der Tasker Road folgt, war in den dreißiger Jahren W.H. Auden Mieter.

Jürgen Kuczynski, um 1940

Jürgen Kuczynski,
Wirtschaftshistoriker. Er wurde
am 17. September 1904 in Elber-
feld geboren und emigrierte
1936 nach London. Mit amerikanischen Truppen kehrte er
im April 1945 nach Deutschland zurück, im November des
gleichen Jahres holte ihn Walter Ulbricht nach Ost-Berlin.
Er starb am 6. August 1997 im
›wiedervereinigten‹ Berlin.

war im Herbst 1936 im Auftrag der KP-Leitung nach London gekommen und übernahm dort die Führung seiner deutschen Genossen. Er war bis 1933 Wirtschaftsredakteur der *Roten Fahne* gewesen, hatte exzellente Verbindungen in bürgerliche Kreise und in die
USA, wo er längere Zeit wissenschaftlich gearbeitet hatte. Eine wichtige Aufgabe des neuen Londoner ›Polleiters‹ Kuczinsky, der sich
seine Instruktionen in Paris abholte: die Durchsetzung der ›Volksfront‹-Linie der *Komintern*. Er nahm Verbindung zum *Luncheon
Club* Fritz Demuths auf, in dem sich der Vorsitzende der *Notge-
meinschaft Deutscher Wissenschaftler im Ausland* mit anderen, so
Kuczynski, »wohlanständigen Bürgern« wie dem Historiker Veit
Valentin, dem konservativen Ex-Minister Treviranus oder → Rudolf
Olden traf, er unterhandelte mit dem gelegentlich in London wei-
lenden Hubertus Prinz von Löwenstein, dem *Neu-Beginnen*-Mann
→ Richard Löwenthal und mit Otto Lehmann-Russbüldt, dem nach
Großbritannien emigrierten Gründer der *Deutschen Liga für Men-
schenrechte*. Der Clou war aus Sicht Kuczynskis und seiner Genos-
sen – zu denen etwa Kurt Hager, der als »Kuba« bekannt gewordene
Parteibarde Kurt Barthel, der Spanienkämpfer Hans Kahle und der
KPD-Spitzenfunktionär Wilhelm Koenen zählten – die Gründung
des *FDKB*. Noch mehr als drei Jahrzehnte später war der Strippen-
zieher auf sich stolz:

*»Da ich damals Polleiter war, erhielt ich die erste Mitgliedskarte, die ich
noch besitze, die aber die Nummer 251 trägt; weil ich den überpartei-
lichen Charakter auch in Einzelheiten betonen wollte, hielt ich es für
falsch, daß ich die Mitgliedsnummer 1 erhielt, die wie auch möglichst
viel andere ›frühe‹ Nummern Parteilosen oder anderen Parteien Angehörenden vorbehalten bleiben sollten.«*

Kaum hatte der *FDKB* zu arbeiten begonnen, bremste der Hitler-
Stalin-Pakt weitergehende Ambitionen der Kommunisten aber erst
einmal aus: Zwar gelang es Kuczynski, Moskaus Bündnis mit den
Nazis seinen eigenen, ebenfalls verunsicherten Genossen als mei-
sterhaften Schachzug zum Schutz der Sowjetunion zu verkaufen.
Doch den kompletten Kehrtschwenk der Parteioberen, die nach der
Kriegserklärung Englands und Frankreichs an Stalins neuen Partner im September 1939 die Parole ausgaben, dabei handle es sich
nicht um einen gerechten Kampf gegen die Faschisten, sondern um
einen imperialistischen Waffengang, hatte selbst er nicht rechtzeitig mitbekommen. Auch wenn Kuczynski die höheren Einsichten
der *Komintern* schleunigst nachvollzog, »wohlanständigen Bür-

gern« waren derlei Moskauer Eingebungen kaum zu vermitteln. Die Kommunisten hielten sich also zunächst bedeckt, leisteten vor allem die unverzichtbare organisatorische Kleinarbeit und der *FDKB* entwickelte sich erst einmal weitgehend ungestört tatsächlich zu einem Kulturbund, der im Mai 1940 bereits eintausendzweihundertsechsundzwanzig Mitglieder zählte, darunter einhundertzwei Briten. 1942 übernahm der *FDKB* schließlich das ganze Anwesen **36 Upper Park Road**, es entstanden – wie zuvor schon im → *Austrian Centre* – ein Café, ein Restaurant, eine Bibliothek mit sechstausend Bänden und mehrere Veranstaltungsräume. Der Club unterhielt eine eigene Monatszeitschrift, verlegte in seiner Schriftenreihe etwa die Anthologie *Verbannte und Verbrannte*, gründete eine *Freie Deutsche Hochschule*, deren Ehrenpäsidentschaft Albert Einstein übernahm. An Wochentagen wurden Vortrags- und Diskussionsabende, Lesungen und Konzerte organisiert, die Höhepunkte des kulturellen Lebens der deutschen Kolonie in **Hampstead** stellten jedoch die Theaterabende an den Wochenenden dar, deren Stellenwert auch eine clubeigene Schauspielschule unterstrich.

Bereits vor der Eröffnung der eigenen Räume hatte die aus *FDKB*-Mitgliedern bestehende Theatergruppe *Four and Twenty Black Sheep* im Hochsommer 1939 mit ihrer Revue *Going, Going – Gong* im *Arts Theatre* in der **Great Newport Street** rund fünftausend zahlende Zuschauer erreicht und auch in der britischen Presse Anerkennung gefunden. Aus den ›Schwarzen Schafen‹ ging nun ein eigenes Ensemble hervor, das – wie das österreichische → *Laterndl* – aus professionellen Kräften bestand, die sich tagsüber mit nichtkünstlerischen Jobs durchzuschlagen hatten und abends zum Theaterspielen zusammenfanden. Spielstätte war ein Raum im Vereinsheim, der achtzig Zuschauern und einer Spielfläche von sechs auf zwei Metern Platz bot. Der Name der Truppe: *Kleine Bühne*, scherzhaft auch *Nudelbrett* genannt. Ihre Spezialität: politisches Kabarett in »Refugeespeak« und »True Hampstead Dialect«, einer Mischung aus »Deutsch und Englisch mit französischem Akzent«, die in Programmen wie *In Hampstead Heath ist Holzauktion* ein vorwiegend, aber nicht ausschließlich deutschsprachiges Publikum fand. Zu den Stützen der *Kleinen Bühne*, die nach einer gelungenen Premiere mit *Was bringt die Zeitung?* im Frühsommer 1940 wegen der einsetzenden Internierungen, des massiven Bombenkrieges sowie eines Umbaus ihres Theatersaals lange Zeit nur kleinere Aufführungen inszenieren konnte und bis zum Januar 1942 auf die Vorstellung ihrer zweiten großen Revue warten mußte, gehörten neben ihrem

Nachgelesen
Jürgen Kuczynski:
Memoiren. Die Erziehung des J. K. zum Kommunisten und Wissenschaftler. Ost-Berlin und Weimar (Aufbau-Verlag) 1973.

Agnes Bernelle und
Rudolf Bernauer bei einer
britischen Propaganda-
sendung gegen Hitler

Agnes Bernelle,
Schauspielerin. Sie wurde als
Agnes Bernauer am 7. März 1923
in Berlin geboren. Im Herbst
1936 holte sie ihr bereits zuvor
emigrierter Vater, der Theaterleiter Rudolf Bernauer, nach
London. Dort reüssierte sie an
den Theatern des West End
und wurde schließlich zu einer
der bekanntesten Schauspiele-
rinnen Irlands.

künstlerischen Leiter Erich Freund bekannte Berliner Kräfte wie
die Schauspielerin und Diseuse Annemarie Hase sowie der Sketch-
autor und Hausregisseur Fritz Gottfurcht. Gelegentlich beteiligten
sich auch → John Heartfield oder der Film- und Chansonkomponist
→ Mischa Spoliansky.

Die eigentliche Entdeckung der *Kleinen Bühne* war freilich
die sechzehnjährige Agnes Bernauer, die Tochter des ehemaligen
Reinhardt-Schauspielers Rudolf Bernauer, der als Partner von Carl
Meinhard zu einem der großen Theaterleiter Berlins geworden war
und die Drehbühne ›erfunden‹ hatte. Bernauer, 1880 in Wien geboren, war auch als Dramatiker und Drehbuchautor hervorgetreten,
bevor er 1933 als Jude Berufsverbot erhielt. 1935 wurde er aus der
Reichsschrifttumskammer ausgeschlossen und emigrierte nach
London, wohin er im Herbst 1936 seine Tochter nachholte, deren
nichtjüdische Mutter den beiden erst unmittelbar vor Kriegsbeginn
folgte. Der Krieg vereitelte auch die Hoffnungen der jungen Agnes,
die in Berlin bereits als Kind auf der Bühne gestanden hatte, an
ein englisches Theater zu gelangen. Ihre Bemühungen, über Freunde ihres renommierten Vaters zum Erfolg zu kommen, hatten ge-
mischten Erfolg: Während → Elisabeth Bergner das junge Talent
bei ihrer Sprachlehrerin Flossie Friedmann unterbrachte, wurde
→ Richard Tauber bei einem Besuch in seiner Garderobe im *Hippo-*
drome von **Golders Green** zudringlich; → Jack Bilbo überredete den
ungewöhnlich hübschen Backfisch, ihm – unter Aufsicht seiner Frau
– für einen Akt Modell zu stehen, der sich dann als eher abstraktes
Gemälde erweisen sollte. Tagsüber verdiente die noch nicht Sieb-

Aufführung von
»Mr. Gulliver Goes to School«
an der Kleinen Bühne, 1942

zehnjährige als Kindermädchen und Hilfslehrerin etwas Geld, abends verhalfen ihr Auftritte an der *Kleinen Bühne* zu einem winzigen Zubrot und jenen grundlegenden Erfahrungen, die Agnes Bernauer zu Agnes Bernelle, der außergewöhnlichen → Brecht-Interpretin und bekanntesten Schauspielerin Irlands, reifen ließen.

Nachgelesen

Agnes Bernelle: *Schöneberg –*
West End. Das Theater meines
Lebens. o. O. (Bollmann) 1997.

    Rudolf Bernauer jedoch unterbrach die vielversprechende *Nudelbrett*-Karriere seiner Tochter, die im erfolgreichsten Kabarett-Programm des FDKB, der monatelang gespielten Revue *Mr. Gulliver Goes to School*, mit ihren mittlerweile 19 Jahren bereits eine tragende Rolle übernommen hatte, für eine Weile und schickte die protestierende Agnes zu Peter Herz in den *Blue Danube Club*. Nicht etwa aus künstlerischen Gründen: Im Gegensatz zur *Kleinen Bühne* schien das aus dem *Stacheldraht Kabarett* eines Internierungslagers hervorgegangene Theater, das Mitte 1941 die Spielstätte des nach **69 Eton Avenue** umgezogenen → *Laterndl* in **153 Finchley Road** übernommen hatte, dem besorgten Papa politisch zuverlässig. Denn im *FDKB* hatten sich die Kommunisten nach dem deutschen Überfall auf die Sowjetunion wieder aus der Deckung gewagt, fanden sie sich doch nun nicht nur erneut in einer Front mit Deutschlands geflüchteter Intelligenz, sondern sogar mit dem ›britischen Imperialismus‹ wieder. Und diesmal setzte sich die plötzlich in einem Tritt mit Churchill marschierende Londoner Garde Stalins durch: Der aus der Internierung zurückgekehrte Jürgen Kuczynski und seine Genossen – voran der erst 1937 in London der KPD beigetretene Volkswirtschaftsprofessor Alfred Meusel – hielten Vorträge zu zuvor im *FDKB* verpönten politischen Themen, um so eine »neue freie

Mr. Gulliver

Goes to School

Programm der FDKB-Revue
»Mr. Gulliver Goes to School«,
1942

deutsche Kulturentwicklung in einem vom Hitlerfaschismus befreiten Deutschland« vorzubereiten. An der *Kleinen Bühne* lösten ›seriöse‹ Stücke wie Goethes *Iphigenie* und Kleists *Amphytrion* die frechen Kabarett-Programme ab, und im September 1943 wurde der zuvor autonome *Freie Deutsche Kulturbund* der kommunistisch beherrschten *Freien Deutschen Bewegung in Großbritannien* eingegliedert. Prominente Mitglieder wie → Hans Flesch-Brunningen, der bis dahin die Schriftsteller-Sektion des *FDKB* geführt hatte, der Dramatiker → Hans José Rehfisch oder der Theaterkritiker Monty Jacobs traten daraufhin aus dem *Kulturbund* aus und gründeten den wesentlich kleineren → *Club 43*. Die Bedeutung der 1946 in einen *Heinrich-Heine-Club* überführten und 1947 endgültig aufgelösten *Free German League of Culture* für den moralischen und kulturellen Zusammenhalt der deutschprachigen Emigration sollten diese Machtkämpfe freilich nicht schmälern: Insgesamt kamen geschätzte hunderttausend Besucher zu den über eintausend Veranstaltungen, die während des Krieges in dem Haus an der **Upper Park Road** stattfanden.

Bedeutung sollte der *FDKB* aber besonders für die DDR behalten, der die Aktivisten der Londoner KPD-Gruppe nun ihr Kulturverständnis aufprägen konnten: Jürgen Kuczynski, der 1940 mit seinem vierzigbändigen Mammutwerk über *Die Geschichte der Lage der Arbeiter im Kapitalismus* begonnen hatte, war 1945 sogar als amerikanischer Offizier nach Deutschland zurückgekehrt und sollte zum bedeutendsten Wirtschaftshistoriker seiner so realsozialistischen wie deutschen Republik werden. Dort, aber auch im Westen, brachte der Intimus Walter Ulbrichts wie Erich Honeckers das Kunststück fertig, als ›Querdenker‹ zu gelten. Alfred Meusel prägte als Professor in Ost-Berlin die Geschichtsschreibung der SED maßgeblich, »Kuba« feierte, von → Brecht gerügt, die Niederwerfung des Aufstandes vom 17. Juni 1953 und der im *Kulturbund* kaum in Erscheinung getretene Kurt Hager wurde gar zum Chefideologen seiner Partei. Schließlich brachte die *Freie Deutsche Bewegung*, als deren Kulturorganisation der *Freie Deutsche Kulturbund* endete, in London auch die *Freie Deutsche Jugend* hervor.

Es geht weiter
nach links durch die Garnett Road zur Lawn Road. An der Einmündung finden sich auf der gegenüberliegenden Straßenseite schräg links die am Jahrtausendwechsel zur Ruine verkommenen *Isokon Flats*. In den Wintermonaten bietet es sich an, den Fußweg rechts des Gebäudes durch das *Belsize Wood Nature Reserve* hinaufzusteigen. Die kahlen Bäume und Büsche geben dann den Blick auf die elegante Wohnseite der *Isokon Flats* frei.

A ls Flüchtling hat er sich nicht verstanden, und daß er de facto emigriert war, wohl erst bemerkt, als er das Kapitel London beendet und den Ruf nach Harvard angenommen hatte. Denn Walter Gropius war als Architekt und Kunstorganisator ein Revolutionär, politisch war er bestenfalls unpolitisch. Schon als *Bauhaus*-Direktor hatte er versucht, sein ›Kind‹ aus der Politik herauszuhalten – und in Dessau wie Weimar erleben müssen, daß es mit der Macht linksliberaler Bündnisse stand oder fiel. Doch Konsequenzen hatte der Wandsbecker Husar und mehrfach verwundete Weltkriegsoffizier daraus nicht gezogen. Ja, er wollte seinem Vaterland gegenüber selbst dann noch ›loyal‹ bleiben, als es von jenen Kräften regiert wurde, die ihn und seine Mitstreiter jahrelang als »Kulturbolschewisten«, als Erbauer eines »deutschen Kulturreichs jüdischer Nation« und Architekten von »Seelensilos« diffamiert und gegen alles polemisiert hatten, wofür er als Künstler, Lehrer und Sozialingenieur stand. Gropius wartete indessen erst einmal ab, beteuerte, daß er »durch und durch deutsch und preußisch« sei – und daß die »Entwicklung der modernen Architektur nichts, aber auch gar nichts mit irgendeinem politischen System zu tun« habe.

Irritierendes Wort eines Mannes, der sich gleich nach der Novemberrevolution dem *Arbeitsrat für Kunst* angeschlossen, 1921 das Weimarer Märzgefallenen-Denkmal zur Erinnerung an die im Kampf gegen den Kapp-Putsch gefallenen Arbeiter geschaffen und 1927 ein Totaltheater für Erwin Piscator entworfen hatte, der jetzt gegen die ›Gleichschaltung‹ des *Deutschen Werkbundes* stritt und einen Mitarbeiter feuerte, weil der im Braunhemd in seinem Berliner Büro auftauchte. Doch andererseits bewegte der Glaube, Architektur habe nichts mit Politik zu tun, Gropius dazu, Goebbels' *Reichskulturkammer* beizutreten und der *Deutschen Arbeitsfront* den Entwurf eines hakenkreuzbeflaggten *Hauses der Arbeit* anzudienen. Beides freilich half ihm nicht: Walter Gropius blieb im ›neuen‹ Deutschland ohne Aufträge. Er hatte deshalb durchaus nichts dagegen, als ihm im Dezember 1933 auf Vermittlung seines Freundes László Moholy-Nagy eine Ausstellung im *Royal Institute of British Architects* in London angetragen wurde. Dafür, meinte sein englischer Verbindungsmann Morton Shand, eigne sich das Werk eines »rein deutschen Architekten« und »ganz und gar deutschen Staatsbürgers« nämlich bei weitem besser als das des »vaterlandslosen« Erich Mendelsohn, der gleich nach der ›Machtergreifung‹ über Amsterdam nach London emigriert war und bis 1939 zwischen England und Palästina pendelte, wo der Architekt des berühmten

Walter Gropius

Isokon 1, Lawn Road, N.W. 3

Walter Gropius, Architekt und Publizist. Der Gründer des *Bauhauses* wurde am 18. Mai 1883 als Sproß einer Architekten-Dynastie in Berlin geboren. Nach einer Londoner Ausstellung seiner Arbeiten im Frühsommer 1934 übersiedelte er im Herbst des Jahres in die englische Hauptstadt; im März 1937 emigrierte er in die USA. Nach dem Zweiten Weltkrieg auch wieder in Deutschland tätig, starb der damals bekannteste Architekt der Welt am 5. Juli 1969 in Boston.

Potsdamer Einstein-Turms Häuser für Chaim Weizmann und Sal-
man Schocken baute.

Man sieht: Unverhohlener Antisemitismus war keine Spezialität
der Nazis. Auch Gropius selbst verstand die Melodie zu spielen,
wenn er sich keinen anderen Rat mehr wußte. Als ihn etwa seine
Frau Alma 1918 mit Franz Werfel hintergangen hatte – ganz so, wie
wenige Jahre zuvor mit ihm Gustav Mahler – war die Ursache für
ihn ausgemacht: »Dein herrliches Wesen«, schrieb er Alma den
Scheidungsbrief, »ist vom jüdischen Geist zersetzt worden. Einmal
wirst Du zu Deinem arischen Wesen zurückkehren, und dann wirst
Du mich verstehen ... «

Walter Gropius, Mitte 1934 – das ist ein Mann von über fünfzig
Jahren, der nicht herausfindet aus seiner verstörend ambivalenten
Haltung einem Regime gegenüber, das er sehr wohl als verbreche-
risch durchschaut. Ein Mann, dem andererseits wirtschaftlich das
Wasser bis zum Halse steht, der deshalb über Arbeitsmöglichkeiten
im Ausland nachsinnt und mit seiner Londoner Ausstellung gerade
erst einen Erfolg gefeiert hat, als aus England ein weiteres über-
raschendes Angebot eintrifft: Jack Pritchard, Begründer und Chef
der *Isokon Ltd.*, eines auch in der Möbelbranche tätigen Bauunter-
nehmens, ist an seiner Mitarbeit interessiert und will ihm die nötige Arbeitserlaubnis in Großbritannien beschaffen. Gropius besorgt
sich das Placet der deutschen Behörden, erhält sein Berliner Büro
samt großer Wohnung als Rückversicherung aufrecht und kommt
am 18. Oktober in London an: mit einer auf ein halbes Jahr befristeten deutschen Ausreisegenehmigung und dem Vorsatz, vor jeder
Festlegung zunächst einmal das Terrain zu sondieren.

Pritchard hielt für Gropius nicht nur den Architekten Maxwell
Fry als Partner, sondern auch eine Wohnung bereit: das Apartment
15 in seinen unter dem Namen *Isokon 1* firmierenden Lawn Road
Flats, in dem der ›Wirtschaftsflüchtling‹ aus Deutschland und seine
Frau Ise sechs Monate lang kostenlos Kost und Logis erhalten soll-
ten. Gebaut von Wells Coates, beherbergte das eben erst fertig-
gestellte und für die moderne Architektur in Großbritannien bahn-
brechende Haus in den dreißiger Jahren neben Gropius dessen
›Mit-Bauhäusler‹ Marcel Breuer, László Moholy-Nagy und später
Arthur Korn, aber auch britische Künstler und Intellektuelle wie
Agatha Christie. Außerdem fanden sich zahlreiche Mitglieder der
›Künstlerkolonie‹ in **Hampstead** – so etwa Henry Moore, der sich
wie Herbert Read, Ben Nicholson sowie später auch Piet Mondrian
und Naum Gabo in den *Mall Studios* und der nahen **Parkhill Road**

Isokon Flats, 1996

installiert hatte – als Gäste in der von Breuer eingerichteten, haus-
eigenen *Isobar* ein. Zu weiteren Dienstleistungen, auf die die Bewohner der *Isokon Flats* zurückgreifen konnten, gehörten neben der
fürs England jener Tage ungewöhnlichen Zentralheizung auch Bet-
tenmachen und Schuheputzen, Mahlzeiten aus einer Zentralküche
und Gemeinschaftseinkäufe, über die Gropius monatlich je zwanzig
kleine Flaschen Ale und Stout sowie eine Flasche Scotch bezog.

Die Voraussetzungen, sollte man meinen, stimmten also, zumal
Gropius in Pritchard und Fry zwei engagierte und kreative Partner
gefunden hatte, die ihn – wie er dankbar vermerkte – warm und
freundschaftlich aufgenommen hatten. Doch obwohl er London von
wiederholten Besuchen kannte, lebte sich der Mann, der sich noch
keineswegs endgültig von Deutschland verabschiedet hatte, nur
schwer in der neuen Umgebung ein:

*»Die ›füße‹, die ›pfunde‹ und die verdammte sprache verlangsamen das
glücklich erkämpfte arbeitstempo um ein vielfaches. am schwierigsten
wird es uns, den adam dem hiesigen klima anzupassen. eine vernünfti-
ge heizung ist in england ziemlich unbekannt, scharfer luftzug ist, als
angeblich bazillentötend, geradezu organisiert; dafür liegt aber alles mit
erkältungen im bett und läßt sich von der einen seite am kamin rösten,
während auf der anderen seite kalter durchzug durch die zimmer geht.
der dicke nebel sorgt dafür, daß man die unverbrannten partikel der alt-
modischen kamine buchstäblich zu fressen bekommt. warum tut der
engländer garnichts gegen die mißstände? ich glaube, aus puritanischer
selbstkasteiung, denn genauso ist es mit dem futter; es wird geradezu so
zubereitet, daß es niemandem richtiges vergnügen machen kann.«*

Am Rand notiert

Die 1934 von Wells Coates errichteten *Isokon Flats* stellen für
den Architektur-Historiker Nico-
laus Pevsner den Durchbruch
der britischen Architektur in die
Moderne dar. Den regen Austausch ihrer Bewohner mit den
Künstlern der benachbarten
Mall Studios rühmte der dort
lebende Schriftsteller und Kunstkritiker Herbert Read als so
»closely and intimately as artists
of Florence and Siena had lived
and worked in the Quattrocen-
to«. In einem »Ugliest Building
Competition« der Zeitschrift
Horizon wurden die *Isokon Flats*
1946 auf den zweiten Platz gewählt.

Trotzdem, fährt Gropius fort, fühle er sich nicht unwohl, denn die Engländer seien menschlich anziehende Leute, die ihm mit wohltuender Achtung begegneten. Auch hoffe er, über ein bereits in Angriff genommenes Projekt in Manchester hinaus »hier mehr wie genug zu tun zu bekommen – wenn, ja wenn ich mich überhaupt entschließen kann, länger als ein halbes Jahr hier zu bleiben«.

Es sollten zweieinhalb Jahre daraus werden – obwohl sich das Projekt in Manchester, genannt *Isokon 2*, ebenso zerschlug wie weitere Planungen für Pritchard, die nie übers Entwurfsstadium hinauskamen. Nur vier von zwölf Bauvorhaben, an denen sich Gropius in seinen englischen Jahren beteiligte, wurden realisiert – und alle vier waren in Bürogemeinschaft mit Maxwell Fry geplant: die Wohnhäuser für Ben Levy in **Chelseas Church Street** (direkt neben einem von Erich Mendelsohn für den Verleger Dennis Cohen entworfenen Haus) und für J.G.S. Donaldson in Shipbourne, Kent, das Village College, eine Art zentrale Reformschule für die Landbevölkerung, in Impington, Cambridgeshire, und ein Filmentwicklungslabor für die Brüder → Korda in Denham, Buckinghamshire. Das Denham-Gebäude brachte Gropius zwar das beträchtliche Honorar von siebenhundert Pfund ein, doch insgesamt mußte er sich bald eingestehen, daß sein Vorhaben, sich in England eine tragfähige Existenz aufzubauen, nicht recht gelingen wollte: Er sei, schrieb er im Oktober 1935 an Pritchard, »ein schlechtes Geschäft für Isokon, und Sie dürfen mir glauben, daß ich mich selbst auf meinem Posten nicht sehr wohlfühle.« Doch Jack Pritchard fühlte sich seinerseits für Gropius' wenig erquickliche Situation verantwortlich und bat seinen Schützling, ihn nicht für eine »verkümmerte Pflanze« zu halten, die ihn »für nichts und wieder nichts« nach London gelockt hat. Immerhin stützte die »verkümmerte Pflanze« Gropius nach wie vor finanziell – wie Leonard und Dorothy Elmhirst, die auf *Dartington Hall*, einem Landsitz bei Totnes, Devonshire, ein in seinen Grundsätzen dem *Bauhaus* nicht unähnliches, aber breiter angelegtes Erziehungs- und Kulturzentrum gegründet hatten. Dort wurden nicht nur neue land- und forstwirtschaftliche Methoden gelehrt, es standen auch Textil-, Töpfer- und Möbelwerkstätten sowie eine eigene Kunstabteilung mit Ateliers, Musik- und Tanzschule sowie Theater zur Verfügung. Das Institut wurde neben Gropius, der kleinere Aufträge und Beratungstätigkeiten für *Dartington Hall* erledigte, auch mehreren anderen Emigranten zum Rettungsanker, darunter dem avantgardistischen Tänzer, Choreographen und Ballettleiter Kurt Jooss samt seinem Ensemble *Ballets Jooss*.

*Walter Gropius
in seinem Londoner Büro,
1935*

Walter Gropius indessen können gelegentliche Schecks aus *Dartington Hall* und Designs für Aluminium-Teekannen und *Isokon*-Möbel nicht ersetzen, was er sich von England erhofft hat: Bauaufträge. Angebote zu Vorträgen und Publikationen schlägt er mehrfach aus, wobei die immer wieder angeführten Skrupel wegen seiner trotz eines Kurses an der *Anglo-German Academy* mangelhaften Englischkenntnisse bisweilen nur der Vorwand für politische Vorsicht sind: Gerade weil es in England nicht so vorwärtsgeht, wie er will, achtet Gropius peinlich darauf, sich eine mögliche Rückkehr nach Berlin nicht zu verbauen. Ein Einwand gegen das von Frank Pick verfaßte Vorwort zu seinem beim Londoner Verlag Faber and Faber erscheinenden Buch *Die Neue Architekur und das Bauhaus* spricht Bände: Man möge, bittet Gropius, allzu deutliche Hinweise auf seinen gegenwärtigen Aufenthaltsort vermeiden und wie er selbst nur von einem »Besuch in England« sprechen und die Zustände im ›Reich‹ als »Übergang« beschreiben, müsse er andernfalls in Deutschland doch »höchst unerfreuliche Folgen« für sich befürchten. Zum Beispiel den Unmut deutscher Behörden oder die »Sperrung meines Bankkontos«.

Tatsächlich galt Gropius' Zurückhaltung inzwischen wohl eher dem Schutz von noch in Deutschland lebenden Verwandten und Freunden sowie besagten materiellen Rücksichten als ernsthaften Rückkehrplänen: Heimatreisen im Frühjahr 1935, um sein Berliner Büro, und im Herbst 1936, um seine Charlottenburger Wohnung aufzulösen, hatten ihm gültige Eindrücke »der sehr gespannten und aggressiven Atmosphäre dort« verschafft. Doch obwohl seine »schollligen Gefühle« immer weiter schwanden und er Mitte 1936 eine unbefristete Aufenthaltserlaubnis in England beantragte, legte Gropius immer noch Wert darauf, daß »ich nach wie vor deutscher Untertan bin und hier mit der vorschriftsmäßigen Genehmigung der gegenwärtigen Regierung arbeite«, weshalb er es nicht zulassen könne, »daß mein Name in Verbindung gebracht wird mit einem Angriff auf mein Heimatland«. Kurz nach der Niederschrift dieser Zeilen reiste er Ende November 1936 ein drittes Mal nach Deutschland, diesmal um in Erfurt vor dem Landgericht zugunsten des ehemaligen Merseburger Landrats Guske auszusagen. Kaum aus dem Zeugenstand entlassen, sei er von der Gestapo mitgenommen und eine Stunde lang verhört worden, so Gropius nach seiner Rückkehr nach London in einer brieflichen Beschwerde beim Präsidenten des Gerichts. Doch damit nicht genug:

Leuchtreklame für die »Ballets Jooss«, London, Ende 1935

Der Tänzer, Choreograph und Ballettmeister **Kurt Jooss** wurde am 12. Januar 1901 in Wasseralfingen geboren. Nach dem spektakulären Erfolg seines pazifistischen Tanzdramas *Der grüne Tisch* war der Gründer des *Folkwang-Tanztheaters* in Essen im Sommer 1933 im Rahmen einer Europatournee mit seiner Truppe nach London gekommen. Dort nahm er unter dem Eindruck heftiger Angriffe der NS-Presse das Angebot der Elmhirsts an und machte *Dartington Hall* zum Stammsitz seines Ensembles *Ballets Jooss*. 1940 mußten alle Ausländer den küstennahen Landsitz in Devonshire verlassen, Jooss wurde interniert, erhielt nach seiner Freilassung aber den Auftrag, 1942 an der *Sadler's Wells Opera* Mozart zu inszenieren. Auch die *Ballets Jooss* nahmen ihre Arbeit – jetzt mit Cambridge als Basis – wieder auf. 1947 löste sich das Ensemble wegen knapper Finanzen auf. Nach einem Chile-Aufenthalt kehrte Kurt Jooss 1949 an die *Folkwangschule* zurück, um – als Lehrer etwa von Pina Bausch – dem modernen Tanztheater seinen Platz in Deutschland zurückzuerobern. Er starb am 22. Mai 1979 in Heilbronn.

»*Auf der Rückfahrt nach London wurde ich am nächsten Morgen aus dem Schnellzug geholt und kreuzverhört. Als nichts Unkorrektes gefunden werden konnte, entließ man mich ohne Entschuldigung für diesen Zwischenfall. Erst nach fünfstündigem Zeitverlust konnte ich weiterreisen und mußte mir telegrafisch dazu von holländischen Freunden Geld beschaffen, um am selben Tage mit dem Nachtschiff weiterfahren zu können, da das Tagesschiff, für das mein Billet allein galt, längst abgefahren war (…)*«

Gropius protestierte nicht nur gegen »diese entwürdigende Behandlung«, die ihn als »loyalen deutschen Staatsbürger« auf eine Stufe mit »politisch oder kriminell Verdächtigen« stelle, er zog nach dieser »Beeinträchtigung meiner Ehre« den längst fälligen Strich unter das Kapitel Deutschland und stellte fest: »es ist das land der verlorenen persönlichen freiheit.« Außerdem waren mittlerweile Avancen aus Harvard in London eingetroffen, die Gropius nicht nur Arbeit, sondern endlich auch finanzielle Sicherheit versprachen. Er nahm an – und die deutschen Behörden legten ihrem reisewilligen »loyalen Staatsbürger« auch diesmal keinen Stein in den Weg. Unter dem Datum Freitag, 12. März 1937, notierte Gropius »9.0 Uhr Abfahrt USA« in seinen Taschenkalender. Marcel Breuer, der Gropius schon nach London gefolgt war, schloß sich ihm auch diesmal an.

Es geht weiter

nach rechts (Osten) die Lawn Road hinunter und nach links die Fleet Road hinauf. Man stößt auf die Kreuzung am South End Green, die man nach schräg rechts in Richtung Bahnhof Hampstead Heath überquert. Dort zweigt rechts South Hill Park von der South End Road ab. An der Straßengabel mit Parliament Hill steht rechter Hand *Parliament Court*.

S eine Helden in der deutschen Literatur heißen Goethe und Karl Kraus. Und ihrer bedient sich Dosio Koffler, als er 1941 seine Satire *Die deutsche Walpurgisnacht* schreibt: Mephisto zeigt Goethe, Schiller und Nietzsche in einem imaginären Flug über Deutschland die Wirklichkeit des ›Dritten Reichs‹, konfrontiert Weimar mit dem Konzentrationslager Buchenwald. Die Montage aus literarischem Zitat und Passagen aus Nazi-Reden und Berichten aus Hitler-Deutschland findet nicht nur in Emigrantenkreisen ein großes Echo. Selbst Lloyd George, Churchills Generalsekretär, gratuliert dem Verfasser, die Szenenfolge erscheint 1942 auch auf Englisch – mit einem Vorwort von Henry Wickham Steed, dem einflußreichen früheren Chefredakteur der *Times*. Eine Filmgesellschaft interessiert sich für die Rechte – und obwohl das Projekt letztlich platzt, kann Dosio Koffler sich von seinem Honorar doch endlich eine gemütliche kleine Wohnung leisten. Hier lüftet er nachts den Vorhang, um den Sternenhimmel zu betrachten – und wird von seiner Portiersfrau wegen Verstoßes gegen das kriegsbedingte Verdunkelungsgebot angezeigt. Übrigens hat er nur einen Teil des Geldes für das Domizil am **Hampstead Heath** ausgegeben. Der Löwenanteil floß in eine seltene Shakespeare-Ausgabe – und in ein Exlibris, das sein Schauspieler-Idol Josef Kainz als Mephisto zeigt.

Der Mann, der Sensibilität und literarische Bildung mit politischem Biß zu kombinieren wußte, wurde 1882 im galizischen Cecova als Sohn einer jüdischen Familie mit Landbesitz geboren, die um die Jahrhundertwende nach Berlin zog. Dort verbrachte er seine Jugend, geriet in Wien in den Bann von Karl Kraus, auf dessen Seite er sich im Streit des Wiener Chefkritikers mit seinem Berliner Kontrahenten → Alfred Kerr rückhaltlos stellte. Inzwischen war Koffler selbst mit Satiren hervorgetreten und hatte durch seine Begegnung mit → Berthold Viertel zum Film gefunden. 1934 floh er nach Prag. Dort hielt er sich finanziell durch Hopfenaufkäufe im Familienauftrag über Wasser, schrieb die Komödie *Liebesinsel* – und traf auf einen ungleich bekannteren Kollegen, der in mancherlei Hinsicht das genaue Gegenteil Dosio Kofflers zu sein schien: Kurt Hiller. Der schwor auf → Alfred Kerr, den er für den größten deutschen Stilisten seit Nietzsche hielt, er war aufbrausend, von schneidender Arroganz und in mancher Hinsicht auch schlicht ein Original. So führte der berühmt-berüchtigte Pazifist und selbstgenannte Geistesaristokrat sich wegen des phonetischen Anklangs seines Namens auf Rabbi Hillel, den legendären Begründer einer

Dosio Koffler und Kurt Hiller

3 Parliament Court, Parliament Hill, N.W. 3

Dosio Koffler,
Autor. Er wurde am 15. April 1892 in Cecova (Galizien) geboren und emigrierte 1935 nach Prag. Ende 1938 floh er nach London, wo er am 6. April 1955 starb.

Nachgelesen

Dosio Koffler: *Die deutsche Walpurgisnacht. Ein Spiel in fünf Szenen*. Mit einem Nachwort von Karl Riha. Mannheim (Persona) 1987.

Kurt Hiller,
Publizist und Politiker. Er wurde am 17. August 1885 in Berlin geboren. 1933 und 1934 war er in mehreren Konzentrationslagern, dann gelang ihm die Flucht nach Prag. Im Dezember 1938 entkam er von dort nach London, 1955 kehrte er nach Deutschland zurück. Er starb am 1. Oktober 1972 in Hamburg. Die Londoner Adresse Irmgard Littens, die ihn in ihrem Haus aufnahm, lautete 2 Clifton Gardens, N.W. 11; später wohnte er in 48 Woodstock Avenue, N.W. 11.

großen talmudistischen Schule und Zeitgenossen Jesus von Naza-
reths, zurück und rief seinen ›Vorvater‹ – auch revolutionärer Adel
verpflichtet – prompt zum »linken Flügelmann der Pharisäer« aus.
Zur Not nobilitierte ihn aber auch sein Großonkel Paul Singer,
der jahrelang Fraktionschef der Sozialdemokraten im Reichstag
war und noch mit Marx und Engels in London zusammengearbei-
tet hatte. Zugleich aber sammelte der den großen Krach liebende
Hiller in bürgerlichster Stille, aber wie besessen Briefmarken. Lär-
men konnte er, wie Dosio Koffler bald erfahren mußte, freilich auch
beim sonst so ruhigen Schachspiel, zu dem sie sich zunächst in Prag
und später auch in London trafen: Eugen Max Brehm, ein linker
Pazifist wie seine beiden Mitexilanten an Moldau und Themse, erinnert sich, daß Hiller »meist zänkisch wurde, wenn er zu verlieren
begann« – worauf Koffler stets großzügig nachgegeben habe.

Wenngleich es manchem so erscheinen mochte, der Sproß einer
jüdischen Kaufmannsfamilie aus Berlin war doch keineswegs
schlicht ein Krawallmacher: Kurt Hiller mag unangenehm gewesen
sein, aber er war mutig, exponierte sich kämpferisch als Jude, Homo-
sexueller, unorthodoxer Sozialist, Pazifist und erbitterter Gegner
jeglicher totalitärer Ideologie. Sein Jurastudium schloß er 1907 mit
der Dissertation *Das Recht über sich selbst* ab, in der er nicht nur
die Strafbarkeit des Selbstmords verwarf, sondern auch die Ab-
schaffung des ›Schwulen-Paragraphen‹ 175 und die Straffreiheit
des Schwangerschaftsabbruchs verlangte. 1908 desertierte der Ein-
jährig-Freiwillige Hiller vom Wehrdienst, zehn Jahre später schloß
er sich der *Deutschen Friedensgesellschaft* an und gründete nach
Meinungsverschiedenheiten mit anderen Mitgliedern die *Gruppe
revolutionärer Pazifisten*, der neben seinem Prager und Londoner
Weggefährten Eugen Brehm auch Kurt Tucholsky, Klaus Mann und
→ Ernst Toller beitraten. ›Revolution‹ hatte er in Berlin inzwischen
selbst gemacht. Zuerst literarisch. Denn Hiller war ein Frontmann
des Expressionismus, rief 1909 mit Ernst Blass, Georg Heym und
Jakob van Hoddis den *Neuen Club* und das *Neopathetische Cabaret*
ins Leben, gründete zwei Jahre später mit teils den gleichen, teils
neuen Mitstreitern das *Gnu*, jenes Forum, in dem → Walter Hasenclever erstmals sein Drama *Der Sohn* vorstellte, und er gab 1912
unter dem Titel *Der Kondor* die erste Anthologie expressionistischer Dichtung heraus. Doch aus Literatur sollte Politik werden:
Im gezielten Widerspruch zu Thomas Manns *Betrachtungen eines
Unpolitischen* entwickelte Hiller die Lehre des Aktivismus. Ihre
Kernforderungen heißen »persönliche Freiheit« und »soziale Ge-

rechtigkeit«, die freilich weder durch Massenorganisationen noch durch parlamentarische Strukturen bewirkt werden sollen, sondern durch eine von »tätigem Geist« geleitete, intellektuelle Aristokratie.

So verblasen das Programm ist, im November 1918 hält Hiller seine Stunde für gekommen: Er gründet den *Aktivistenbund* und präsidiert schließlich als Vorsitzender des *Politischen Rats geistiger Arbeiter*. Der wird aber rasch in die Ecke gedrängt und löst sich im Januar 1919 wieder auf. Das Debakel beeindruckt Hiller nicht; er bleibt Missionar in eigener Sache und gründet ein sektiererisches Grüppchen nach dem anderen. Als er 1932 an die deutsche Linke appelliert, sich auf Heinrich Mann als Präsidentschaftskandidaten gegen Hindenburg zu einigen, hat sein Aufruf auch deshalb keinerlei Chance. Im Jahr darauf sind die Nationalsozialisten an der Macht, am 7. März 1933 bricht die SS in seiner Abwesenheit in seine Berliner Wohnung ein, demoliert das gesamte Mobiliar und die Kunstsammlung, stiehlt Geld, Bücher, die riesige Briefmarkensammlung und die nicht minder gewaltige Korrespondenz. Wenige Tage später wird der untergetauchte Hiller verhaftet. Ende März ist er wieder frei, am 2. April sitzt er im Konzentrationslager Spandau, aus dem man ihn Mitte Mai entläßt, um ihn am 14. Juli ein drittes Mal zu verhaften. Hiller wird von der Gestapo ins berüchtigte *Columbia-Haus* gebracht und lebensgefährlich zusammengeschlagen, dann in die Konzentrationslager Brandenburg und Oranienburg verschleppt. Im April 1934 kommt er frei, im September gelingt ihm die Flucht in die Tschechoslowakei, am 2. Oktober erreicht er Prag.

Kurt Hiller, um 1930

Vier Jahre später wird es höchste Zeit, sich aus der gefährdeten ›Goldenen Stadt‹ abzusetzen. Am 7. Dezember 1938 ist es endlich soweit. Im Flugzeug, das ihn über Paris nach London bringen soll, sitzt neben → John Heartfield (für Hiller »ein links maßlos überschätzter Halbkünstler«) offenbar auch Dosio Koffler. Von dessen Flucht erzählt eine Freundin eine Episode, die auch Hiller in seiner Autobiographie berichtet: Die deutschen Flüchtlinge seien am Pariser Flughafen eine Nacht lang festgehalten worden, weil Joachim von Ribbentrop in der Stadt weilte und die Franzosen wenige Wochen nach dem Attentat auf den deutschen Gesandschaftsrat vom Rath befürchtet hätten, das Leben von Hitlers Außenminister sei in Gefahr. Auch an der Themse setzt Kurt Hiller sein *Leben gegen die Zeit* fort, streitet zuerst gegen eine »russische Erfindung«, in der – wie er überzeugt ist – »die Komintern aus Gründen der Propaganda« mit dem deutschsprachigen Exil »Kultur spielte«: den → *Freien Deutschen Kulturbund*. Während bei ihm auch die üblichen persönlichen

Animositäten mitschwingen, macht Dosio Koffler die Probe aufs Exempel: Nach dem Hitler-Stalin-Pakt verlangt er von den Führungsleuten des → *FDKB*, sich vom Stalinismus ebenso zu distanzieren wie von Nazideutschland. Doch sein Resolutionsentwurf wird abgebügelt – weshalb er dabei ist, als Hiller im März 1939 die explizit als Gegenorganisation zur → *Free German League of Culture* gegründete *Gruppe Unabhängiger Deutscher Autoren*, kurz GUDA, aus der Taufe hebt. Der neuen Vereinigung schließen sich neben den ebenfalls aus Prag geretteten Eugen Brehm und → Hans Jaeger auch der Karl-Kraus-Eleve Heinrich Fischer und → Karl Otten an. Doch trotz der rund 40 Veranstaltungen, die sie bis zu ihrer Auflösung 1946 im *Austrian Labour Club* in **31 Broadhurst Gardens** am **Swiss Cottage** veranstaltet, bleibt sie wie letztlich alle Gründungen Hillers eine Splittergruppe.

Hiller selbst behält nicht nur seine hochfahrende Selbstüberschätzung bei, er fährt auch mit seinen Rücksichtslosigkeiten fort, stößt weiterhin selbst gute Bekannte vor den Kopf. Als er → Ludwig Meidner wiedersieht, mokiert er sich über die Leibesfülle des verarmten Malers und setzt spitz hinzu: »Judäo-orthodox. Mit Mützchen«. Den so lange bewunderten → Alfred Kerr meidet er, bis er ihn im April 1941 bei der Beerdigung → Max Herrmann-Neißes wiedertrifft. 1944 bricht er gar mit seinem alten Idol, weil → Kerr sich weigert, eine Lesung Gabriele Tergits im → Exil-PEN zu verhindern. Die Berliner Journalistin hat Kurt Hiller und den Linkspazifismus in einem Zeitungsartikel nämlich bezichtigt, Hitler unwillentlich den Weg zur Macht geebnet zu haben. Allemal ein Grund für harsche Reaktionen, würde nur Hiller nicht selbst unermüdlich Listen anlegen, in denen er Gott und die Welt als ungewollte Steigbügelhalter oder Marionetten der Nationalsozialisten brandmarkt. Als etwa die britische Zensur 1941 einen ihm wichtigen Artikel in der → *Zeitung* unterdrückt, legt er alle Hemmungen ab und schimpft in einem Brief an Hans Vogel, den Exil-Vorsitzenden der SPD, über die »stinkenden, wie von Goebbels bezahlten Artikel« des konservativen Emigrantenblattes.

Auf der anderen Seite steht freilich ein dankbarer Kurt Hiller, der dem Besitzer einer Pension am *Crystal Palace*, der ihm nach seiner Flucht aus Prag gratis Kost und Logis gewährte, noch in seinen Memoiren namentlich dankt und auch »die verehrungswürdige« Irmgard Litten nicht vergißt, die ihn danach in ihrem Haus in **Golders Green** aufnahm. Die Mutter des Rechtsanwalts Hans Litten – der in der Weimarer Republik in zahlreichen Prozessen Linke und

Die Journalistin **Gabriele Tergit** wurde am 4. März 1894 in Berlin geboren. Sie schrieb unter anderem für die *Vossische Zeitung*, das *Berliner Tageblatt* und den *Berliner Börsen Courier*, 1931 feierte sie mit dem Roman *Käsebier erobert den Kurfürstendamm* ihren literarischen Durchbruch. Nach einem SA-Überfall auf ihre Wohnung floh sie im März 1933 nach Prag, ging 1935 nach Palästina und übersiedelte 1938 nach London, wo sie an ihrem Roman *Effingers* und für → *Die Zeitung* arbeitete. Von 1957 bis 1981 war sie Sekretärin des *PEN-Zentrums deutschsprachiger Autoren im Ausland*, der ebenfalls in London residierenden Nachfolgeorganisation des Exil-*PEN*. Gabriele Tergit starb am 25. Juli 1982 in London. Sie wohnte unter anderem in 134 Goldhurst Terrace, N.W. 6 und in 23 Belsize Avenue, N.W. 3.

Pazifisten verteidigt und dabei selbst Adolf Hitler in die Schranken des Gerichts gewiesen hatte, weshalb er später in Dachau sterben mußte – hatte für die Freilassung ihres Sohnes eine mutige Kampagne geführt. Nach seinem Tod war sie 1938 nach London emigriert. Auch → Rudolf Olden, der andere große Strafverteidiger des demokratischen Deutschland, der sich seinerseits vehement sowohl für Hans Litten wie für die Rettung Kurt Hillers aus Prag eingesetzt hatte, blieb in dessen Augen ein Mann ohne Fehl und Tadel: Hiller schrieb ihm im Internierungslager den Nachruf und würdigte ihn als »einen der letzten honorigen Freisinnigen Deutschlands«. Schließlich beweist Hiller Augenmaß, wenn es um den Unterschied zwischen deutschem und englischem Stacheldraht geht: Am Ufer der Isle of Man sei für ihn, heißt es in *Leben gegen die Zeit*, »der ärgerlichste Tag ein Vorgeschmack des Paradieses gewesen, verglichen mit dem relativ angenehmsten in Hitlers Konzentrationslagern«.

Nachgelesen

Kurt Hiller: *Leben gegen die Zeit. Erinnerungen*. Band 1: *Logos*. Reinbek bei Hamburg (Rowohlt) 1969.

Dosio Koffler, der freilich von der Internierung verschont bleibt, geht in seinem Lob englischer Verhältnisse noch weiter und bedankt sich im Vorspruch der *Deutschen Walpurgisnacht* bei seinem Gastland für den Geist von Toleranz, Freiheit und Gerechtigkeit, der es ihm als deutschem Autor erlaube, in dem von deutschen Bomben erschütterten London ein deutschsprachiges Buch zu veröffentlichen. Der Mann, der sogar das Ohr des ›Deutschenfressers‹ Vansittart findet, erlebt in London beide Gesichter Kurt Hillers. Als dessen Mitstreiter nicht nur in der GUDA, sondern auch in der zweiten, nicht minder marginalen Londoner Hiller-Gründung – dem *Freiheitsbund Deutscher Sozialisten*, der es auf weltweit dreißig Mitglieder bringt – erhält er vom großen Vorsitzenden zwar höchstes Lob ob seiner »brillanten Hitlersatire«. Doch als Hiller, dem die parlamentarische Demokratie als geistig-politisches Plebejertum galt, 1945 seinen Beitrag zur GUDA-Publikation *After Nazism – Democracy?* vor ihrem Erscheinen in der Emigrantenpresse besprochen fand, und sich herausstellte, daß Koffler unvorsichtigerweise das Typoskript aus der Hand gegeben hatte, war für den Chefaktivisten das Handtuch zerschnitten. So jedenfalls die Erinnerung Eugen Brehms, der nach seiner Flucht aus Prag zum Abhördienst der → *BBC* gegangen war und für seine Gedichte von Hiller im gewohnt plakativen Duktus die Note »Goetheniveau« erhielt. Wie Brehm blieb auch Dosio Koffler nach dem Zweiten Weltkrieg in London, wo er 1955 starb. Im gleichen Jahr kehrte Kurt Hiller nach Deutschland zurück. Aufmerksamkeit erregte er dort jedoch kaum noch. Fast vergessen, starb er am 1. Oktober 1972 in Hamburg.

Es geht weiter

auf der linken Seite von Parliament Hill und ein paar Meter bergan.

Hans Flesch-Brunningen

15 Parliament Hill, N.W. 3

Johannes Flesch Edler von Brunningen,

Schriftsteller. Am 5. Februar 1895 in Brünn geboren, emigrierte er im April 1934 von Berlin nach London. Dort lebte er als Schriftsteller, Tellerwäscher und Journalist. 1958 übersiedelte er nach Wien, am 1. August 1981 starb er in Bad Ischl.

Am Wegesrand

Am Parliament Hill Nummer 77 wohnte George Orwell Mitte der dreißiger Jahre für kurze Zeit, als er Angestellter einer Buchhandlung in der South End Road war, wo er zuvor ebenfalls eine Wohnung hatte. In 68 Parliament Hill schrieb Dylan Thomas bei einem längeren Besuch *Adventures in the Skin Trade*.

E in Mann der Dreiecksbeziehungen: Als Hans Flesch-Brunningen im April 1934 in London eintraf, reiste er der noch verheirateten Sophie Lomnitz hinterher, die 1938 seine Frau werden sollte. Weitere zwei Jahre später brach er in **Hampstead** in die Ehe von Fritz und Dorothea Gottfurcht ein, um im Sommer 1940 gewissermaßen aus deren Bett heraus interniert zu werden. Nach dem Tod Sophies, die er Tetta nannte, begann er eine Liaison mit der mit → Peter de Mendelssohn verehelichten → Hilde Spiel, die er nach beider Rückkehr nach Wien 1971 heiratete, um bald darauf …

Kolportage? Nun, der am 5. Februar 1895 in Brünn geborene und gut katholisch als Johannes Flesch Edler von Brunningen getaufte ›Ladykiller‹ und Jurist hatte sich als Student mit expressionistischen Gedichten im *Pan* und der *Aktion* einen Namen gemacht, er hatte sich nach dem Ersten Weltkrieg in Wien als Bankangestellter und selbständiger Kaufmann verdingt sowie als Anwaltsanwärter ausgedehnte Reisen durch Italien und Frankreich unternommen, bevor er sich 1928 in Berlin niederließ und dort etwa fürs *Berliner Tageblatt* und den *Börsen-Courier* schrieb – unter anderem durchaus kolportagehafte Fortsetzungsromane. Sein letztes in Deutschland geschriebenes Buch hieß *Vertriebene – Von Ovid bis Gorguloff*. Als es erschien, war Flesch bereits zur Auswanderung entschlossen. Daß mittlerweile daheim in Wien der Faschismus ebenfalls in Blüte stand und Sophie Lomnitz mit Mann und Sohn nach London emigriert war, legte sein Ziel fest – obwohl er kaum Englisch konnte und in Großbritannien völlig unbekannt war. Tetta quartierte ihn zunächst in einer Pension in **Bloomsbury** ein, dann fand er bei Freunden seiner Mutter Unterschlupf, die mit ihrer Fabrik in **Marylebone** zu den bevorzugten »Kinderspielwarenhändlern« der englischen Linken geworden waren.

Flesch-Brunningen, selbst ein Linker, hat einen festen Vorsatz: Er will »keinesfalls wie ein hinausgeschmissener deutscher Schriftsteller wirken, der von Verlag zu Verlag schleicht, um seine Manuskripte so schnell wie möglich zu verhökern.« Also nähert sich der Neuankömmling London in der Rolle des »Gentleman-Reisenden«, pilgert zu den Sehenswürdigkeiten der Stadt und landet dabei unweigerlich im Lesesaal des → *Britischen Museums*, wo er alsbald an einem Buch über Alkibiades zu arbeiten beginnt. Der Vorschuß für seine Mitarbeit »an einem eher blöden Film«, die stattliche Vorauszahlung eines Londoner Verlages und die Unterstützung Carl Ehrensteins, der eine englische Rohfassung des deutschen Manuskripts anfertigt, ermöglichen die Fertigstellung des Werkes, das

1935 und 1936 in zwei Bänden erscheint. Weil Flesch-Brunningen seinen *Alcibiades*, dessen englische Aussprache ihn an irgendeine Elsie erinnert, unter dem Pseudonym Vincent Brun vorlegt, finden zwei deutschsprachige Ausgaben sogar noch den Weg ins ›Reich‹.

Doch so wenig Englisch der Autor anfangs auch kann, er klebt nicht an der deutschen Sprache: Flesch veröffentlicht in britischen Zeitungen und beginnt spätestens 1938, selbst Englisch zu schreiben. Schon sein zweites im Exil entstandenes Buch, ein im Italien des Abessynien-Krieges spielender Politthriller, ist in der Landessprache verfaßt und erscheint 1938 zunächst in New York unter dem Titel *Masquerade*, ein Jahr später folgt die englische Ausgabe namens *The Blonde Spider*. Der Verfasser ist inzwischen mit Tetta verheiratet und im Vorstand des → *Freien Deutschen Kulturbundes* aktiv, wo er sich besonders zu → Berthold Viertel, dem »Edelsten aller Kommunisten«, hingezogen fühlt. Bei der Premiere der ersten Revue der → *Free German League of Culture*, die deren Kabarett-Truppe → *Four and Twenty Black Sheep* am 21. Juli 1939 im *Arts Theatre* uraufführt, lernt er Hubertus Prinz Löwenstein kennen. Der »inoffizielle Vertreter der Hocharistokratie beim Weltgewissen« hat seinen Londoner Statthalter → Peter de Mendelssohn im Schlepptau – und dessen Frau → Hilde Spiel, deren Erinnerung zufolge sie und Flesch sich freilich im Gebäude der *Times* erstmals begegneten. Einerlei! Denn vorerst schlägt eine andere Dame, deren Sexappeal er noch Jahrzehnte später preisen wird, den Edlen von Brunningen in Bann: Dorothea Gottfurcht. Die langbeinige Schönheit, Miss Berlin des Jahres 1925 und fünfzehn Jahre jünger als er, war im März 1933 mit ihrem zweiten Gatten Fritz Gottfurcht, dem Zeitschriftenmann, Kabarettleiter, Drehbuchautor und späteren Mitverfasser der → *FDKB*-Revuen, zur Hochzeitsreise nach Paris aufgebrochen und nicht nach Deutschland zurückgekehrt, sondern 1935 nach London weiteremigriert. Gottfurcht findet dort einstweilen bei → Berthold Viertel Beschäftigung, für den auch sie Manuskripte tippt. Ansonsten verdient sie den gemeinsamen Unterhalt mit dem in Paris erlernten Nähen von Handschuhen. Nach dem Krieg – als ihr zu Frederic Gotfurt mutierter Gatte in der englischen Filmindustrie Fuß faßt – übersetzt sie Una Troy, Agatha Christie und Anthony Burgess ins Deutsche und hat einigen Erfolg mit eigenen Lustspielen.

In der Tat gäbe auch die Affäre, die sich da 1940 in **Hampsteads Fellows Road** entspinnt, einen komödienreifen *plot* ab. Der hypochondrische Hausherr sieht – ganz anders als Fleschs seit langem

Deutsche Abteilung des
BBC Europa-Service.
Von links nach rechts:
Carl Brinitzer, Fritz Wend-
housen (Vorsitzender),
Hans Flesch-Brunningen,
Ted Earley (Leiter der
Sendung), Friedrich Luft
und Barbara McFaydean
im Januar 1951

kranke Frau Tetta – taten- und offenbar teilnahmslos zu, wie sein
→ FDKB-Genosse weit mehr als nur das Herz seiner attraktiven
Angetrauten erobert: zuerst einen festen Platz in seinem Bett, dann
auch in seiner Wohnung. Doch die *Menage à trois* – während der die
Geliebte, ohne daß Flesch es in seinen Memoiren erwähnt, um ihren
in Deutschland verbliebenen und dann in Auschwitz ermordeten
Sohn aus erster Ehe bangt – ist bald beendet: Nicht der ängstliche
Hausherr Gottfurcht, der sich sicher wähnende Eindringling Flesch
wird von der Polizei abgeholt. Die *Black Mary*, wie die englische
Ausgabe der ›Grünen Minna‹ heißt, bringt ihn gemeinsam mit dem
bibbernden → John Heartfield und dem ihm als ›Kommunisten-
fresser‹ suspekten → Richard Löwenthal ins Internierungslager.

Drei Camps durchläuft Flesch bis zu seiner Entlassung im Herbst
– trotz seines ›geschützten‹ Jobs als Ansager und Übersetzer, den
er gerade erst bei der → BBC angetreten hat, und obwohl soeben
sein zweites englisches Buch herausgekommen ist. Auch *Untimely
Ulysses* baut auf spannende Unterhaltung, schildert die zweite
Flucht des in Erbschaftsangelegenheiten nach Wien zurückgekehr-
ten Emigranten Anton aus seiner inzwischen von den Nazis beherrschten Heimatstadt. Doch der Autor will diesmal mehr als
Thrillerqualitäten. Er beschreibt die langen Flüchtlingsschlangen
vor → *Bloomsbury House*, die deutschsprachige Leihbibliothek des
kommunistischen Schöngeists Fritz Gross sowie Personal und Atmosphäre des → *Kulturbundes* ebenso detailliert wie die vergeblichen Bemühungen Antons, Presse und Regierung des Vereinigten
Königreichs auf die Zustände im okkupierten Österreich aufmerksam zu machen.

Als Flesch-Brunningen im Herbst 1940 wieder in London ankommt, ist auch seine Lage düster: Die erste Nacht verbringt er wegen eines deutschen Bombenangriffes im U-Bahnhof **King's Cross**, die → *BBC* ruft ihn vorerst nicht ans Mikrophon zurück, die als Zeitroman konzipierte Geschichte des unzeitgemäßen Odysseus trägt ihren Titel zurecht und erweist sich trotz freundlicher Rezensionen als Mißerfolg. Flesch, der, jetzt wieder mit Tetta, vorübergehend in **Belsize Park** wohnt, schlägt sich mit Aushilfsjobs durch. Zuerst arbeitet er als Küchengehilfe und Tellerwäscher im **Lyon's Corner House** an der **Tottenham Court Road** – einem der wegen ihrer billigen Mahlzeiten auch von Emigranten gern besuchten Lokale einer Tea-Shop-Kette –, dann als »Würstelmacher« und Speiseeis-Abfüller bei einem Konservenkonzern, schließlich als Qualitätsprüfer und Metallschleifer in einer Werkzeugmaschinenfabrik, die die kriegswichtige Flugzeugindustrie beliefert. Deprimiert erwägt er die Ausreise, bittet → Berthold Viertel, sich um ein amerikanisches *Affidavit* für ihn zu bemühen, als ihm plötzlich seine Stelle beim Rundfunk wieder in Aussicht gestellt wird. Allerdings soll er dafür die Präsidentschaft des → *FDKB* aufgeben. Er tut es. Ein Streit mit dem KPD-Ideologen Alfred Meusel führt schließlich sogar zum Bruch mit der Exilantenorganisation, in der er fast von Beginn an eine zentrale Rolle gespielt hat – Hans Flesch-Brunningen wird Mitbegründer des → *Clubs 43*. Der Blick für die Tragweite der Kabalen der Emigration geht ihm freilich nicht verloren: »Mitten im Krieg«, resümiert er Jahrzehnte später sein Leben nach der Rückkehr zum German Service der → *BBC*, »begann für mich eine sehr ruhige Zeit«.

Auch nach der deutschen Kapitulation bleibt er dem *Bush House* erhalten, schreibt Hörspiele in deutscher und einen dritten Roman in englischer Sprache. Jedoch findet er für *Spirits of the Night* in Großbritannien keinen Verleger mehr; das 1945/46 entstandene Manuskript – ein literarisch ambitioniertes Bild Londons im Krieg und eine autobiographisch getönte Bilanz des Exils – erscheint 1948 unter dem Titel *Perlen und schwarze Tränen* in Fleschs eigener Übersetzung in Hamburg. Ein Jahr zuvor ist nach schwerer Krankheit Tetta gestorben – ein Verlust, den er monatelang nicht verwindet. Der befreundete Maler Werner von Alvensleben zieht zu ihm und vertreibt die Einsamkeit aus **15 Parliament Hill**, dem Haus, in dem Flesch-Brunningen seine letzten achtzehn Jahre in London verbringt. Im Herbst 1948 kehrt → Hilde Spiel von einem langen Berlin-Aufenthalt nach London zurück – vorerst ohne ihren Mann. Zwischen den bereits miteinander vertrauten Literaten aus Wien

Nachgelesen

Hans Flesch-Brunningen:
*Die verführte Zeit. Lebens-
erinnerungen.* Wien und
München (Brandstetter) 1988.

Es geht weiter

zurück zur South End Road, die
man am Bahnhof überquert,
um ihr nach rechts in Richtung
Hampstead Heath zu folgen.
Im Winter geht man gleich links
den Keats Grove und trifft un-
mittelbar vor der Kreuzung mit
Heath Hurst auf das als Keats-
Museum genutzte Haus des gro-
ßen Dichters. In den schöneren
Jahreszeiten folgt man South
End Road und hält sich dabei
links, bis man nach der Kreuzung
mit Downshire Hill auf 3 Willow
Road trifft. Es ist das Wohnhaus
des ungarischen Architekten
Ernö Goldfinger, eines Bekannten von → Walter Gropius und
→ Erich Mendelsohn. In dem
1939 errichteten Bau übersetzte
Goldfinger den englischen
Stadthaus-Typ des achtzehnten
Jahrhunderts in die Raumplan-
Theorie seines Lehrers und
Freundes Adolf Loos. Goldfingers
Kunstsammlung, die vom 1. März
bis 30. Oktober jeweils donnerstags, freitags und samstags von
12 bis 17 Uhr besichtigt werden
kann, gibt einen guten Eindruck
der in Hampstead versammel-
ten Künstlerkolonie seiner Zeit.
Beide Routen vereinigen sich
in Downshire Hill wieder. An der
Einmündung von Keats Grove
steht das Haus 47.

entwickelt sich mehr als Freundschaft. Ihre Bindung weitet sich nach → Peter de Mendelssohns Rückkunft im **Wimbledon Close** zu einer jahrelangen Dreierbeziehung. Sie funktioniert, solange de Mendelssohn die Tragweite des Verhältnisses zwischen Flesch-Brunningen und seiner Frau ignoriert. Als er dies Mitte der fünfziger Jahre nicht mehr kann, kommt es zum Zerwürfnis zwischen den Männern, ohne daß die problematische Konstellation zunächst zerbräche. Schließlich soll eine räumliche Entzerrung den Konflikt mildern. Flesch, der Österreich wie → Hilde Spiel schon mehrfach wieder besucht hat, reicht seine Pensionierung bei der *BBC* ein und läßt sich Ende 1958 in Wien nieder. Fünf Jahre später tut es ihm die berühmtere Kollegin gleich, im Februar 1971 heiraten sie. Bis zu Hans Flesch-Brunningens Tod bleiben ihnen zehn teils schwierige Ehejahre: Der ›Faun‹ hat sich, wiewohl inzwischen greis und krank, noch einmal geregt und in eine wesentlich jüngere Frau verliebt. Er stirbt am 1. August 1981 in Bad Ischl.

W ie wird man Engländer? Mit Fred Uhlmanns Autobiographie *The Making of an Englishman* – in Deutschland unter dem spröden Titel *Erinnerungen eines Stuttgarter Juden* erschienen – könnte man antworten: aus Liebe. Denn der Mal-Autodidakt, der soeben in der Pariser Kunstszene zur mittleren Sensation geworden war, lernte im Frühsommer 1936 als neuestes Mitglied der kleinen Künstlerkolonie im spanischen Badeort Tossa de Mar eine junge Engländerin kennen, in die er sich sofort verliebte. Als wenig später der Spanische Bürgerkrieg begann, gelang Uhlmann gerade noch die Rückkehr nach Paris, wo er seine Angebetete wiedersah. Und Diana Croft, die Tochter des so einflußreichen wie erzkonservativen Tory-Abgeordneten Sir Henry Page Croft, nahm ihren mittellosen Verehrer mit heim auf jene Insel, die ihm bei seiner Ankunft am 3. September 1936 noch so fremd war wie – so sein Vergleich – China.

Doch nicht erst England, schon die erste Exil-Station Paris hatte die entscheidende Wende im Leben des aus einer jüdischen Baumwollhändlerdynastie stammenden Juristen gebracht, der im heimischen Stuttgart das gleiche Gymnasium wie der Sohn von Hitlers erstem Außenminister Konstantin von Neurath und die jungen Grafen Stauffenberg besucht hatte. Ende März 1933 war er aus Schwaben geflohen, denn er hatte sich dort als Rechtsanwalt hervorgetan, der Gewerkschafter und Angehörige des *Reichsbanners Schwarz-Rot-Gold* in politischen Prozessen verteidigte. Außerdem war der Sozialdemokrat Uhlmann auch ein enger Mitarbeiter des späteren SPD-Vorsitzenden Kurt Schumacher und ein Freund Fritz Bauers gewesen, der sich als Staatsanwalt in der jungen Bundesrepublik wie kein zweiter um die strafrechtliche Aufarbeitung von NS-Verbrechen verdient machen sollte. Unmittelbar vor seiner Flucht war Fred Uhlmann auf Bitten Schumachers hin auch selbst als Wahlredner seiner noch nicht verbotenen Partei aufgetreten, am 4. März 1933, dem Abend vor der Wahl, die Hitler endgültig die Macht sichern sollte, hatte die Stuttgarter SPD ihr Hauptquartier heimlich in seine Anwaltskanzlei verlegt. Uhlmann blieb noch einige Tage, dann rettete ihn der Tip eines der NSDAP angehörenden Richters vor seiner unmittelbar bevorstehenden Verhaftung.

In Paris findet er zunächst bei dem mit ihm verwandten Maler Paul Elsas Unterschlupf. Fürs erste können seine Eltern dem jetzt Zweiunddreißigjährigen, der mit dem erlernten Beruf im Exil nichts anfangen kann, noch Geld schicken. Elsas und Paul Westheim, vor seiner Emigration Herausgeber des renommierten *Kunstblatts*, führen ihn in die Pariser Avantgarde ein, er lernt Künstler wie Alberto

Fred Uhlmann

47 Downshire Hill, N.W. 3

Manfred Uhlmann, Rechtsanwalt, Maler und Schriftsteller. Er wurde am 19. Januar 1901 in Stuttgart geboren. Uhlmann floh am 23. März 1933 nach Paris, lebte im Sommer 1936 in Spanien und emigrierte Anfang September 1936 nach London. Dort starb er am 12. April 1985. Vor dem Umzug nach Hampstead wohnte er in 3 Justice Walk, S.W. 3.

Giacometti oder Giorgio de Chirico kennen. Außerdem beginnt er, afrikanische Skulpturen zu sammeln – der Grundstein zu einer bedeutenden Sammlung. Als Versuche scheitern, durch die Gründung einer Nachrichtenagentur und eines Kinderkinos finanziell auf die Beine zu kommen, beginnt er zum Zeitvertreib zu malen. Und die kleinformatigen Pariser Szenen in Öl machen Furore. Leben kann Fred Uhlmann von seiner naiven Malerei freilich nicht. Außerdem, meint er in seiner Autobiographie, habe ein wirklich naiver Maler »keine Ahnung davon, daß er ein Naiver ist«. Anders der exilierte Jurist: Er erkennt, wo er ästhetisch steht, und will ein »wirklicher Maler« werden, kann sich aber keine Ausbildung leisten, zumal auch das Vorhaben, seine pekuniäre Misere durch den Handel mit Gemälden zu beheben, fehlschlägt. Die Gründung eines Zierfischhandels, in den er sein restliches Kapital steckt, endet gar in einem finanziellen Debakel: Uhlmann verläßt Paris nach einer ersten, erfolgreichen Einzelausstellung und zieht im April 1936 mit dem festen Vorsatz, sich als Autodidakt weiterzubilden, ins ungleich billigere Tossa de Mar.

Fünf Monate später ist er in London. Er spricht so gut wie kein Wort Englisch, weiß wenig über englische Malerei, Geschichte oder Literatur – und ahnt nichts »von den seltsamen Sitten und Gebräuchen, die die Engländer zu einem Volk machen, das man nicht versteht«. Besonders das berühmte ›Understatement‹ bringt ihn zur Verzweiflung. Andererseits erscheint ihm England verglichen mit dem krisengeschüttelten Kontinent wie ein Paradies, »ein Land ohne Leiden«. Er lebt sich ein, liest viel, findet durch die exzellent Deutsch sprechende Diana, mit der er sich schon nach wenigen Wochen verlobt hat, Einlaß in die Londoner Gesellschaft. Lord Croft freilich, der vier Jahre später zum parlamentarischen *Under-Secretary of State of War* avancieren wird, ist über die Liaison seiner Tochter entsetzt. Ihr Bräutigam verkörpert alles, »was er am meisten verachtete: er haßte Deutsche und Sozialisten und Juden und wahrscheinlich waren ihm auch Künstler zuwider«. Zumal solche ohne Einkommen. Kein Wunder, daß er die Hochzeit, die er nicht verhindern kann, als »sozialen Selbstmord« seiner Tochter betrachtet. Tatsächlich verliert die aus britischem Uradel stammende Diana Croft durch die Ehe mit Uhlmann ihre Staatsbürgerschaft, wird im Krieg sogar als ›feindliche Ausländerin‹ eingestuft. Doch von ihrem Einkommen aus einem Treuhandvermögen kann sie sich und ihren Mann, der nun täglich von neun bis sechzehn Uhr malt, über Wasser halten. Auch viele Freunde bleiben der ›Selbstmörderin aus Liebe‹ treu; und Uhlmann, der 1938 nach zwei weiteren Ausstellungen in Paris seine Arbeiten erstmals in London zeigen kann, faßt allmählich in einheimischen Künstlerkreisen Fuß.

Beziehungen, die jetzt nützlich sind: Das Ehepaar, das inzwischen von **Chelsea** nach **Hampstead** umgezogen ist, engagiert sich im *Artists' Refugee Committee*, das im Herbst 1938 Hilfe für die in Prag festsitzenden und vom bevorstehenden deutschen Einmarsch bedrohten Kollegen mobilisiert. Als der in England nur Experten bekannte → Oskar Kokoschka eintrifft, verschafft ihm Uhlmann, der ihn uneingeschränkt bewundert, seine beiden ersten Aufträge: Porträts von Dianas Bruder Michael Croft und seiner Frau Posy. Kokoschka wird indessen nicht der einzige bleiben, dem in **47 Downshire Hill** geholfen wird: »Einige Wochen lang kamen die ganze Zeit Künstler aus der Tschechoslowakei in unser Haus, einzeln oder in Gruppen. Fast jeden Tag fanden wir einen Neuankömmling in unserer Küche unweit des Kühlschranks.«

Fred Uhlmann (rechts) mit Oskar Kokoschka (Mitte) und Berthold Viertel in seinem Garten, London 1938

Einer wird sogar ganze vier Jahre bleiben: → John Heartfield, »ein charmanter, bescheidener und sanftmütiger, kleiner Mann, der sich nur erregte und fanatisch wurde, wenn das Gespräch auf Politik kam«. Die Politik aber wird den sozialdemokratischen Maler und seinen Stalin ergebenen ›Untermieter‹ nur zu bald entzweien. Denn im Dezember 1938 findet in Uhlmanns Haus die Gründung des → *Freien Deutschen Kulturbundes* statt. Und Uhlmann stellt sich die *Free German League of Culture* als große, überparteiliche Sammlungsbewegung aller nach England geflohenen Nazigegner vor.

»Am Anfang schien sich alles gut zu entwickeln (…) Kokoschka, Stefan Zweig, Berthold Viertel, Max Herrmann-Neiße (…) und viele andere traten bei, aber bald entdeckte ich, daß wir dem Trojanischen Pferd die Tore geöffnet hatten (…); bald geriet die League in den Ruf, eine cryptokommunistische Organisation zu sein, mit Kokoschka und mir als Strohmännern. Anstatt Tausender traten nur ein paar hundert Emigranten bei. Ein hoher Prozentsatz davon waren Kommunisten.«

Kommunisten wie der im Privatleben so friedliche Fotomonteur → Heartfield, dem Uhlmann dennoch zutraute, daß er im Glauben an die Ratschlüsse des »großen weisen Manns im Kreml« über Leichen gegangen wäre.

Doch es gibt weit schwerere Belastungen. Anders als die Hilfsaktion für seine Künstlerkollegen sind die Bemühungen Uhlmanns, auch Eltern und Schwester vor den deutschen Mördern zu retten, mit dem Kriegsbeginn endgültig gescheitert. Nach einigen Monaten

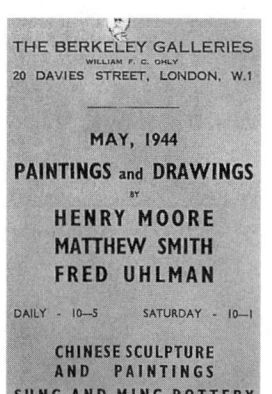

Karte einer Ausstellung
von Fred Uhlmann in London,
1944

Nachgelesen

Fred Uhlman: *Erinnerungen eines Stuttgarter Juden.* Stuttgart (Klett-Cotta) 1992.

ders.: *Der Wiedergefundene Freund.* Erzählung. Mit einem Vorwort von Arthur Koestler. Zürich (Diogenes) 1997.

Es geht weiter

Downshire Hill hinauf und über Rosslyn Hill hinweg in die Thurlow Road. Wer zuvor einen Abstecher in Hampsteads Zentrum machen will, muß Rosslyn Hill bergaufwärts folgen. Am Anstieg laden mehrere Cafés und Restaurants zu einem Päuschen ein.

als freiwilliger Luftschutzwart weicht er mit seiner hochschwangeren Frau ins vermeintlich sichere Essex aus und kauft ein Häuschen in Bambers, während → Heartfield und der englische Kunstkritiker Francis D. Klingender das Domizil in **Hampstead** hüten sollen. Am 24. Juli 1940 kommt er auf seinem ›Landsitz‹ an – und wird tags darauf, eine Woche vor der Geburt seiner Tochter Caroline, verhaftet. Einen Monat später landet er im zentralen Internierungslager Douglas auf der Isle of Man, wo er sich der in → Richard Friedenthals Roman *Die Welt in der Nußschale* beschriebenen Künstlergruppe anschließt, → Kurt Schwitters und → Jack Bilbo begegnet und »ein paar hundert Zeichnungen« macht. Eine Auswahl der im Lager entstandenen Arbeiten wird er in dem 1944 erscheinenden Bildband *Captivity* veröffentlichen.

Am Silvestertag 1940 ist er wieder ein freier Mann, kehrt zu Frau und Tochter nach Essex zurück, meldet sich erneut zur »Feuerwache« – und hat alle Hände voll zu tun. Denn Uhlmann kann von Bambers aus nicht nur die deutschen Angriffe auf London beobachten, auch der vermeintlich ruhige Ort auf dem Lande bekommt viel mehr Bomben ab als erwartet. Ansonsten zieht Uhlmann Gemüse, züchtet Kaninchen, malt und stellt aus, einmal gemeinsam mit Henry Moore, der schon im Künstler-Hilfskomitee mitgearbeitet hat. Das Kriegsende erlebt er bereits wieder in seinem Londoner Haus, seine Arbeiten sind fortan in allen wichtigen Galerien Englands zu sehen. Doch Uhlmann hält sich zumindest für halbwegs gescheitert: Ein »großer Künstler«, konstatiert er in seiner Autobiographie, sei er nicht geworden, vielmehr »ein instinktiver Maler« geblieben. 1975 zieht ein Augenleiden den Schlußstrich unter seine bildkünstlerische Laufbahn. Sein größter Erfolg steht ihm da noch bevor: Die bei ihrem Erscheinen 1971 kaum beachtete Erzählung *Reunion* wird von → Arthur Koestler im Vorwort zur zweiten Auflage als »kleines Meisterwerk« gelobt – und erregt international Aufsehen. In dem in mehrere Sprachen übersetzten Bändchen erzählt Fred Uhlman die mit autobiographischen Motiven unterlegte Geschichte der zum Scheitern verurteilten Freundschaft eines jüdischen und eines adligen Jungen im Stuttgart der zwanziger Jahre. *Reunion* wurde in England für die Bühne bearbeitet und drei Jahre nach Fred Uhlmanns Tod am 12. April 1985 nach einem Drehbuch von Harold Pinter verfilmt und mit großem Erfolg in Cannes gezeigt. Unter dem Titel *Der wiedergefundene Freund* versucht mittlerweile bereits der dritte Verlag, der Erzählung im deutschsprachigen Raum zu vergleichbarer Anerkennung zu verhelfen.

Die ›spaniolische‹ Kindheit im bulgarischen Rustschuk, der frühe Tod des Vaters in Manchester, die Tyrannei der Mutter, die Begegnungen mit Isaak Babel, George Grosz und → Bert Brecht in Berlin, mit Karl Kraus, → Hermann Broch, Robert Musil, Fritz Wotruba und → Anna Mahler in Wien, → Oskar Kokoschka und → H.G. Adler in Prag, die Ehe mit Venetiana Taubner-Calderon – man meint, über Elias Canetti Bescheid zu wissen. Doch selbst wer hinter der »Sprachmaske« des Autobiographen den Mythenerzähler nicht ahnt, kennt nur das Porträt des Autors als junger Mann: Die berühmte dreibändige Selbstlebensbeschreibung bricht im Sommer 1937 ab, noch ehe Canetti sein zweiunddreißigstes Lebensjahr vollendet hat. Der Rest ist – jedenfalls bis zur Öffnung des bis 2024 gesperrten Nachlasses – Schweigen. Diese Zäsur ist nicht zufällig. Doch daß die Autobiographie mit dem Tod der Mutter, die ihn so lange beherrscht hat, endet, entspricht auch der Technik des Verbergens, die in der Lebensgeschichte »viel zu rätseln und zu erraten geben« und manches so anlegen sollte, »daß es für immer verborgen bleibt«. Die Geschichte eines Lebens, notierte Canetti, sei geheim wie dieses selbst: »Erklärte Leben sind keine gewesen.« Glaubt man → Robert Neumann, der ihn als »Geheim-Genie« beschreibt, so verließ er sich nicht nur beim Schreiben auf diese Methode:

»Er ist ein eher kleingewachsener, nun schon etwas dicklicher Mann mit springlebendigen Augen hinter der scharfen Brille; er hat die mitreißende Intensität und den undurchdringlichen Selbstbewußtseins-Panzer des paranoiden Typs. Auch die Geheimniskrämerei dieses Typs ist für ihn charakteristisch; was er schreibt, was er tut, mit welchen berauschend schönen Frauen, genialen Männern, führenden Persönlichkeiten des Staates er umgeht, das sagt er nicht. Nur ein Zipfelchen lüftet er da und dort, und geht man den Dingen dann liebloserweise nach, so ist die Berauschende eine Kellnerin, das Genie ein verkanntes, und der Staatssekretär vorläufig noch Amtsrat in seinem künftigen Ministerium.

Dieser Canetti führt vielleicht ein bescheidenes Leben oben in seinen Zimmern in Hampstead, aber die weite Welt gehört ihm und ist voll von Erfüllungen. Ein glücklicher Mensch, seine Welt eine Märchenwelt! Denn schaut man noch genauer hin, so ist die Kellnerin nur eben zufällig Kellnerin, in ihrer Freizeit sitzt sie daheim und malt, von Canetti betreut; der verkannte Genius ist gar nicht ganz so verkannt, er schreibt (nein, sie schreibt, denn er ist meistens weiblich) eben einen von Canetti erdachten, überwachten Roman; und der Amtsrat ist tatsächlich der Vetter jenes Staatssekretärs, der, von Canetti geheim beraten, übermorgen das British Commonwealth aus den Angeln heben wird, wenn nicht überhaupt die Welt.

Elias und Veza Canetti und ihr Kreis

8 Thurlow Road, N.W. 3

Am Wegesrand

Im Haus Thurlow Road 28 traf sich im Salon der mit Katherine Mansfield befreundeten Dorothy Brett der Kreis um D. H. Lawrence. In der etwas bergan nach links abzweigenden Lyndhurst Terrace wohnte der Börsenmakler Julian Layton, der zahllosen deutschen Juden die Flucht finanzierte.

Elias Canetti, um 1940

Ein realer Phantast. Ihn nicht für voll zu nehmen, wäre höchst töricht. (...) Er arbeitet ununterbrochen, seit ich ihn kenne. Sein Schreibtisch, blankpolierte Riesenplatte, auf der höhnischerweise nichts liegt als dreißig haarfein gespitzte, nebeneinander der Größe nach hingeordnete Bleistifte, dieser Geheim-Schreibtisch birst von Manuskripten, Romanen, Theaterstücken. Der Herr dieses Schreibtisches ist ein Mann mit wenig Geld, aber die Welt gehört ohnedies ihm, seine Manuskripte gibt er nicht her.«

Elias Canetti,

Schriftsteller. Der spätere Literatur-Nobelpreisträger wurde am 25. Juli 1905 im bulgarischen Rustschuk geboren. Er floh im Oktober oder November 1938 aus Wien nach Paris und übersiedelte im Januar 1939 nach London. Die Kriegsjahre verbrachte er in Amersham, Buckinghamshire, von 1972 an hatte er neben der Wohnung in Hampstead einen Zweitwohnsitz in Zürich. Dort starb er am 14. August 1994. Canettis Adressen in London lauteten 31 Hyde Park Gardens, W. 2; 118 King Henry's Road, N.W. 3; 14 Crawford Street, W. 1 sowie 8 Thurlow Road, N.W. 3.

Läßt man → Neumanns chronischen Sarkasmus beiseite, dann trifft er das »Geheim-Genie«, das der Literatur-Nobelpreis 1981 zur Berühmtheit machen sollte, so schlecht nicht. Darauf deutet jedenfalls das wenige hin, was sich jenseits von Publikationsdaten und Preisverleihungen über die fünf ›englischen‹ Jahrzehnte Canettis ermitteln läßt, die sich der Vertreibung aus dem ›zweiten Paradies‹ in der Grinzinger Himmelstraße anschlossen. Veza Canettis eindeutig autobiographisch unterfütterter Roman *Die Schildkröten* etwa, erst 1999 und damit sechzig Jahre nach der Niederschrift am Beginn des gemeinsamen Londoner Exils erschienen, gibt einen lebendigen Eindruck der einschneidenden Geschehnisse im Wien des Jahres 1938, in dem der staatenlose jüdische Schriftsteller, der als Kind ein Untertan der Osmanen gewesen war, zunächst offenbar ausharren wollte. Eine Illusion, wie Veza – folgt man ihrer Erzählung – früher erkannte als ihr Mann, auf den im Roman sowohl der Schriftsteller Andreas Kain als auch sein Bruder Werner hinweisen. Der Anklang an Peter und Georges Kien ist offenkundig, *Die Blendung* ein kaum verborgener Bezugspunkt. So ist die Schildkröte, die der Büchermensch Andreas davor bewahrt, das ›Kainsmal‹ des Hakenkreuzes in den Panzer gebrannt zu bekommen, das Orakeltier der Chinesen; und der Geologe Werner Kain imitiert die Bemühungen des Sinologen Peter Kien, sich im Angesicht der Bedrohung zu Stein zu verhärten. Dazwischen zwei Frauen, die den Schriftsteller zur Flucht aus dem von den Nationalsozialisten beherrschten Wien drängen – seine Frau Eva, unverkennbar ein Selbstporträt Vezas, und Hilde, die deutlich Züge der von Canetti im *Augenspiel* geschilderten Friedl Benedikt trägt.

Veza Canetti,

Schriftstellerin. Sie wurde als Venetiana Taubner-Calderon am 21. November 1897 in Wien geboren. 1924 lernte sie Canetti kennen, den sie 1934 heiratete und mit dem sie nach London emigrierte. Dort starb sie am 1. Mai 1963. Ihr literarisches Schaffen machte Canetti der Öffentlichkeit erst 1990 bekannt.

Das fiktive Szenario hat durchaus auch als ›geheime Lebensgeschichte‹ Glaubwürdigkeit: Veza, seit 1934 mit Canetti verheiratet und Spaniolin wie er, war nicht nur – was er in seiner Autobiographie noch verschwieg und erst 1990 öffentlich gemacht hat – eine hochbegabte Schriftstellerin, sondern auch eine politisch entschiedene Frau. Sie bezeichnete sich noch in den fünfziger Jahren als

Sozialistin, während der großartige Beobachter Canetti auch in dieser Hinsicht stets die Zuschauerrolle vorzog. Der später abtrünnige Kommunist Ernst Fischer, in den dreißiger Jahren noch Redakteur der sozialistischen *Arbeiter-Zeitung*, für die auch Veza gelegentlich schrieb, berichtet, wie er in der Nacht der Niederschlagung des Arbeiteraufstandes vom Februar 1934 in ihrer Wohnung in der Wiener Ferdinandstraße Unterschlupf fand:

»Veza war bestürzt; doch ihre Wärme und Herzlichkeit, ihre Freude, uns helfen zu können, ließ uns diesen Eindruck vergessen. Deutlicher empfanden wir, daß Canetti überrascht, daß er enttäuscht war. Vor vierzehn Tagen etwa hatte er mich gefragt, in welcher Haltung ich mich selber sehe, spontan, ohne nachzudenken. Ich sprang auf, stellte mich an die Wand, hob wie zur Geste des Redners die linke Hand, ließ sie langsam sinken, streckte die Arme schräg vom Leib und preßte, reglos stehend, die Handflächen an die Wand. ›Zum Tode verurteilt!‹ rief Canetti. ›An die Wand gestellt, auf die Salve wartend!‹«

Veza Canetti im
Londoner Regent's Park,
um 1952

Dieselbe Rollenverteilung von heftiger, spontaner Emotionalität und kühlem, doch unwillkürlich fasziniertem Analytikerblick findet sich in Veza Canettis Roman in der Reaktion Evas und Kains auf die Raublust des antisemitischen Mobs wieder. Wie das Ehepaar Kain in *Die Schildkröten*, so mußte auch das Ehepaar Canetti der Nazi-Willkür im Herbst 1938 weichen und das im Roman wie in Canettis *Augenspiel* so eindringlich geschilderte Haus in der Himmelstraße räumen. Es zog für einige Zeit in eine Pension in Döbling, in den Wirren nach der ›Kristallnacht‹ gelang dann die Flucht zu Canettis Bruder Georges nach Paris. Im Januar 1939 kamen Elias und Veza Canetti in London an.

Wenige Wochen später meldet sich Canetti von **31 Hyde Park Gardens, W. 2** aus bei Franz Baermann Steiner. Der Jugendfreund →H.G. Adlers, der ein Jahr zuvor sein bereits 1936 begonnenes Ethnologiestudium bei Bronislaw Malinowski an der *London School of Economics* wiederaufgenommen hatte, inzwischen aber in Oxford lebt, wird in den kommenden Jahren zu seinem wohl wichtigsten Gesprächspartner. Beiden Männern, die sich vielleicht schon seit 1935, sicher aber seit 1937 kennen, ist nicht nur eine an Bibliomanie grenzende Lesewut zu eigen: Sie teilen ein nie versiegendes Interesse an Mythen, arbeiten beide abseits der literarischen Öffentlichkeit – und zwar der englischen wie der des Exils – über Jahre hinweg beharrlich an einem verwandten Thema: Steiner, in Prag bereits mit einer Studie zur arabischen Sprachgeschichte promoviert, sitzt an einer

Franz Baermann Steiner,
Ethnologe und Dichter.
Er wurde am 12. Oktober 1909 in Prag geboren. 1936 kam er zu Studien nach London, die er nach einer längeren Europareise fortsetzte. Im Herbst 1938 zog er nach Oxford, hielt sich aber weiterhin regelmäßig in London auf, wo er im *Student Movement House* – zunächst 32 Russell Square, dann 103 Gower Street – zu erreichen war. Er starb am 27. November 1952 in Oxford.

Franz Baermann Steiner, 1942

Die Schriftstellerin **Friedl Benedikt** kam am 4. November 1916 in Wien auf die Welt. 1939 emigrierte sie nach London, wo sie unter dem Pseudonym Anna Sebastian zu schreiben begann. 1946 zog sie zu ihren nach Schweden entkommenen Eltern, am 3. April 1953 starb sie in Paris an Drüsenkrebs. In London lebte sie in 35 Downshire Hill, N.W.3.

zweiten Dissertation über die Formen der Sklaverei, Canetti stürzt sich in London nach jahrelangen Vorarbeiten in die Abfassung von *Masse und Macht*. Man geht nicht fehl, wenn man die letzten Wiener Eindrücke, unter denen Veza zur gleichen Zeit *Die Schildkröten* schreibt, zu den wesentlichen, wenn auch nicht ausdrücklichen Grundlagen dieser bahnbrechenden Studie zählt – so wie das von Canetti selbst stets auf das Schlüsselerlebnis vom Verlust des Vaters zurückgeführte Konzept der »Todfeindschaft« die kollektive Signatur des Massenmords trägt. Während bei ihm die nicht abreißende Niederschrift der *Aufzeichnungen* die Arbeit am Hauptwerk begleitet, kompensiert Steiner wissenschaftliche Mühsal und Kriegselend durch das Verfassen zahlloser, zum Großteil immer noch unbekannter Gedichte und später – auf einen Ratschlag Canettis hin – auch Aphorismen. Die wechselhafte Freundschaft beider, die sich vor allem bei Steiners regelmäßigen Besuchen in London treffen, endet 1952, als der Prager Dichter und Ethnologe einem Herzleiden erliegt. Als Lyriker zu Lebzeiten völlig unbekannt, hatte er es nach der Fertigstellung der zweiten Fassung seiner Dissertation über die Sklaverei – die erste ging ihm bei einer Bahnfahrt verloren – doch noch zu akademischer Reputation gebracht und sich auf dem Sterbebett mit einer ihm eng befreundeten Oxforder Philosophie-Dozentin verlobt: der jungen Iris Murdoch.

Seine Stelle bei Canetti vertrat jetzt der gemeinsame Freund → H.G. Adler. Er litt noch weit mehr als Steiner unter der Egozentrik dieses schwierigen, aber zugleich so charmanten wie brillanten Weggefährten, der es überdies verstand, selbst eine Londoner Teestube in ein Wiener Literatencafé zu verwandeln. An beide, Steiner wie Adler, könnte → Robert Neumann gedacht habe, als er sich über die »verkannten Genies« in Canettis Bekanntschaft mokierte. An einem »von Canetti erdachten, überwachten Roman« schrieb allerdings keiner von beiden, wohl aber die von → Neumann insinuierte Frau: Friedl Benedikt, die den Karl-Kraus-Adepten Canetti faszinierende Tochter des verhaßten Verlegers der *Neuen Freien Presse*, war 1939 nach London emigriert, wo sie von den Zuwendungen einer Tante lebte und erreichte, was ihr in der tatsächlichen Himmelstraße wie im Grinzing von Vezas Roman noch nicht gelungen war – Canetti förderte seine elf Jahre jüngere ›Schülerin‹. Unter dem Pseudonym Anna Sebastian veröffentlichte sie 1944 zwei von ihm und Kafka entscheidend geprägte Romane. Der zweite, von Canetti besonders gelobte, mit dem Titel *The Monster* wurde aus dem Englischen ins Schwedische und Französische übersetzt.

→ Neumann, selbst kein Kostverächter, liegt ebenfalls nicht falsch, wenn er sich über die Bedeutung von Canettis Freundinnen mokiert. Denn der streicht beispielsweise weiterhin um → Anna Mahler herum, während die eifersüchtige Veza sich laut Ernst Fischer schon in Wien vergeblich danach gesehnt hat, »seine einzige Frau zu sein«. Die Ehe ist – man merkt es den in den ersten Londoner Monaten entstandenen *Schildkröten* an – belastet, beide wohnen im Exil offenbar nicht mehr ständig zusammen. Trotzdem überläßt ihr der in seine Arbeit vergrabene Canetti weitgehend seine Korrespondenz und wohl auch die Sorge ums tägliche Leben: »I am looking for a job«, schreibt Veza, die Großbritannien wie ihr Gatte bereits in jungen Jahren kennengelernt hat und fließend Englisch spricht, nach dem Abschluß ihres Romans im September 1939 an Franz Baermann Steiner: »Ich kann commercial correspondence in 3 Sprachen, wenn Sie von etwas erfahren, schreiben Sie es mir.« Doch auch ein Jahr später – Canetti hält sich, wie Veza zufrieden konstatiert, bei ihr in der **King Henry's Road 118** auf – ist ihre materielle Lage desolat. »Wir leben noch und sind auch in London«, teilt sie wiederum Steiner mit, »aber während die anderen in ihren Häusern und shelters auf die Bomben warten, haben wir gewöhnlich nicht den Zins fürs Zimmer, das über uns einbrechen wird, und diese Dinge ist man unlustig zu schreiben.« Zwar werden beide – wie der Tschechoslowake Steiner – zunächst als ›friendly aliens‹ anerkannt und bleiben daher von der Internierung verschont, doch verhindert der deutsche ›Blitz‹ das Erscheinen der bereits von einem englischen Verlag akzeptierten *Schildkröten*.

Canetti reagiert wie ein Seismograph auf den Krieg. Während sich → Hermann Broch noch um ein US-Visum für seinen jüngeren Freund und Verehrer bemüht, setzt der sich Ende 1940 aus dem bedrohten London in das rund vierzig Kilometer südöstlich gelegene Amersham, Buckinghamshire ab – und trifft dort die Frau, die → Robert Neumann mit der berauschenden, aber lange Zeit unbeachteten Malerin gemeint haben könnte: Marie-Louise von Motesiczky. Sie hat bereits mit dreizehn Jahren zu zeichnen begonnen und ist nach Studien in Den Haag, Wien und Paris am Frankfurter *Städel* 1926/27 die Schülerin von Max Beckmann gewesen. Am Tag der deutschen Annexion Österreichs flüchtet sie mit ihrer jüdischen Mutter aus ihrer Heimatstadt Wien zunächst nach Holland, bevor sie im darauffolgenden Jahr nach Amersham weiteremigriert. Bei einem Besuch bei gemeinsamen Bekannten freundet sie sich mit → Oskar Kokoschka an, mit ihrem Nachbarn Canetti verbindet sie eine jahrelange Liaison. Marie-Louise von Motesicky malt ihn mehrfach, darunter einmal im Gespräch mit Franz Baermann Steiner. Ihr letztes Canetti-Porträt entsteht 1992 und wird von der *National Gallery* erworben, andere ihrer Bilder hängen in der *Tate Gallery* und im *Stedelijk Museum* von Amsterdam.

Canettis Jahre in Amersham müssen dennoch einsam und häufig nicht nur materiell eine Belastung gewesen sein. Er erkrankte ernstlich, wurde doch noch zum »enemy alien« mit Residenzpflicht erklärt, brütete über *Masse und Macht*, dem Buch, das ihn zwanzig Jahre lang beschäftigte, und begann 1942 mit seinen *Aufzeichnungen*, die er → Neumann gegenüber als sein eigentliches Hauptwerk bezeichnet hat. 1946 wurde aus dem ›geheimen‹ plötzlich ein offenbares Genie: *Die Blendung* erschien unter dem Titel *Auto-da-Fé* bei Jonathan Cape in England, ein Jahr später in den USA – und stieß auf starke Beachtung. 1947 kehrte Canetti nach Hampstead zurück, 1948 brachte Willi Weismann *Die Blendung* in München heraus. Doch anders als die englische und französische Übersetzung, für die er 1949 den *Grand Prix International du Club Français du Livre* erhielt, blieb der Roman, der nun erstmals den Weg nach Deutschland fand, hier weitgehend ohne Echo und verschwand bereits nach kurzem wieder vom Markt: Der Weismann-Verlag war durch die Währungsreform ins Schlingern geraten, das Drama *Die Befristeten*, für das Canetti die Arbeit an *Masse und Macht* unterbrochen hatte, wurde zwar noch gedruckt, doch nicht mehr ausgeliefert. Als das *Playhouse* in Oxford die englische Übersetzung *The Numbered* 1956 uraufführte, schien es fast, als würde der Schriftsteller, der Spaniolisch, Englisch und Französisch sprach, bevor er Deutsch lernte, nun zum ›geheimen‹ englischen Autor. Doch *Masse und Macht* kam 1960 zuerst in der Originalsprache heraus, und drei Jahre später fand Canetti in Hanser endlich den Verlag, der ihn auch beim deutschsprachigen Publikum durchsetzte.

Im gleichen Jahr, am 1. Mai 1963, starb Veza. 1947 war ihre Übersetzung von Graham Greenes *The Power and the Glory* erschienen, Versuche, einen Verleger für ihre eigenen Texte zu finden, waren jedoch ebenso ergebnislos verlaufen wie Bemühungen, ihr Theaterstück *Der Oger* beim Züricher *Schauspielhaus* unterzubringen. Als 1956 erneut ein Text abgelehnt wurde, vernichtete sie verzweifelt mehrere Manuskripte und gab das Schreiben auf. Als erstes ihrer Bücher erschien *Die gelbe Straße* 1990 – und wurde siebenundzwanzig Jahre nach dem Tod der Verfasserin zur literarischen Sensation.

Canetti, der sich nach dem Verlust Vezas häufig bei seinem Bruder Georges in Paris aufgehalten hatte, war da schon längst ein berühmter Mann. In Georges Sterbejahr 1971 heiratete er die Kunsthistorikerin Hera Buschor, wurde ein Jahr später Vater einer Tochter und erhielt den *Georg-Büchner-Preis*. Nach Heras Tod 1988 lebte er vorwiegend in Zürich, das er schon 1972 als Zweitwohnsitz gewählt hatte. Hier starb der »Todfeind« am 14. August 1994.

Auf das literarische Vorbild Elias Canettis beruft sich auch der erst 1954 nach London gekommene Jakov Lind. 1927 in Wien als Sohn eines jüdischen Kaufmanns geboren, schickten ihn seine Eltern 1938 nach Holland, wo er sich auf einer zionistischen Jugendfarm auf die Auswanderung nach Palästina vorbereiten sollte. Als die Deutschen 1940 in den Niederlanden einmarschierten, tauchte er – gerade dreizehnjährig – unter, heuerte 1943 unter dem Namen Jan Gerrit Overbeck auf einem Rheinschlepper an, schmuggelte sich Ende 1944 sogar ins Metallurgische Forschungsinstitut des Reichswirtschaftsministeriums. Nach dem Krieg ging er nach Palästina, vagabundierte dann quer durch Europa und besuchte vor seiner Übersiedelung nach England als Schauspielschüler das *Max-Reinhardt-Seminar* in Wien. In London, wo neben Canetti auch → Hans Jäger, → Erich Fried, Michael Hamburger, → Hilde Spiel und → Albert Friedlander, der Historiker Eric Hobsbawm oder der Psychologe Ronald D. Laing zu seinen Freunden wurden, arbeitete er zunächst in der *Wiener Library* und beim Film. 1962 erschien in Deutschland sein Erzählungsband *Eine Seele aus Holz*, der nicht nur in der *Gruppe 47* für Furore sorgte. Weitere Bücher hatten im deutschsprachigen Raum weniger Erfolg, Lind begann englisch zu schreiben und ist mit seinen immer wieder um den Terror des Nationalsozialismus kreisenden Romanen, Erzählungen, Dramen und Hörspielen denn auch vor allem in der englischsprachigen Welt bekannt geworden. Seine unglaubliche Lebensgeschichte hat er wie Canetti in einer aufregenden dreibändigen Autobiographie erzählt. Seine Londoner Adressen: 43 Royal Crescent, Holland Park Road; dann am Primrose Hill, am Haverstock Hill und in Belsize Park Gardens.

Nachgelesen

Ortlose Botschaft. Der Freundeskreis H.G. Adler, Elias Canetti und Franz Baermann Steiner im englischen Exil.
Bearbeitet von Marcel Atze. Marbacher Magazin 84.
Marbach (Deutsche Schillergesellschaft) 1998.

Veza Canetti: *Die Schildkröten*. Roman. München (Hanser) 1999.

Nachgelesen

Jakov Lind: *Im Gegenwind*. Wien (Picus Verlag) 1997.

Es geht weiter

durch den etwas unterhalb des Canetti-Hauses nach Südosten abzweigenden Eldon Grove, dann rechts in die Lyndhurst Road und gleich wieder links in die Lyndhurst Gardens hinein. Man folgt der Straße bergab und landet nach drei Minuten im nach links abbiegenden Belsize Crescent.

Berthold Goldschmidt, Rudolf Bing und das Glyndebourne Festival

13 Belsize Crescent, N.W. 3

Berthold Goldschmidt, Dirigent und Komponist. Er wurde am 18. Januar 1903 in Hamburg geboren. Die Emigration nach London unterbrach im Oktober 1935 eine hoffnungsvoll begonnene Karriere, erst in den achtziger Jahren wurde Goldschmidt auch in Deutschland allmählich wiederentdeckt. Er starb am 17. Oktober 1996 in London.

Musik, sagte Berthold Goldschmidt am Ende seines dreiundneunzigjährigen Lebens, sei »gefangene Zeit«. Und: Seine Werke hätten stets streng persönliche Wurzeln, seien »eine emotionale Äußerung meiner Persönlichkeit«. Zweimal zwang ihn ›die Zeit‹, als Komponist zu schweigen: In den frühen vierziger Jahren unterbrach der Zweite Weltkrieg die Bemühungen der ersten Londoner Jahre, an seine verheißungsvollen Anfänge in der Weimarer Republik anzuknüpfen – denn »man kann kein lyrisches Thema schreiben, wenn um einen herum Bomben fallen«. Dann ließ ihn der Siegeszug der von ihm als »geistige Diktatur« empfundenen, seriellen Musik für fast ein Vierteljahrhundert verstummen. Goldschmidt, dessen freitonales, doch auf Wohlklang bedachtes Schaffen durchaus Berührungspunkte mit Schönbergs Reihentechnik erkennen läßt, sah sich vom totalitären Anspruch der zeitgenössischen Avantgardisten ins Abseits gestellt und endgültig in Vergessenheit geraten. Aber der auf den emotionalen Wert der Musik insistierende Tonsetzer, der Komponieren mit Zusammenstellen übersetzte, wurde wiederentdeckt – und gilt heute nicht nur als herausragender Vertreter der von den Nationalsozialisten ›verbrannten Musik‹, sondern auch als einer der eigenständigsten, keiner Schule zuordenbaren und doch entschieden modernen Komponisten.

Sprach jahrzehntelang nichts für die große Aufmerksamkeit, die Berthold Goldschmidt in seiner letzten, wieder von reger Kreativität geprägten Schaffensphase finden sollte, so hatte sie der Auftakt dieser Musikerlebens doch angekündigt. Am 18. Januar 1903 als Sproß einer musikinteressierten Kaufmannsfamilie in Hamburg geboren, war er 1922 von der Berliner Musikhochschule angenommen worden, wo er Komposition – bei Franz Schreker – und Dirigieren studierte. Seine Abschlußarbeit, die *Passacaglia op. 4*, bescherte ihm nicht nur den Mendelssohn-Staatspreis, sondern auch eine Assistenz bei Erich Kleiber an der Berliner *Staatsoper Unter den Linden*. Goldschmidt wirkte unter Kleiber, der seine *Passacaglia* 1926 uraufführte, als Korrepetitor und Celestaspieler an der Premiere von Alban Bergs *Wozzek* mit, dann ging er als musikalischer Berater, Dirigent und ›Hauskomponist‹ zu Carl Ebert, dem Reinhardt-Schauspieler und Erneuerer der Opernregie, nach Darmstadt. Und Ebert nahm sein »rechtes Ohr« – wie Otto Klemperer Goldschmidt scherzhaft nannte – ebenso mit wie seinen jungen, aus Wien stammenden Impresario Rudolf Bing, als er die Intendanz des *Hessischen Landestheaters* 1931 gegen die der *Städtischen Oper Berlin* tauschte. Nur ein Jahr später schien Goldschmidt den Durchbruch als

Komponist geschafft zu haben: Seine Oper *Der gewaltige Hahnrei* erlebte am *Nationaltheater Mannheim* ihre Uraufführung, die Berliner Premiere war für die Spielzeit 1933/34 angekündigt. Es kam nicht mehr dazu. Nach Hitlers Berufung zum Reichskanzler ›beurlaubte‹ die *Städtische Oper* ihn ebenso wie Ebert und Bing. Eberts gleichfalls entlassener Stellvertreter Kurt Singer machte sich an den Aufbau des *Kulturbundes Deutscher Juden*, des einzigen Forums, in dem Goldschmidt seine Musik nun, abgesehen von einigen privaten Hauskonzerten, noch vorstellen konnte. Außerdem bereitete er jüdische Instrumentalisten auf das von Bronislaw Hubermann geplante *Palästina-Orchester* vor, aus dem dann das *Israel Philharmonic Orchestra* hervorgehen sollte. Jürgen Fehling bestellte 1934 noch einmal eine Bühnenmusik zum *Wilhelm Tell* bei ihm, die aber nicht mehr unter seinem Namen gespielt werden durfte. Goldschmidt entschloß sich zur Emigration.

Das Ziel hieß England. Denn der junge Komponist teilte erstens die Vorliebe des Hamburger Bürgertums, dem er entstammte, für Großbritannien, und sprach deshalb gut Englisch, er erhielt zweitens ohne größere Schwierigkeiten eine zunächst dreimonatige Aufenthaltsgenehmigung auf der Insel, und drittens erschienen ihm die Vorzeichen für seine Arbeit günstig. Die → BBC hatte gerade eine konzertante Aufführung von Alban Bergs *Wozzek* ausgestrahlt und damit, wie er glaubte, starkes Interesse an moderner Musik bekundet. Vor allem jedoch waren mit Carl Ebert und Rudolf Bing zwei ihm bestens vertraute Kollegen mit einem Projekt beschäftigt, das sich bald als ein »britisches Salzburg« erweisen sollte: das *Glyndebourne Opera Festival*. Eigentlicher Vater der Festspiele, die seither zu den unbestrittenen Höhepunkten des britischen Kultursommers zählen, war der überaus vermögende, mit der Sopranistin Audray Mildmay verheiratete und unter »incurable Teutomania« leidende Musikenthusiast John Christie. Er hatte auf seinem Landsitz in Sussex ein privates Opernhaus gebaut, sich überdies in den Kopf gesetzt, von hier aus das erstarrte englische Musiktheater wiederzubeleben und zu diesem Zweck den Dirigenten Fritz Busch als musikalischen Leiter verpflichtet. Der exilierte Dresdener Operndirektor aber, gerade erst zum Leiter des Teatro Colón in Buenos Aires geworden, dachte sogleich an Carl Ebert, mit dem er seit einiger Zeit äußerst erfolgreich zusammenarbeitete. Ebert wiederum, damit zum Chefregisseur der ersten Mozart-Festspiele in Glyndebourne im Sommer 1934 erkoren, veranlaßte nicht nur seinen langjährigen Personal- und Verwaltungschef Rudolf Bing, der eine erfolglose

Saison am Stadttheater der tschechischen Kleinstadt Teplitz hinter sich hatte und jetzt das Festspielensemble zusammenstellen sollte, zur Emigration nach London. Er wandte sich auch an den Mann, der seine Zusammenarbeit mit Busch zwei Jahre davor eingefädelt hatte: an Berthold Goldschmidt. Und der reiste flugs in die Schweiz, um Ebert auf den *Don Giovanni* und den *Figaro* vorzubereiten, die für die erste Glyndebourne-Saison vorgesehen waren.

Während Bing die Festspiele 1934 und 1935 an der Seite Eberts und Buschs zu einem vielbeachteten Ereignis machte und 1936 offiziell zum Generalmanager des Festivals mit Wohnung und ständigem Büro in London berufen wurde, sollten sich die Hoffnungen des zweiunddreißigjährigen Komponisten, der im Oktober 1935 mit einer Mappe ausgewählter Werke sowie einem Kabinenkoffer voller Kleider in London eintraf, zerschlagen: Ebert, der wie Busch immer zu den Festspielen nach England kam, sah sich nicht der Lage, die arbeitsrechtlichen Hürden, die sich einem weiteren Ausländer in seinem Team entgegenstellten, aus dem Weg zu räumen. Eine Erfahrung, die Berthold Goldschmidt noch Jahrzehnte später verbitterte, war sein Versuch eines Neubeginns doch ohnehin von schweren Belastungen überschattet: Außer den knapp überstandenen Pressionen im ›Dritten Reich‹ mußte er den frühen Tod seiner Schwester in Hamburg verkraften. Das 1936 entstandene *Streichquartett Nr. 2*, das nochmals ein Motiv der Bühnenmusik für Fehling aufnimmt, ist von diesen Erfahrungen geprägt. Seine erste Londoner Arbeit, so Goldschmidt selbst, sei »eine absolut autobiographische Komposition« – das Scherzo »keineswegs witzig«, sondern ein »sehr gehetztes Stück, welches retrospektiv zeigt, in welcher entsetzlichen Angst und Furcht man gelebt hat«, der Werkhöhepunkt, die Folia mit ihrem siebzigmal wiederholten Ostinato-Motiv E-A-Gis, eine unmittelbare Reaktion auf den Verlust der Schwester.

Goldschmidt bezieht eine kleine Wohnung am **Belsize Crescent**, bezahlt die Miete von den schon vorher über die Schweiz nach England transferierten zweihundertfünfzig Pfund, die sein ganzes Vermögen sind, auf ein Jahr im voraus und läßt sich von seinen Eltern aus Hamburg Möbel und Flügel nachschicken. Im Februar 1936 folgt ihm die aus Oldenburg stammende Sopranistin Elisabeth Karen Bothe, die er 1934 in Berlin kennengelernt hat, nach **Hampstead**; das Paar heiratet noch im gleichen Monat. Goldschmidt schlägt sich mit Korrepetieren und Stundengeben durch, schließt sich dem → *Freien Deutschen Kulturbund* und dem → *Austrian Centre* an, studiert an dessen Theaterbühne → *Laterndl* etwa → Mischa Spolianskys

Rufen Sie Herrn Plim ein. Doch nur ein einziges Mal erhält er einen gewinnversprechenden Auftrag: Unter dem Arbeitstitel *Aufstieg und Fall einer Diktatur* soll er 1938 ein Ballett für → Kurt Jooss schreiben. Der schickt ihm von *Dartington Hall* aus jeweils seine szenischen Vorstellungen zu, entschärft das eindeutig auf die Hitler-Diktatur anspielende und letztlich *Chronica* getaufte Tanzdrama aber dann zu Goldschmidts Enttäuschung aus Rücksicht auf die politisch zwiespältige Stimmung in England. Die Uraufführung in Cambridge am 14. Februar 1939 erweist sich als bescheidener Erfolg, die *Balletts Joos* gehen damit auf Tournee durch England, Skandinavien, Nord- und Südamerika. Für Goldschmidt sind die für ihn abfallenden Tantiemen eine wichtige Einnahmequelle, die es ihm im gleichen Jahr ermöglicht, seine seit 1937 verwitwete Mutter aus Hamburg zu sich zu holen.

»Chronica«, 1939

Doch kaum wird ihm erstmals in England einige Aufmerksamkeit zuteil, da unterbrechen die deutschen Luftangriffe sein kompositorisches Schaffen. Immerhin bleibt ihm die Internierung erspart, und die → *BBC* beschäftigt ihn zunächst als freien Mitarbeiter, dann sogar als Leiter der Musikabteilung ihres *German Service*, in dessen Diensten er nicht nur Musiksendungen zusammenstellt, sondern auch Begleitmusiken etwa für → Martin Esslins Hörspielabteilung schreibt. Eine Zusammenarbeit, die nach dem Krieg Früchte tragen wird: Goldschmidt komponiert nach einem Libretto Esslins *Beatrice Cenci*, bewirbt sich mit seiner zweiten, auf einem Versdrama Shelleys beruhenden Oper anonym bei einem Wettbewerb, den das *Arts Council* 1949 ausgeschrieben hat, und gehört zu den Preisträgern, denen eine Aufführung beim *Festival of Britain* versprochen wird. Doch das Schicksal des *Gewaltigen Hahnrei* wiederholt sich: Neben dem 1947 eingebürgerten Goldschmidt hat die Jury zwei weitere ›Ausländer‹ und einen Kommunisten prämiert – ein für die Propagierung der ›englischen Oper‹ kaum zweckmäßig erscheinendes Preisträger-Quartett, weshalb alle vier Premieren platzen. Erst 1953 sendet die *BBC* wenigstens Fragmente der *Beatrice Cenci* unter der Leitung ihres Komponisten.

Der gehört der *British Broadcasting Company* zu diesem Zeitpunkt längst nicht mehr an, die Musikabteilung des *German Service* ist 1947 nach dem Aufbau eines demokratischen Rundfunksystems in Deutschland geschlossen worden. Doch dafür hat sich Goldschmidt inzwischen einen Namen als Dirigent gemacht – dank eines Auftritts mit der *Glyndebourne Opera*, zu dem es ebenfalls 1947 doch noch gekommen ist: Bing hat zur Revitalisierung der seit 1939

*Berthold Goldschmidt
probt Gustav Mahlers
»Zehnte Sinfonie«,
Darmstadt, 6. Mai 1965*

unterbrochenen Festspiele, die ihm in der Nachkriegszeit auf dem
abgelegenen Landsitz in Sussex allein nicht überlebensfähig erscheinen, soeben das *Edinburgh Festival* ins Leben gerufen, dessen
Programm im Kern aus Glyndebourne-Produktionen bestehen soll.
Da springt George Szell kurzfristig ab, und der als Chorleiter ver-
pflichtete Berthold Goldschmidt ist der einzige, der ihn bei der geplanten Aufführung von Verdis *Macbeth* ersetzen kann – übrigens
mit seiner Frau Elisabeth Karen Bothe, die schon 1938 und 1939 als
Choristin in Glyndebourne mitwirkte, als Hexe. Für den Dirigenten
Goldschmidt ist das der Durchbruch, er wird von nun an mit allen
großen Londoner Orchestern zusammenarbeiten. Doch dem Komponisten bleibt weiterhin jedes Echo verwehrt: Nach einer Reihe
konzertanter Werke und den *Mediterranean Songs*, einem Lieder-
zyklus für Klavier und Orchester nach Gedichten von Byron und
Lawrence Durrell, resigniert Berthold Goldschmidt 1958 an der
mangelnden Resonanz seiner Arbeit in England und Deutschland:
Mit Ausnahme einer Hörspielmusik zu Kafkas *Forschungen eines
Hundes* schreibt er vierundzwanzig Jahre lang nichts mehr, verlegt sich ganz aufs Dirigieren und die Rekonstruktion von Gustav

Mahlers *Zehnter Sinfonie*. Die Uraufführung der mit dem Musik-wissenschaftler Deryck Cooke erarbeiteten, vollständigen Fassung im Rahmen der *Proms* in der *Royal Albert Hall* markiert 1964 den Höhepunkt seiner Dirigiertätigkeit, die nur vier Jahre später been-det ist, weil Goldschmidt inzwischen die Altersgrenze erreicht hat.

Seine musikalische Laufbahn scheint damit am Ende. Seine Frau, die sich seit langem der Malerei zugewandt hat und zuletzt Mitar-beiterin im *Victoria & Albert Museum* war, erkrankt an Leukämie; er pflegt sie aufopferungsvoll bis zu ihrem Tod am 13. März 1979. Da bringen die achtziger und vor allem neunziger Jahre die uner-wartete Wende: Zum international wachsenden Interesse an der von den Nationalsozialisten aus dem Land getriebenen Kultur gesellt sich eine neue Offenheit für Goldschmidts linear-kontrapunktisches Komponieren, er wird in England und Deutschland, aber auch in den USA endlich wirklich entdeckt. Neben stark beachtete Aufführun-gen seiner älteren Werke treten neue Kompositionsaufträge und eine stattliche Zahl von CD-Einspielungen. Der späte Ruhm tut ihm gut: »Man muß nur überleben«, faßt Berthold Goldschmidt seine Laufbahn 1995 in einer gleichnamigen Fernsehdokumentation zu-sammen. Am 17. Oktober 1996 stirbt er in der Wohnung am **Belsize Crescent**, die er einundsechzig Jahre zuvor bezogen hat.

Auch die Karriere des erfolgsverwöhnten Rudolf Bing verlief nicht immer glanzvoll: Als Hitlers Krieg den Deutschland-Liebhaber John Christie dazu zwang, das *Glyndebourne Opera Festival* einzustel-len, hatte auch der mit einem schönen, aber kleinen Bariton geseg-nete Wiener, der als junger Buchhändler zur Konzertagentur seines Lehrherrn Hugo Heller gegangen und so zum Impresario Eberts geworden war, seinen lukrativen Posten als Generalmanager verlo-ren. Bings Frau, die russische Ballerina Nina Schelemskaya-Scheles-naya, zog angesichts der deutschen Luftangriffe auf London zu Hugo von Hofmannsthals Witwe Gertie nach Oxford, er selbst wohnte – nachdem er 1940 noch eine England-Tournee der *Drei-groschenoper* in der Regie John Gielguds und mit Michael Redgrave als Macheath organisiert hatte – bei Christie in Glyndebourne, wo das Opernhaus inzwischen zu einem Heim für aus London evaku-ierte Kinder geworden war. Eine Zeitlang führte er die Geschäfte des Tanzensembles der *Sadler's Wells Opera*, das der Krieg zum Wan-derballett mit einem Verwaltungsbüro in *Dartington Hall* gemacht hatte, dann fand er eine Stelle im Kaufhaus *Peter Jones* am Londo-ner **Sloane Square**.

Zugehört

Das Goldschmidt-Album. Mit Simon Rattle, Yakov Kreiz-berg, Charles Dutoit und Berthold Goldschmidt. DECCA »Entartete Musik« 452 599-2.

Letzte Kapitel, Streichquartett Nr. 2, Belsatzar, Streichquartett Nr. 3. Mit dem Mandelring-Quartett und dem ars-nova-ensemble. LARGO 5115.

Sir Rudolf Bing,

Impresario, Musikmanager und Opernintendant. Er wur-de am 9. Januar 1902 in Wien geboren und emigrierte von Berlin aus 1933 über Wien in die Tschechoslowakei, von dort 1934 nach London. Im Novem-ber 1949 ging er als Leiter der *Metropolitan Opera* nach New York. 1971 von Queen Eliza-beth in Anerkennung seiner Verdienste um das Musikleben im Vereinigten Königreich geadelt, lehrte er nach seinem Abgang von der *Met* an diver-sen Hochschulen. Am 2. Sep-tember 1997 starb er in Yonkers bei New York.

Nachgelesen
5000 Abende in der Oper.
Die Sir Rudolf Bing Memoiren.
München (Kindler) 1973.

Es geht weiter
den Belsize Crescent abwärts
und geradeaus über den kleinen, trichterförmigen Platz in
die Belsize Terrace, von der man
nach rechts in die Straße biegt,
die heißt wie dieser Teil Hampsteads: Belsize Park. Hier und
in ihrer östlichen Verlängerung,
der Belsize Avenue, wohnten
zeitweise zahlreiche Refugees,
etwa Oskar Kokoschka, Hans
Flesch-Brunningen oder Gabriele
Tergit, und auch die FDJ hatte in
Belsize Park ihren Sitz. Haus 27
befindet sich schräg gegenüber
St. Peter's Church.

Rudolf Bings verantwortungsvolle Aufgabe: Er erklärt den
Kunden, wie viele Kleidermarken sie angesichts der herrschenden
Rationierung für ihre Textileinkäufe einsetzen müssen. Das Organi-
sationstalent Bing entwickelt in seiner Not ein für die gesamte John-
Lewis-Kette, zu der auch sein Warenhaus gehört, brauchbares
Handbuch, wird prompt in die Konzernzentrale geholt und kehrt
nach kurzer Zeit als einer von drei Abteilungsdirektoren an den
Sloane Square zurück. Zweimal wöchentlich hält er dort nachts Feu-
erwache, denn das moderne Kaufhaus ist wegen seiner Glasfassade
nur unzureichend zu verdunkeln. Doch anders als viele andere Gebäude am **Sloane Square** übersteht es den Krieg so unbeschadet wie
Rudolf Bing, der bereits Ende 1944 wieder als Generalmanager für
Christie aktiv wird und erste Vorbereitungen für das *Edinburgh
Festival* trifft. Von 1947 bis 1949 ist er dessen Intendant, dann verläßt er England in Richtung New York – als neuer Direktor der
Metropolitan Opera, die unter seiner bis 1972 währenden Führung
zum ersten Opernhaus der Welt wird und damit eine Stellung erreicht, die sie selbst zu Carusos Zeiten nicht besaß.

Als Ernst Toller im Herbst 1933 in London eintraf, war er in England längst ein anerkannter Autor. Daheim dagegen hatte nicht nur die Reaktion dem erfolgreichen Dramatiker nie den Revolutionär Ernst Toller verziehen, der im April 1919 ganze sechs Tage lang Zentralratsvorsitzender der Münchener Räterepublik und danach zehn Tage lang Abschnittskommandant ihrer ›Roten Armee‹ gewesen war, wofür ihn das Deutschland Eberts und Noskes fünf Jahre lang in der Festung Niederschönenfeld gefangenhielt. Dabei war der damals Fünfundzwanzigjährige weder Regierungs- noch Milizchef aus freien Stücken geworden. Doch der Mann war Preuße – und der Idealtypus eines *Homme engagé*, ausgestattet mit jenem unbestechlichen Gerechtigkeitssinn, der für viele deutsche Juden seiner Generation so bezeichnend war.

1914 war der 1893 im westpreußischen Samotschin geborene Kaufmannssohn begeistert in den Weltkrieg gezogen. Wilhelm der Letzte kannte schließlich nur noch Deutsche, und der junge Toller – Urenkel des ersten Juden, den Friedrich der Zweite in Samotschin geduldet hatte – wollte nichts als ein Deutscher sein. Das Fronterlebnis machte ihn zum Pazifisten, bevor er sich – unter dem Einfluß Kurt Eisners und Gustav Landauers, aber auch → Kurt Hillers und → Walter Hasenclevers – zum revolutionären Aktivisten entwickelte. In Festungshaft wurde er zum Landtagsabgeordneten der USPD gewählt, ohne das Mandat je wahrnehmen zu können. Vor allem aber entwickelte sich der politische Gefangene Ernst Toller zu dem deutschen Dramatiker der frühen zwanziger Jahre schlechthin. Als man ihn 1924 aus der Haft entließ, war er hinter Gittern ein berühmter Mann geworden. Toller blieb revolutionärer Politiker so gut wie revolutionärer Dichter: Er hatte das expressionistische Theater geprägt, jetzt ›erfand‹ er die Massenspiele und das Dokumentardrama, Piscators Aufführung von *Hoppla, wir leben* war eines der großen Theaterereignisse der Weimarer Republik. Der auch selbst schauspielerisch begabte, schmächtige Mann, der – wie das Fahndungsplakat von 1919 berichtet – »beim Nachdenken die Augen« schloß, setzte sich als Redner und Publizist gegen Unrechtsjustiz und koloniale Unterdrückung ein, er war mit Jawaharlal Nehru befreundet und hielt Carl von Ossietzky am Tegeler Gefängnistor die Abschiedrede, als der *Weltbühnen*-Chef am 10. Mai 1932 eingekerkert wurde.

Am 28. Februar 1933, dem Tag nach dem Reichstagsbrand, wurde Ossietzky erneut verhaftet. In Tollers Berliner Wohnung war die SA schon unmittelbar nach der ›Machtergreifung‹ eingedrungen.

Ernst Toller

27 Belsize Park, N.W. 3
1 Lambolle Road, N.W. 3

Ernst Toller,
Schriftsteller und Politiker. Der unabhängige Sozialist und Pazifist wurde am 1. Dezember 1893 im westpreußischen Samotschin geboren. Als Hitler Reichskanzler wurde, befand er sich zufällig in der Schweiz. Im Februar 1934 zog er nach London, von dort ging er im Oktober 1936 in die USA. Ernst Toller beging am 22. Mai 1939 Selbstmord.

Doch der Gesuchte war zufällig in der Schweiz. Und der Mann, den die Nazis haßten wie kaum einen anderen, wurde nun zum ersten Repräsentanten der exilierten deutschen Opposition: Am 10. Mai, als im Reich auch seine Bücher brannten, schrieb Toller das Vorwort seiner Autobiographie *Eine Jugend in Deutschland*, einer der schonungslosesten Selbstentblößungen unserer Literatur. Achtzehn Tage später trat er auf dem Kongreß des internationalen → PEN-Clubs in Ragusa (dem heutigen Dubrovnik) auf – und hielt dort eine Ansprache gegen die brutale Unterdrückung der freien Rede durch die Nationalsozialisten, in der sich das ›andere Deutschland‹ erstmals so artikulierte, daß es weltweit Gehör fand:

»*Man wird mir in Deutschland vorwerfen, daß ich gegen Deutschland gesprochen habe. Das ist nicht wahr. Ich wende mich gegen die Methoden der Männer, die heute Deutschland regieren, aber keine Legitimation besitzen, sich und Deutschland gleichzusetzen. Millionen Menschen in Deutschland dürfen nicht frei reden und schreiben. Wenn ich hier spreche, spreche ich mit für diese Millionen, die heute keine Stimme haben.*«

Der Anspruch, nicht die Nationalsozialisten, sondern die aus dem Land gejagte Opposition hätten das Recht, das ›wahre‹ Deutschland zu vertreten, blieb bis 1945 die zentrale politische Argumentationsfigur des Exils. Doch besonders für die emigrierten Schriftsteller sollte sich Tollers Rede als bedeutend erweisen. Die offizielle deutsche Delegation, die in Ragusa außer der Bücherverbrennung auch den Ausschluß der wichtigsten Schriftsteller aus der nationalen → PEN-Sektion rechtfertigen mußte, hatte den Saal nämlich schon vor seinem Auftritt verlassen. Danach aber führte für sie kein Weg mehr in den bis dahin ›unpolitischen‹ internationalen Verband zurück: Die Nazis lösten den deutschen → PEN auf – und standen so bei der Anerkennung des unter der Federführung Tollers, → Max Herrmann-Neißes, Lion Feuchtwangers und → Rudolf Oldens in London gegründeten → Exil-PEN unfreiwillig Pate.

Nicht zuletzt Tollers Renommee in Großbritannien hatte seinen Auftritt in Ragusa ermöglicht: Aus der gleichgeschalteten deutschen Sektion verbannt, war er als Mitglied der englischen Delegation angereist. Schon in den zwanziger Jahren war er mehrfach in London gewesen, seine Stücke waren auf der Insel übersetzt und gespielt worden. Als er im September 1933, kurz nach seiner Zwangsausbürgerung aus Nazideutschland, erneut in London eintraf, um vor einem Untersuchungsausschuß zum Reichstagsbrand auszusagen, hatte er bereits den Ruf eines Botschafters der deutschen Opposition. Toller blieb für zunächst drei Monate, bevor er sich im Februar 1934 länger in dem Land niederließ, in dem – wie er rühmte – die Idee der Gerechtigkeit so lebendig sei wie nirgendwo sonst. In Deutschland, beschrieb er Emil Ludwig seinen Vorsatz kurz vor der Übersiedelung nach **Hampstead**, wo er zunächst in **1 Lambolle Road** wohnte, sei er ein Rebell gewesen – und eben das werde er »nun in England sein«.

Tatsächlich wirkt er in England eher als versierter Öffentlichkeitsarbeiter, konzentriert sich immer stärker auf Politik denn auf Literatur, hält in den zweieinhalb Jahren, die er in London bleibt, über zweihundert Vorträge und Rundfunkansprachen. Der feurige Redner, der auch in der fremden Sprache zu brillieren versteht, verzichtet dabei weitgehend auf sozialrevolutionäres Vokabular, betont jene bürgerlichen Freiheiten, die in Großbritannien selbstverständlicher Alltag, in Deutschland hingegen restlos suspendiert sind. Das ist nicht nur diplomatische Rücksicht auf eine andere kulturelle Umgebung, der er die Anliegen der deutschen Opposition verständlich machen will. Toller muß sich zumindest zeitweise auch aus taktischen Gründen zurückhalten, versucht die deutsche Botschaft doch mit – freilich erfolglosen – Interventionen bei der britischen Regierung, ihm einen Maulkorb verpassen zu lassen. Aber in seinem politischen Denken verschieben sich nach dem Untergang der Weimarer Republik auch die Akzente, er unterzieht den Pazifismus einer kritischen Revision, weil der den nicht nur in Deutschland grassierenden Chauvinismus als politisches Kardinalproblem verkannt und keinen kämpferischen Internationalismus entwickelt habe.

Toller faßt nicht nur in linken, sondern auch in liberalen Kreisen Londons Fuß. Er setzt sich für Arbeitsgenehmigungen für Emigranten ein und nutzt seine Kontakte, als er gemeinsam mit → Rudolf Olden die Kampagnen für die Freilassung Carl von Ossietzkys in England leitet und dabei die Hilfe von Virginia Woolf, Aldous Huxley, H.G. Wells und Bertrand Russell gewinnt. Mit dessen Unterstützung gelingt es ihm, Ossietzkys Tochter Rosalinde in Dartington Hall unterzubringen, jenem Reform-Internat, das auch → Walter Gropius und → Kurt Jooss zu einer wichtigen Stütze im britischen Exil wird. Für Toller selbst sind die zweieinhalb Londoner Jahre eine vergleichsweise gute Zeit. Die einzige Werkausgabe zu Lebzeiten erscheint auf Englisch, seine Stücke werden gespielt, er heiratet. Seine Frau, die blutjunge Schauspielerin Christiane Grautoff, ist bei Max Reinhardt in Berlin ein Theater-Wunderkind gewe-

*Ernst Toller mit
Christiane Grautoff,
London 1935*

sen und Toller im Frühjahr 1934 ins Exil gefolgt; als sie am 16. Mai 1935 die Ehe schließen, ist sie noch nicht einmal halb so alt wie ihr Mann. Das Paar zieht um die Ecke nach **27 Belsize Park**; Toller versucht, in einer Dachkammer auch wieder als Dramatiker zu arbeiten. Allerdings will ihm kaum etwas gelingen – obwohl er fließend englisch spricht, kommt er literarisch nicht mit der fremden Sprache zurecht. Sein einziges Londoner Stück, die Komödie *No more Peace*, muß er übersetzen lassen; sie wird in einer Liedbearbeitung von W. H. Auden am 11. Juni 1936 vom *Gate Theatre* mit Christiane in der weiblichen Hauptrolle uraufgeführt und gerät zum Mißerfolg. Die depressiven Schübe, unter denen er seit langem leidet, verstärken sich. Auch seine Bemühungen, die englische Öffentlichkeit auf die Zustände in Deutschland aufmerksam zu machen, erweisen sich letztlich als folgenlos. Christiane Grautoff notiert eine besonders drastische Episode, in der Toller ein Mittagessen bei Wickham Steed zu einem Vortrag über die Konzentrationslager nutzte:

»*So, jetzt sprach er. Eindrucksvoll. Er sprach die Wahrheit (…) Alle schauten ihn an. Jetzt war er in Form. Seine Stimme klang gut (…) Und da passierte es. Ein dicker gewesener Konsul in einem runden so bequemen weichen Sessel schnarchte so laut, daß die englische Königin im Palast es hören konnte. Er schlief und schnarchte und schnarchte.*«

Im Oktober 1936 bricht Toller zu einer Vortragsreise nach Nordamerika auf – und bleibt in den USA. Als er 1938 nach einer Spanien-Reise bei den westlichen Regierungen für eine internationale Hilfsaktion zugunsten der unter dem Bürgerkrieg leidenden spanischen Zivilbevölkerung wirbt, kommt er im Herbst nochmals nach London. Dort führt das *Arts Theatre* eine englische Bearbeitung seiner *Blinden Göttin* auf. Am 29. September wendet er sich nochmals an die britische Öffentlichkeit, hält in der *Conway Hall* am **Red Lion Square** eine eindringliche warnende Rede *An England*. Er beschwört seine Zuhörer, Hitler in der ›Sudetenkrise‹ nicht nachzugeben, prophezeit ein Judenpogrom in Deutschland und ruft zur Solidarität mit der vor der Niederlage stehenden spanischen Republik auf. Doch es ist zu spät: Am gleichen Abend unterzeichnet Chamberlain das Münchener Abkommen. Am 12. November, drei Tage, nachdem in Deutschland die Synagogen brannten, verläßt Ernst Toller England für immer. Im Frühjahr 1939 fällt das republikanische Spanien, Franco erobert Madrid. Am 22. Mai erhängt Toller sich im Mayflower-Hotel nahe New Yorks Central Park. Die Ehe mit Christiane Grautoff ist bereits ein Jahr zuvor gescheitert.

Es geht weiter
entweder mit einem kleinen Umweg in den nördlichen (in Gehrichtung ersten) Arm von Belsize Square in die Lambolle Road zu Tollers anderer Adresse und dann auf der rückwärtigen Verbindung zur Südseite des Belsize Square. Oder man geht an der Kirche vorbei und links in Belsize Square hinein, direkt zur Belsize Square Synagogue.

Gegründet wurde er erst im September 1943, und er sollte die kleinste der großen Emigranten-Organisationen bleiben. Doch dafür tagt der *Club 43* auch im Jahr 2000 noch allwöchentlich als *Anglo-German Cultural Forum* im Versammlungsraum der *Belsize Square Synagogue*, nur ein paar Minuten vom ersten Vereinslokal in **Broadhurst Gardens** entfernt.

Der *Club 43* war im Zwist entstanden: Als sich der bei vielen Linksintellektuellen als Scharfmacher verrufene Alfred Meusel anschickte, den → *Freien Deutschen Kulturbund* auf KPD-Linie zu trimmen, kehrte eine Gruppe um dessen bisheriges Vorstandsmitglied → Hans Flesch-Brunningen dem → *FDKB* den Rücken. In **Elstree** fand man sich daraufhin im Haus des Dramatikers und Filmautors Hans José Rehfisch zusammen, um eine »Vereinigung des Geistes gegen allen Ungeist«, den stalinistischen wie den nazistischen, ins Leben zu rufen. Solch idealistischer Schwung mußte im → *FDKB* natürlich verspottet werden, doch ein bloßes Kränzchen unpolitischer Schöngeister war der neue Club keineswegs. Linksliberal gestimmt und vor allem als kulturelle Vereinigung konzipiert, zog er schon bald Leute wie → Kurt Hiller oder Hans Vogel, den Exil-Vorsitzenden der SPD, an, → Theodor Kramer zählte ebenso zu den Mitgliedern wie → Erich Fried, der sich zunehmend von den im → *Austrian Centre* wie im → *Kulturbund* ›regierenden‹ Kommunisten löste und in → Flesch-Brunningen einen neuen politischen ›Ziehvater‹ fand. Im *Club 43* referierte Otto Lehmann-Russbüldt, der Gründer der *Deutschen Liga für Menschenrechte*, hier verkehrten Rudolf Bernauer, der Theaterdirektor, der seiner Tochter → Agnes Bernelle wegen des kommunistischen Einflusses im → *FDKB* die → *Kleine Bühne* verboten hatte, Alfred Unger, der 1930 mit dem Preis des *Deutschen Bühnenvereins* ausgezeichnete Dramatiker und spätere London-Korrespondent des *Senders Freies Berlin*, sein Bruder Wilhelm Unger, der nach seiner Rückkehr nach Deutschland die *Bibliotheca Germania Judaica* in Köln mitbegründen sollte, oder der Zeichner und Bühnenbildner → Ernst Julian Stern. Nach dem Krieg las Mechtilde Lichnowsky im *Club 43* aus ihren *Gesprächen auf Sybaris*, dem einzigen Manuskript, das die Freundin Sternheims, Rilkes, Hofmannsthals oder Harry Graf Kesslers im Juni 1946 bei ihrer Übersiedelung an die Themse hatte mitnehmen können.

Die Tochter des Grafen von und zu Arco-Zinneberg kannte die Stadt damals bereits seit langem. 1912 war ihr erster Mann Karl Max Fürst Lichnowsky zum deutschen Botschafter in London berufen

Der Club 43, Mechtilde Lichnowsky, Hans José Rehfisch, Hans Jaeger, Grete Fischer und Hermann Friedmann

Belsize Synagogue
Belsize Square, N.W. 3

Am Rand notiert

Seit dem Sommer 1993 leitet Hans Seelig den *Club 43*. Der gebürtige Mannheimer gelangte 1939 – gerade neunjährig – mit einem Kindertransport nach Schweden und von dort nach Brighton, wo er seine Eltern wiedertraf. Er war zunächst als Gymnasial- und Hochschullehrer tätig und arbeitet seit seiner Pensionierung als freier Schriftsteller, Komponist und Antiquar. Schon seine Vorgängerin Berta Sterly machte die von Emigranten gegründete *Belsize Square Synagogue* zum Versammlungslokal des *Clubs 43*, dem nach wie vor auch Nichtjuden angehören. Die Synagoge war zunächst im alten Pfarrhaus der *St. Peter's Church* untergebracht, das der Gemeinde inzwischen als Verwaltungsgebäude dient. Der heutige, 1973 erweiterte Synagogalbau entstand 1958 und stammt von dem Bauhaus-Schüler W. J. Reifenberg.

Mechtilde Lichnowsky,

Schriftstellerin. Sie wurde als
Mechtilde Christiane Marie
von und zu Arco-Zinneberg
am 8. März 1879 auf Schloß
Schönburg in Niederbayern
geboren. Als Witwe des früheren deutschen Botschafters in
London und Frau eines Anglän-
ders versuchte sie 1939 vergeblich, nach Großbritannien
zu emigrieren. Erst im Juni
1946 konnte sie nach London
übersiedeln, wo sie am 4. Juni
1958 starb.

Hans José Rehfisch,

Jurist und Dramatiker. Er wurde am 10. April 1891 in Berlin
geboren und emigrierte 1933
nach Wien, von wo er 1938
nach London entkam. 1945
übersiedelte er in die USA,
1950 kehrte er in die Bundesrepublik zurück. Er starb am
9. Juni 1960 in Schuls in der
Schweiz.

worden. Und der Fürst bemühte sich nicht nur um eine deutsch-englische Verständigung, er und seine neunzehn Jahre jüngere Gemahlin, die soeben als Schriftstellerin debütiert hatte, machten die Residenz in **9 Carlton House Terrace, S. W. 1** auch zu einer Botschaft der deutschen Avantgarde. 1914 war die Mission des Fürsten gescheitert; daß er Kaiser Wilhelm 1918 die Hauptschuld am Ersten Weltkrieg gab, trug ihm den Ausschluß aus dem *Preußischen Herrenhaus* ein. Seine 1928 verwitwete Frau, deren Bücher bei Kurt Wolff und S. Fischer erschienen, lebte nach 1930 vorwiegend an der Côte d'Azur und heiratete 1937 ihren englischen Jugendfreund Sir Ralph Harding Peto. Trotz ihrer damit erworbenen britischen Staatsbürgerschaft verweigerten die Nationalsozialisten der Schriftstellerin, die den Beitritt zur Reichsschrifttumskammer ausdrücklich abgelehnt und bereits 1936 nicht beim arisierten S.-Fischer-, sondern beim emigrierten Bermann-Fischer-Verlag veröffentlicht hatte, 1939 die Ausreise nach London; Mechtilde Lichnowsky überstand den Krieg in der besetzten Tschechoslowakei und in Deutschland. Als sie 1946 endlich in London eintraf, war auch ihr zweiter Mann bereits tot, ihr selbst blieben noch zwölf Jahre in der britischen Hauptstadt, in denen sie etwa ihre sprachkritische Studie *Worte über Wörter* abschloß, die den Einfluß ihres engen Freundes Karl Kraus verrät, aber auch Berührungspunkte mit Victor Klemperers *Lingua tertii imperii* erkennen läßt.

›Unpolitisch‹ waren aber auch die Gründer des *Club 43* nicht. Hans José Rehfisch, 1891 in Berlin geboren, hatte sich in den zwanziger Jahren nicht nur als Jurist und Verfasser gesellschaftskritischer Dramen wie *Die Affäre Dreyfus* oder *Wer weint um Juckenack* einen Namen gemacht, sondern 1923/24 auch gemeinsam mit Erwin Piscator das Berliner *Central-Theater* geleitet und an Filmen wie *Danton* mit → Fritz Kortner mitgearbeitet. Vor seiner Emigration im April 1933 nach Wien, wo sein später durch den Hans-Albers-Film bekanntgewordenes Stück *Wasser für Canitoga* entstand, hatten ihn die Nationalsozialisten kurze Zeit in ›Schutzhaft‹ genommen. 1938 entkam er ihnen nach London. Hier schlug er sich mit Drehbüchern für → Alexander Korda, → *BBC*-Beiträgen und als Metallarbeiter durch. 1945 ging er zu Piscators *Dramatic Workshop* in New York und lehrte an der *New School for Social Research*, bevor er 1950 in die Bundesrepublik zurückkehrte und – wie bereits in der Weimarer Republik – zum Präsidenten des *Verbandes deutscher Bühnenschriftsteller und Komponisten* wurde.

Der Staatsrechtler und Philosoph Hermann Friedmann, 1873 in Bialystock geboren und 1934 nach England emigriert, war außer im *Club 43* auch im → Exil-PEN an herausgehobener Stelle aktiv: Der besonders als Wissenschaftstheoretiker hervorgetretene Friedmann, dessen nach seiner Rückkehr nach Deutschland erschienenes Buch *Wissenschaft und Symbol* als Standardwerk gilt, amtierte von 1946 an unter dem kranken Präsidenten → Alfred Kerr als Vorsitzender der Londoner → PEN-Gruppe und wirkte entscheidend an der Wiedererrichtung eines → PEN-Zentrums in Deutschland mit. Nach dessen Spaltung ernannte ihn der westdeutsche → PEN 1951 zu seinem Ehrenpräsidenten.

Hans Jaeger schließlich kam sogar aus den Reihen der KPD, der er seit den Tagen des *Spartakusbundes* angehört hatte. Der gebürtige Berliner leitete bis 1925 das *Wolff'sche Telegraphenbüro* in Köln, dann ging er nach Frankfurt ans *Institut für Sozialforschung* und stand zunächst hier, später in Berlin dem Marx-Engels-Verlag vor, für den er zwölf Bände der *Marx-Engels-Gesamtausgabe* redigierte. Außerdem war Jaeger in Berlin Chef der Agitprop-Abteilung der KPD.

Als er 1933 nach Prag entkam, trieben die Nationalsozialisten seinen Vater wegen ›Fluchthilfe‹ in den Tod. 1935 brach Hans Jaeger mit der KPD und wurde daraufhin auch aus der *Komintern* ausgeschlossen, was 1939 seine Flucht aus der unmittelbar vor der Besetzung stehenden Tschechoslowakei erheblich erschwerte. Über Polen und Kopenhagen gelangte er schließlich Ende April 1939 nach London, wo er sich → Kurt Hillers *Gruppe Unabhängiger Deutscher Autoren* anschloß. Jaeger, der von Juni 1940 bis März 1941 interniert war, wurde zunächst Sekretär des *Clubs 43*, den er von 1952 an viele Jahre lang führen und nachhaltig prägen sollte. Nach seiner Einbürgerung 1948 trat er der *Labour Party* bei, der beispielsweise auch der 1993 zum Vorsitzenden des Clubs gewählte Literat und Komponist Hans Seelig angehört.

Obwohl Gegner wie Gründungsmitglieder vor allem die kulturellen Ambitionen des Vereins herausstellten, der in seinen besten Zeiten rund zweihundert Mitglieder zählte, so erschien Ende 1944 doch ein Buch, das geradezu als sein Manifest bezeichnet werden kann: die von Rehfisch herausgegebene Essay-Sammlung *In Tyrannos. Four Centuries of Struggle against Tyranny in Germany*. Schon der programmatische Titel weist den vierhundert Seiten starken Band als Antwort sowohl auf die Vorstellungen, die man sich im → FDKB von Deutschlands Zukunft machte, als auch auf die auf

Hermann Friedmann,

Jurist und Wissenschaftsphilosoph. Er wurde am 11. April 1873 in Bialystock geboren und emigrierte 1934 nach England. 1948 kehrte er in die Bundesrepublik zurück, am 25. Mai 1957 starb er in Heidelberg.

Nachgelesen

Hermann Friedmann: *Sinnvolle Odyssee. Geschichte eines Lebens und einer Zeit.* München (Beck) 1950.

Hans Jaeger,

Publizist. Er kam am 10. Februar 1899 in Berlin zur Welt. 1933 floh er nach Prag, im Frühjahr 1939 über Polen und Skandinavien nach London. Dort starb er am 12. Oktober 1975. In Hampstead wohnte Jaeger in 23 Lyndhurst Road.

Grete Fischer,

Verlagslektorin, Journalistin
und Heilpädagogin. Sie wurde
am 6. Februar 1893 in Prag
geboren und emigrierte 1934
aus Berlin nach London, wo
sie am 28. März 1977 starb.
Die längste Zeit lebte sie hier
in 44 Hoop Lane, N. W. 11.

Nachgelesen

Grete Fischer:
*Dienstboten, Brecht und andere
Zeitgenossen. In Prag, Berlin,
London.* Homberg (Olten) 1966.

Es geht weiter

durch Belsize Park nach Süd-
westen, wobei man sich an der
Gabelung mit Buckland Crescent
rechts hält. Am College Crescent
geht es scharf rechts ab. Man
überquert noch Belsize Lane,
geht dann über die Straße und
in Maresfield Gardens hinein.

manchen Emigranten ansteckend wirkende ›Vansittartitis‹ aus. Tatsächlich erinnern die allesamt im *Club 43* aktiven Autoren – zu Rehfisch, Friedmann und → Flesch-Brunningen gesellen sich etwa die
Frauenrechtlerin Adele Schreiber, der Karl-Kraus-Schüler Heinrich
Fischer oder Monty Jacobs, der langjährige Feuilletonchef der *Vossischen Zeitung* – an die verschütteten Traditionen eines demokratischen Deutschland und spannen in insgesamt fünfzehn Aufsätzen
den Bogen vom Bauernkrieg über den Vormärz und die Revolution
von 1848 bis zur Arbeiterbewegung mit Ferdinand de Lasalle, Karl
Marx und Rosa Luxemburg. Die englische Presse verstand *In Tyrannos* denn auch als ernstzunehmenden Beitrag zur Diskussion um
die Neugestaltung Deutschlands – nicht ohne kritisch anzumerken,
daß die in dem Buch angeführten Vorkämpfer für demokratische
und soziale Rechte allesamt gescheitert waren.

Der kleine Club entwickelte sich gleichwohl zu einem Diskus-
sionsforum, das die anderen, stark politisierten Emigranten-Ver-
bände dank seines vor allem kulturellen, aber deshalb keineswegs
politikfreien Selbstverständnisses so lange überleben sollte:

*»Das Niveau war erstaunlich hoch, und die Besucherzahl wuchs; es
gab Samstagnachmittage, an denen über zweihundert Hörer kamen,
trotz der Bomben, trotz schlechter Verbindungen im Winter, bei unbe-
leuchteten Straßen. Ich erinnere mich, wie während eines Vortrags von
Rehfisch die Sirenen heulten und bald die Flugzeuge über dem Glasdach
unseres Lokals zu kreisen begannen. Er sprach weiter, und die Zuhörer
blieben sitzen.«*

Diese Sätze stammen von Grete Fischer, der gebürtigen Pragerin,
die in Berlin Lektorin bei Paul Cassirer und im Ullstein-Verlag sowie Konzertkritikerin für den *Berliner Börsen-Courier*, die *B. Z. am
Mittag* und die *Vossische Zeitung* gewesen war, bevor sie nach ihrer
Emigration nach London Beiträge für die → *BBC* und → *Die Zeitung*
verfaßte. Als Mitgründerin des *Clubs 43* gab sie den Journalismus
1945 auf, arbeitete als Heilpädagogin mit hirngeschädigten Kindern
und schrieb englische Kinderbücher. Nicht nur ihr stand jetzt der
Weg in die britische Gesellschaft wirklich offen, ohne daß sie ihre
kulturellen Wurzeln deswegen vergessen mochte.

S ein Platz, schrieb er, als er mit siebzehn Jahren das Abitur bestand, sei nicht in der »Volksgemeinschaft«, sondern »in der Opposition«. 1910, er war inzwischen weltberühmt, nannte ein höherer Wiener Beamter seine revolutionäre Lehre »eine Sache der Polizei«. Im gleichen Jahr gelang es ihm, seine Anhänger in Nürnberg mit der Gründung der *Internationalen Psychoanalytischen Gesellschaft* zu organisieren. Dieser »Nürnberger Reichstag«, kommentierte er den Erfolg, beende »die Kindheit unserer Bewegung«.

Der Mann, von dem diese Zitate stammen, war weiter vom Nationalsozialismus entfernt als irgendeiner: Sigismund Schlomo Freud, bewußter, wenn auch areligiöser Jude und Vater der Psychoanalyse. 1856 als Sohn eines stets an der Grenze zur Armut lebenden Wollhändlers im mährischen Freiberg geboren, war der Seelenarzt und Aufklärer aus der Wiener Berggasse beim Regierungsantritt seines österreichischen Landsmannes Adolf Hitler im Deutschen Reich längst ein alter, von schwerer Krankheit gezeichneter Mann. Freud wußte, welche Gefahr die Nationalsozialisten für seine Lehre und für ihn selbst bedeuteten: Seine Bücher wurden in Deutschland verbrannt; rasch setzten Versuche ein, die dortige *Psychoanalytische Gesellschaft* zu ›arisieren‹; sein Sohn Ernst, Architekt in Berlin, mußte mit seiner Familie das Land verlassen und emigrierte über Wien nach London. Ein Weg, den Sigmund Freud und seine Lieblingstochter und Schülerin Anna bereits nach dem Reichstagsbrand ebenfalls in Erwägung zogen. Doch Flucht, meinte er, »wäre nur durch direkte Lebensgefahr gerechtfertigt«.

Die aber bestand für ihn seiner Ansicht nach in Wien vorerst nicht: Der ungeliebte katholische Ständestaat könne Österreich noch vor dem Nazitum retten, hoffte er. Gleichwohl bedeutete der Klerikalfaschismus à la Dollfuß eine schwere Belastung für Freud, hatte er doch 1934 mit der Arbeit an seinem Buch *Der Mann Moses und die monotheistische Religion* begonnen, die ihn fast bis zu seinem Lebensende beschäftigen sollte. Zwar nannte er seinen eminent kritischen Rückblick auf die jüdische Religion, dessen historischen Ausgangspunkt er mit dem der im gleichen Jahr erschienenen *Bilanz der deutschen Judenheit* seines Freundes Arnold Zweig verglich, nahezu programmatisch einen »historischen Roman«, wohl wissend, daß die hochspekulative Studie seinen eigenen, strengen Begriffen von Wissenschaft nicht standhielt. Doch war der begeisterte Archäologie-Kenner weniger über die empirische Ungesichertheit seiner Grundannahme, der ›Ägypter‹ Moses habe »den

Sigmund und Anna Freud

20 Maresfield Gardens, N.W. 3

Am Rand notiert

Das im Juli 1986 eröffnete Freud-Museum konserviert das Arbeits- und Behandlungszimmer Freuds samt seiner Bibliothek und archäologischen Sammlung. Es ist mittwochs bis sonntags jeweils von 12 bis 17 Uhr geöffnet. Anna Freuds Klinik befindet sich in Maresfield Gardens Nummer 12, 14 und 21, ihre War Nurseries lagen in 13 Wedderburn Road. Die Schule an der Kurve diente während des deutschen Luftkrieges als Feuerwache, in der unter anderem Stephen Spender seinen Dienst tat.

Sigmund Freud,

Arzt und Psychologe. Der Begründer der Psychoanalyse wurde am 6. Mai 1856 im mährischen Freiberg geboren. Seit 1923 krebsleidend, emigrierte der Zweiundachtzigjährige am 4. Juni 1938 aus Wien nach London, wo er am 6. Juni eintraf und am 23. September 1939 starb. Er wohnte in diesen anderthalb Jahren zuerst in 39 Elsworthy Road, N.W. 3, dann im Hotel Esplanade im Warrington Cres., W. 9, seit September 1938 schließlich in 20 Maresfield Gardens, N.W. 3.

Juden geschaffen«, als darüber bekümmert, die Kirche könne sich provoziert fühlen: »Ich lebte damals«, schrieb er im Juni 1938, als er den *Mann Moses* nach seiner Emigration nach London endlich vollenden sollte, »unter dem Schutz der katholischen Kirche und stand unter der Angst, daß ich durch meine Publikation diesen Schutz verlieren und ein Arbeitsverbot für die Anhänger und Schüler der Psychoanalyse in Österreich heraufbeschwören würde.« Die Sorge war nicht unbegründet: Als er 1936 seinen achtzigsten Geburtstag feierte, gratulierte neben Thomas Mann, Albert Einstein, Romain Rolland, Jules Romain, H. G. Wells, Virginia Woolf oder Arnold und → Stefan Zweig zwar auch der österreichische Unterrichtsminister – doch durften die einheimischen Zeitungen diese inländische Würdigung Freuds nicht drucken.

Auch der Nobelpreis blieb ihm erneut versagt. Immerhin ernannte ihn die *Royal Society* in London zu ihrem korrespondierenden Mitglied – die höchste Auszeichnung, die Freud je zuteil wurde und die ihn noch zwei Jahre später zutiefst befriedigen sollte, als er, kaum im Exil angekommen, seine Unterschrift in das Buch setzte, in das sich vor ihm Isaac Newton und Charles Darwin eingetragen hatten. Doch obwohl er die wachsende Bedrohung Österreichs klar erkannte und seufzte, er wolle am liebsten »wie Ernst in England leben« – noch blieb er in Wien. Dafür mögen nicht nur seine Weigerung »zu desertieren« und die ständigen Operationen am seit 1923 von Krebs befallenen Kiefer ausschlaggebend gewesen sein, sondern auch die Verhältnisse im inzwischen zur Hauptstadt der Psychoanalyse gewordenen London. Dort nämlich hatten keineswegs die Freudianer das Sagen, sondern jene, die ihm in seinem Plädoyer für die »Laienanalyse« durch Nicht-Mediziner die Gefolgschaft verweigerten, dort ›residierte‹ Melanie Klein, deren Ansichten über die Kinderanalyse in scharfem Gegensatz zum Ansatz Anna Freuds standen. Und Freud identifizierte sich ebenso rückhaltlos mit seiner Tochter, die ihn aufopferungsvoll pflegte, wie sie sich mit ihm.

So war es auch ihre eintägige Verhaftung durch die Gestapo am 22. März 1938, die elf Tage nach dem Einmarsch der Nazis in Österreich das inzwischen überfällige Signal zur Flucht nach England gab. Bereits am 15. März hatte die SA nicht nur den zur Verbreitung psychoanalytischer Studien zur Kulturwissenschaft gegründeten *Imago*-Verlag besetzt und dabei Freuds ältesten Sohn Martin den ganzen Tag lang festgehalten, die Braunhemden waren auch in seine Wohnung in der Berggasse 19 eingedrungen, wo ihnen Anna den Safe zur ›Selbstbedienung‹ geöffnet hatte. Obwohl sein eigens nach

Wien geeilter Londoner Statthalter und späterer Biograph Ernest Jones nun auf seine unverzügliche Ausreise drängte und bei deren Vorbereitung seine Verbindungen zu hohen britischen Regierungskreisen ebenso spielen ließ wie Prinzessin Marie Bonaparte ihre diplomatischen und vor allem finanziellen Möglichkeiten, entschloß sich Freud aber erst nach dem Verhör seiner Tochter zum Rückzug. Er freue sich aufs Wiedersehen, schrieb er jetzt an Ernst, und hoffe »to die in freedom«. Als er nach wochenlangem Tauziehen Wien endlich verlassen durfte, verlangten ihm die Nazis eine schriftliche Bestätigung ab, daß er von ihnen nicht belästigt worden sei. Er könne »die Gestapo jedermann bestens empfehlen«, notierte er auf dem vorgedruckten Blatt.

Freud geht nicht allein ins Exil, nimmt neben seiner Familie den gesamten in Wien lebenden ›Clan‹ mit – von der Haushälterin Paula Fichtl über Annas Lebensgefährtin Dorothy Burlingham bis hin zu seinem ›Leibarzt‹ Max Schur. Als er – nach einem eintägigen Aufenthalt bei Marie Bonaparte in Paris – am 6. Juni 1938 an der *Victoria Station* ankommt, wird ihm ein unerwartet freundlicher und respektvoller Empfang zuteil. Der mittlerweile Zweiundachtzigjährige zieht zunächst in eine von Ernst gemietete Wohnung in der **Elsworthy Road** am **Primrose Hill**, erholt sich dort überraschend schnell von der Reise – und beginnt wieder zu arbeiten. Noch im Juli beendet er den *Moses*, der freilich auch in England auf Widerstand stößt: Vertreter jüdischer Organisationen beschwören ihn, doch nicht ausgerechnet jetzt eine Schrift zu publizieren, die dem Antisemitismus Nahrung liefern könne. Aber Freud, der auch wieder zu praktizieren beginnt, läßt sich nun nicht mehr von dem Buch abbringen, in dem er ein Bekenntnis zu seinem rigoros säkularen Judentum, vor allem aber den Abschluß seiner theoretischen Arbeit, ein geistiges Testament sieht: Er könne sein Leben als Wissenschaftler »nicht mit einem Akt der Verleugnung beschließen«, erklärt er bestimmt – und läßt den *Mann Moses* drucken.

Unterdessen schreibt er bereits sein letztes Werk, den *Abriß der Psychoanalyse*, und empfängt einen wahren Besucherstrom: Nicht nur die Vertreter der *Royal Society* machen ihm ihre Aufwartung, sondern auch H.G. Wells, Chaim Weizmann oder → Arthur Koestler. Sein alter Verehrer → Stefan Zweig bringt den jungen Salvador Dalí mit, der den bereits vom Tod gezeichneten Greis porträtiert. Tatsächlich meldet sich der Krebs wieder, Freud – der in den Maresfield Gardens für sechstausendfünfhundert Pfund ein Haus gekauft hat und vorübergehend im *Hotel Esplanade* am **Warrington Crescent**

Nicht nur die Psychoanalyse, auch Sigmund Freuds Nachkommen haben sich als feste Größen in Großbritannien etabliert: Ernst Freuds Sohn **Lucian Freud**, am 8. Dezember 1922 in Berlin geboren und 1933 mit seinen Eltern nach London geflohen, wo die Familie zunächst in 36 Clarges Street, W. 1 wohnte, gilt als einer der ›teuersten‹ Künstler der Gegenwart. Der einflußreiche Kritiker Herbert Read hat ihn einmal den »Ingres der Existentialisten« genannt. Lucian Freud ist »als besessener Maler des Fleisches« vor allem für seine Akte bekannt, die ein erbarmungsloser, in der Tradition der Neuen Sachlichkeit stehender Naturalismus kennzeichnet. 1938 begann er – nach einem Schulaufenthalt in Dartington Hall – als Sechzehnjähriger in London ein Studium an der *Central School of Arts and Crafts*, danach wechselte er an die *East Anglian School of Painting and Drawing* in Dedham sowie das *Goldsmith's College* in London. Seit 1939 britischer Staatsbürger, diente er in den vierziger Jahren bei der britischen Handelsmarine. Heute wird der von der Queen mit dem *Order of Merit* dekorierte Freund Stephen Spenders, Francis Bacons und Julian Trevelyans als eines der Häupter der ›Londoner Schule‹ geschätzt. Seine 1963 geborene Tochter **Esther Freud** hat unterdessen mit ihrem ein Stück Freudsche Familiengeschichte reflektierenden Roman *Sommer in Gaglow* auch in Deutschland Aufmerksamkeit als Schriftstellerin gewonnen.

in **Maida Vale** wohnt – muß sich am 8. September 1938 erneut operieren lassen. Er übersteht auch diesen Eingriff, zieht am 27. September in das neue Haus, das seine Frau Martha und Haushälterin
Paula Fichtl nach dem Eintreffen seiner archäologischen Sammlung
und der Bibliothek bereits ganz nach dem Vorbild des langjährigen
Wiener Domizils in der Berggasse eingerichtet haben. Zwar nimmt
Freud noch immer Analysepatienten an, doch muß er sich nach der
schweren Operation zurücknehmen, empfängt nur noch selten Besucher wie Leonard und Virginia Woolf, die im Januar 1939 nach
Hampstead zum Tee kommen. Es ist die Zeit, da seine Ärzte ein neues, diesmal nicht mehr operables Karzinom diagnostizieren. Freud
weiß als Mediziner genau, was das bedeutet, erhält zu seinem drei-
undachtzigsten Geburtstag am 6. Mai nochmals Besuch von Marie
Bonaparte und Yvette Guilbert und genießt den schönen Garten seines Hauses, so gut es geht. Im Sommer greift der Krebs auf Wange
und Auge über, Freud kann nicht mehr schlucken und magert stark
ab. Am 1. August muß er seine Praxis offiziell schließen. Er liest
noch, erlebt nach Kriegsbeginn den ersten Fliegeralarm in **Maresfield Gardens**. Am 21. September bittet er Max Schur um Morphi-

um. Sein ›Leibarzt‹ verabreicht ihm eine Dosis von dreißig Milligramm, wiederholt sie in den kommenden Stunden noch zweimal. Am 23. September um drei Uhr nachts ist Sigmund Freud tot.

Bis zuletzt hatte die 1895 in Wien geborene Lieblingstochter Anna ihren Vater betreut. Als seine Urne auf dem jüdischen Friedhof von **Golders Green** beigesetzt war, trat sie in der Zunft der Analytiker sein Erbe an. Sie verwaltete seinen Nachlaß, begann mit der Herausgabe seiner *Gesammelten Werke* und verwandelte das Haus in den **Maresfield Gardens**, in dem sie noch dreiundvierzig Jahre lang wohnen sollte, mit Paula Fichtl als ›Museumswächterin‹ allmählich in das Freud-Museum, das es heute ist. Vor allem aber gehörte sie jetzt wieder ihrem ureigensten Arbeitsgebiet, der Kinderanalyse und der Entwicklungspsychologie. Bereits in den zwanziger Jahren hatte die gelernte Pädagogin die Fundamente zur psychoanalytischen Behandlung von Kindern gelegt und ihre Erfahrungen danach nicht nur in der eigenen Praxis, sondern auch in einem Vorkindergarten, den sie gemeinsam mit Dorothy Burlingham und der Kinderärztin Josephine Korn leitete, vertieft. Jetzt knüpfte sie an diese Tätigkeit an und gründete unter dem Eindruck der deutschen Bombenangriffe auf London die *Hampstead War Nurseries*, ein Kinderheim, das bis 1945 – mit finanzieller Unterstützung aus den USA – rund achtzig Kriegswaisen im Alter von wenigen Wochen bis über sechs Jahren unter seine Fittiche nahm. Nach dem Krieg betreute Anna Freud außerdem sechs Kinder, die den Holocaust überlebt hatten. Der schon seit den zwanziger Jahren schwelende Zwist mit der ebenfalls aus Wien stammenden Melanie Klein spann sich währenddessen fort; eine organisatorische Spaltung der britischen Psychoanalytiker konnte nur vermieden werden, weil Anna Freud sich mit der *Hampstead Clinic* und den *Hampstead Courses*, einer Lehranstalt zur Ausbildung strikt freudianisch geschulter Analytiker, eigenständige Institutionen schuf. Sie sollten bald zur Plattform werden, von der aus sie von der Gralshüterin der väterlichen Lehre zur einflußreichsten Persönlichkeit der psychoanalytischen Schule überhaupt werden konnte. Besonders in den Vereinigten Staaten, in denen die Analyse einen beispiellosen Siegeszug antrat, erfuhr sie höchste Anerkennung; Ehrendoktorwürde folgte auf Ehrendoktorwürde. Als Anna Freud am 9. Oktober 1982 an den Folgen eines im März erlittenen Schlaganfalls starb, hatte sie das Erbe ihres Vaters erfüllt.

Anna Freud,
Lehrerin und Psychologin. Sie kam als jüngste Tochter Sigmund Freuds am 3. Dezember 1895 in Wien zur Welt. Im Juni 1938 emigrierte sie mit ihrem Vater nach London. Dort starb sie als die ›Grand Old Dame‹ der Psychoanalyse am 9. Oktober 1982.

Zur U-Bahn

Nach dem Besuch im Freud-Museum geht man Maresfield Gardens in südlicher Richtung zurück und durch den steilen Weg, der in der Kurve halbrechts zur Finchley Road hinunterführt, gen Süden weiter zu Swiss Cottage. Das Haus 5 Northways Parade, Finchley Road, in dem jetzt ein China-Restaurant untergebracht ist, beherbergte fast sieben Jahrzehnte lang *The Cosmo*. In dem Anfang der dreißiger Jahre von einem polnischen Einwanderer gegründeten Lokal, das später von den Familien Mannheimer und Braun geführt wurde, schlug sechs Jahrzehnte lang das gastronomische Herz der deutschsprachigen Emigration. Hier waren etwa → Elias Canetti, → H. G. Adler oder → Erich Fried, angeblich auch Sigmund Freud zu Gast. Bis zu seiner Schließung 1997 galt *Cosmo's Restaurant* als regelrechte Institution. Direkt an der U-Bahn Station Swiss Cottage befinden sich vor dem *Odeon*-Kino die für das Revier namensgebenden ›Schweizer Häuser‹.

VIERTER SPAZIERGANG

Einmal rund um
den Hyde Park

Diesen letzten Spaziergang könnte man – nicht nur rein topografisch – als eine Art ›Lumpensammler‹ bezeichnen. Es ist ein Abschied von London, der noch einmal die ganze Vielfalt jenes kulturellen Lebens vorführt, das zwölf Jahre lang in Deutschland keine Heimstatt haben sollte. Ein Abschied zudem, der deutlich macht, wie schwierig es letztlich bleibt, den Begriff des Exils und den der deutsch(sprachig)en Kultur einzugrenzen: Da macht mit dem *Austrian Centre* die größte deutschsprachige Emigrantenorganisation in London den Anfang – und ist doch österreichisch. H. G. Adler, der Prager, und Leo Baeck, der Berliner, kamen erst in die Stadt, nachdem sie das Martyrium in Theresienstadt überstanden hatten – und verkörperten und schufen hier doch deutsche Kultur. Und wie steht es mit George Tabori, der für sein deutschsprachiges Theater den Büchner-Preis erhielt, obwohl er weder Deutscher oder Österreicher ist noch deutsch schreibt? Ist Richard Taubers Londoner Exil ein Exil im strengen Sinne, wo es doch das fast zufällige Finale einer Weltkarriere ist? Was hat Fritz Kortners Londoner Filmschaffen mit deutscher Kultur zu tun, inwieweit sind Brechts Arbeitsbesuche seinem Flüchtlingsstatus zurechenbar? War die von Emigranten verantwortete *Zeitung* eine Zeitung des Exils oder eine der englischen Regierung? Wie steht es dann mit dem deutschsprachigen Dienst der → BBC? Und war der ältere Erich Fried, der sich von London aus immer wieder in deutsche Angelegenheiten einmischte, da noch im Exil oder schon ein ›gewesener‹ Emigrant?

Diese vierte Tour nimmt einen halben Tag in Anspruch und beginnt, wenige Minuten vom mit vier U-Bahn-Linien erreichbaren Bahnhof **Paddington** entfernt, in der **Westbourne Terrace**, einer Adresse, die wie keine andere außerhalb **Hampsteads** das deutschsprachige Exil in London verkörpert. Wer gut zu Fuß ist, kann die gesamte Umrundung von **Hyde Park** und **Kensington Gardens** per pedes angehen, ansonsten empfiehlt es sich, zumindest die Strecke zwischen **Lancaster** und **Notting Hill Gate** mit der Central Line, eventuell auch die an die Südflanke der riesigen Grünanlage – mit Circle oder District Line bis zur **Kensington High Street** – abzukürzen. Denn von da an hilft nur gehen. Das einzige ›Verkehrsmittel‹, das sich die meisten Emigranten leisten konnten. Als Entschädigung bieten sich Abstecher in den Park an, den man spätestens nach der Besichtigung von *Kent House* – dessen Öffnungszeiten einen Diens-

tag oder Donnerstag als günstigsten Termin für diese Route nahe-legen – durch *Edinburgh Gate* betreten und diagonal durchqueren sollte, mit Kaffeepause an der *Serpentine*. Erreicht man *Grosvenor House*, ist man schon wieder mittendrin im London der Exilanten: → Kokoschkas Atelier in der **Park Lane** und das → *Mount Royal Hotel* sind in Sichtweite.

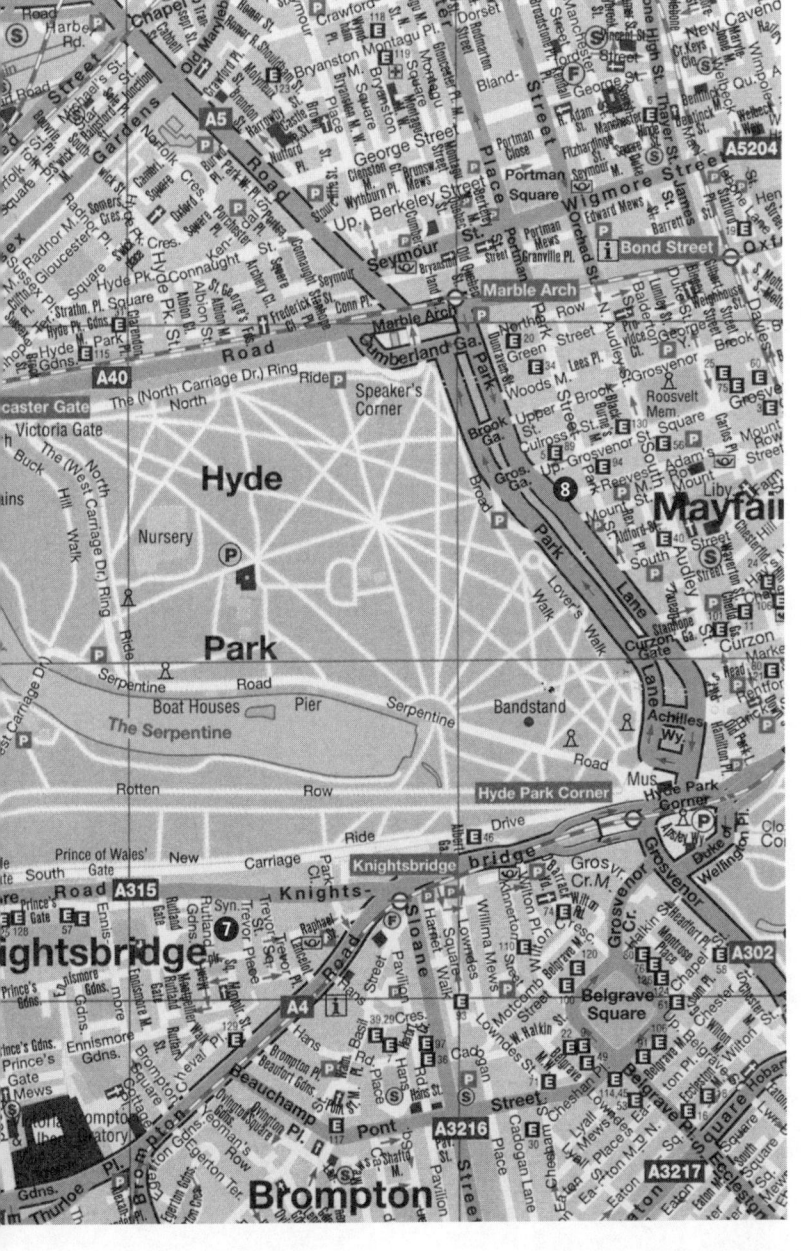

① **126 Westbourne Terrace, W. 2**
Das Austrian Centre,
Theodor Kramer,
Otto Tausig und Erich Fried

② **35a Linden Gardens, W. 2**
H. G. Adler

③ **59 Linden Gardens, W. 2**
Hilde Spiel,
Peter de Mendelssohn
und *Die Zeitung:*
Sebastian Haffner,
Walter Trier,
Arthur Koestler und
Martin Beheim-Schwarzbach

④ **14 Stafford Terrace, W. 8**
George Tabori

⑤ **8 Queen's Gate Terrace, S.W. 7**
Hermann Broch,
Anna Mahler,
Albrecht Joseph
und Erna Pinner

⑥ **Royal Albert Hall
Kensington Gore, S.W. 7**
Richard Tauber

⑦ **Kent House
Rutland Gardens, S.W. 7**
Albert Friedlander,
Leo Baeck und
die tschechischen Thorarollen

⑧ **Grosvenor House
Park Lane, W. 1**
Fritz Kortner, Bert Brecht,
Hanns Eisler und Kurt Weill

D ie österreichischen Sozialisten hielten sich beiseite. Wenn Theodor Kramer, den Carl Zuckmayer »den stärksten Lyriker Österreichs seit Georg Trakl« nannte, an einem der Samstagabende, an denen im *Austrian Centre* »Musik und Literatur vorgetragen wurden, aus seinen Gedichten las, wurde er zu Oscar Pollak zitiert und auf das schärfste zurechtgewiesen«, berichtet → Hilde Spiel. Pollak, Journalist und Kopf der österreichischen Sozialdemokratie im Londoner Exil, war strikter Antikommunist. Und im *Austrian Centre* gaben die Kommunisten als politisch aktivste Emigrantengruppe – ähnlich wie im → *Freien Deutschen Kulturbund* – den Ton an. Doch trotz der Enthaltsamkeit der Sozialisten wurde das am 16. März 1939 in der **Westbourne Terrace** eröffnete Clubheim rasch zum wichtigsten parteiübergreifenden Forum all der Österreicher, denen es gelungen war, sich von Hitler weder an- noch einschließen zu lassen und nach London zu entkommen. Im Vorstand des Zentrums saßen beispielsweise → Oskar Kokoschka und die Bildhauerin → Anna Mahler; als Ehrenpräsident firmierte bis zu seinem Tod im September 1939 der greise → Sigmund Freud.

Der neue Club entwickelte sich stürmisch, zählte laut Eva Kolmer, einer Kommunistin und treibenden Kraft des Zentrums, schon im Juli 1939 rund tausendfünfhundert Mitglieder. Bald wurde ein Nachbarhaus übernommen, es gab Veranstaltungen aller Art, das *Centre* beherbergte eine Bibliothek samt Lesezimmer sowie ein Restaurant, das täglich um die fünfhundert, an Sonntagen sogar bis zu tausend Gäste verköstigt haben soll. Die Qualität der Speisen, rühmt Erich Fried, habe »die besten Traditionen der Wiener Küche« weiterleben lassen, während sich → Hilde Spiel an eher »kärgliche« Mahlzeiten erinnert. Im *Austrian Centre* saßen die Redaktionen der Monatszeitung *Österreichische Nachrichten* sowie des wöchentlich erscheinenden *Zeitspiegel,* der in seinen besten Zeiten eine Auflage von fünftausend Exemplaren erreichte. Der hauseigene Verlag *Free Austrian Books* und die ebenfalls vom Zentrum getragenen Veröffentlichungen des *Free Austrian* → *PEN* boten Autoren wie Fried, der hier seine ersten Gedichte erscheinen ließ, sowie Theodor Kramer Publikationsmöglichkeiten. Bereits im Juni 1939 gab die Kleinkunstbühne *Laterndl* ihre erste Vorstellung, die bald eine eigene Spielstätte am **Swiss Cottage** (**153 Finchley Road**, später **69 Eton Avenue**) erhielt und bis zum Kriegsende achtunddreißig Programme – darunter dreiundzwanzig Theaterstücke – produzierte. Bald wurde die erste Kunstausstellung eröffnet, ein *Kreis der Musikfreunde* richtete Konzerte aus. Berufsvereinigungen und Hilfsorganisatio-

Das Austrian Centre, Theodor Kramer, Otto Tausig und Erich Fried

126 Westbourne Terrace, W. 2

Das »Austrian Centre« in London

Hinweg

Die vierte und anstrengendste Tour beginnt am U-Bahnhof Paddington, den man mit Central oder District Line ansteuern sollte und durch den Südausgang verläßt. An der Kreuzung von Spraed Street, Craven Road, Spring Street und Eastbourne Terrace geht man über letztere hinweg in die Craven Road und biegt an der nächsten Ampel nach rechts in die Westbourne Terrace. Das *Austrian Centre* befand sich im letzten Häuserblock des historischen Bestandes auf der linken Seite.

nen wie der *Austrian Self Aid* tagten im Haus, es wurden Kurse
angeboten, wobei der Englisch-Unterricht eine besonders wichtige
Rolle spielte. Die Internierungswelle im Sommer 1940 brachte neue
Aufgaben: Als Lobby der Inhaftierten machte sich das *Austrian
Centre* nicht nur gegen die Diskriminierung der Nazi-Opfer stark,
es schickte auch Kleider, Bücher, Zeitungen und Lebensmittel in
die Camps. Neben die politische und kulturelle Arbeit trat schließlich die Sorge um das wirtschaftliche Auskommen der aus den In-
ternierungslagern nach London zurückkehrenden Emigranten. Im
Austrian Centre wurde eine Arbeitsvermittlung eröffnet, die vielen
Exilanten Jobs beschaffte oder sie im staatlichen Umschulungspro-
gramm auf die Erfordernisse der britischen Kriegswirtschaft unterbrachte. Außerdem wurde das stetig wachsende Zentrum nun selbst
zum Arbeitgeber: 1944 beschäftigte der mittlerweile dreitausend-
fünfhundert Mitglieder zählende Club bei einem Jahresumsatz von
sechsundvierzigtausend Pfund siebzig Angestellte und unterhielt
neben dem Hauptquartier in **Paddington** zwei weitere Häuser in
London, eine große Niederlassung in Glasgow sowie mehrere Außenstellen in der Provinz.

So imponierend dieser Überblick ist, die entscheidende Bedeutung, die das *Austrian Centre* und seine Ableger für Alltag und
Identität vieler österreichischer Emigranten hatten, wird erst am
Einzelbeispiel sichtbar. Erich Fried etwa, am 5. August 1938 in London angekommen, schloß sich dem größten deutschsprachigen
Flüchtlingsverband in Großbritannien 1940 an – und fand hier und
im → *Freien Deutschen Kulturbund*, dem er im gleichen Jahr beitrat,
jene Förderung, die es dem gerade Neunzehnjährigen, der wild entschlossen war, Dichter zu werden, später ermöglichte, zum wohl be-

Tischtennisspiel
im Jugendhaus
des »Young Austria«,
Erich Fried in der Mitte
(sitzend, mit Brille)

deutendsten politischen Lyriker deutscher Zunge der Nachkriegszeit zu reifen. Seine ersten Gedichte veröffentlichte Fried 1941 in der
von *Austrian Centre* und → *Kulturbund* gemeinsam edierten Anthologie *Die Vertriebenen*, das *Laterndl* führte im gleichen Jahr seinen Einakter *Ring-Rund* auf, 1944 erschien als Publikation des mit
dem Zentrum verbandelten *Austrian* → *PEN* sein erster selbständiger Gedichtband *Deutschland*, ein Jahr darauf finanzierte ihm der
Schauspieler und *Laterndl*-Regisseur Martin Miller den Folgeband
Österreich. Im → *Kulturbund* und gerade auch im *Austrian Centre*,
das ihn überdies längere Zeit als Bibliothekar beschäftigte, lernte der
junge Lyriker schließlich auch jene Weggefährten kennen, die seinen künstlerischen und politischen Werdegang maßgeblich beeinflussen sollten.

Vor seiner Flucht nach England hatte Fried noch miterleben
müssen, wie die Nazis seinen Vater ermordeten. Kaum in Sicherheit
und als minderjähriger Neuankömmling auf die Unterstützung des
→ *Jewish Refugees Committee* angewiesen, war er zunächst einige
Zeit als Bürogehilfe für die bedeutende Hilfsorganisation tätig. Doch
deren Arbeit erschien ihm rasch zu ineffektiv. Nach verbalem »Auf-
mucken gegen verschiedene Regelungen des Komitees« überwarf er
sich auch handfest mit dessen jähzornigem Personalchef. Er erhielt,
als er diesem im Zorn eine Ohrfeige verabreichte, Hausverbot bei
Lohnfortzahlung und begann, sich auf eigene Faust um Einreise-
möglichkeiten für Juden und Antifaschisten nach Großbritannien
zu kümmern. Bei seinen Rettungsaktionen legte der junge Dichter
eine fast unverfrorene Erfindungsgabe an den Tag. Er schrieb als an-
geblicher Lord und Hitler-Bewunderer einen Brief an die Gestapo,
kaufte korrupten Konsulatsbeamten aus Südamerika Vorvisa für

Erich Fried,
Schriftsteller. Er wurde am
6. Mai 1921 in Wien geboren.
Gerade sechsjährig, erlebte das
»Wunderkind«, das schon in
der Vorschulzeit Star eines
Kindertheaters war, den Brand
des Wiener Justizpalastes und
das Gemetzel unter der demon-
strierenden Arbeiterschaft mit
– und weigerte sich bei einer
Schulfeier, vor dem für das Mas-
saker verantwortlichen Polizeipräsidenten ein Gedicht zu rezi-
tieren. Nach dem ›Anschluß‹
gründete Fried mit Schulkame-
raden eine Widerstandsgruppe,
kurz vor seiner Flucht nach England im August 1938 sah er seinen Vater sterben, dem Gestapo-
Schergen bei einem ›Verhör‹
die Magenwand eingetreten
hatten. Seit 1953 war Erich Fried
regelmäßig in Deutschland,
später auch wieder in Österreich
zu Besuch. Er starb am 22. November 1988 in Baden-Baden.
In London wohnte er in der
Priory Road, am Westbourne
Court, in Willow Road, South
Hill Park Road oder am Belsize
Square. Sein letzter Wohnsitz
war 22 Dartmouth Road, N. W. 6.

Erich Fried an der Schreib-
maschine, London, um 1947

Die am 1. November 1921 geborene Ilse Aichinger kam im September 1948 für ein halbes Jahr
nach England, um ihre Zwillingsschwester Helga zu besuchen,
der im August 1939 mit einem
der letzten Kindertransporte die
Flucht aus dem besetzten Wien
gelungen war. Der Kriegsbeginn
im September hatte die geplante
Emigration der übrigen Familie
verhindert. Ilse Aichinger überlebte mit ihrer jüdischen Mutter,
einer Ärztin, in Wien, mußte aber
zusehen, wie ihre Großmutter
›auf Transport‹ nach Minsk ging.
In ihrem Erstling *Die größere
Hoffnung*, der 1948 bei Bermann-
Fischer in Amsterdam erschien,
hat sie all das erzählt. Einer der
ersten Rezensenten des Romans
war Erich Fried. Während Ilse
Aichinger Eindrücke der Arbeit
bei *Bimini* 1953 in dem Hörspiel
Knöpfe verarbeitete, hat er die
Plackerei in Fritz Lampls Londoner Fabrik 1945 in der *Ballade
vom Knopfmacher* verewigt.

Verfolgte ab, denen aufgrund dieser Papiere die Einreise nach Großbritannien erlaubt wurde, und half, jüdische Waisenkinder aus dem
›Reich‹ in englischen Familien unterzubringen. Das nötige Geld besorgte er unter anderem, indem er in leerstehende Häuser in **Maida
Vale** oder **Saint John's Wood** einbrach und die Bleirohre der Wasser-
leitungen herausriß, die er dann an einen Altmetallhändler ver-
scherbelte. Mehr als siebzig Menschen haben Fried und die von ihm
gegründete Selbsthilfegruppe so vor der Gaskammer bewahrt, darunter seine Mutter Nellie. Nicht retten konnte er hingegen seine
geliebte Großmutter Malvine Stein, die 1942 nach Theresienstadt
deportiert wurde und 1943 in Auschwitz umkam.

So einfallsreich Fried beim ›Organisieren‹ auch war, seine eigene finanzielle Situation blieb bis 1952, als er festangestellter Mitarbeiter und politischer Kommentator des DDR-Programms des
German Service der → BBC wurde, äußerst prekär. Er lernte Klemp-
ner und Elektriker, wechselte häufig den Wohnsitz, schrieb und
schlug sich mit Gelegenheitsarbeiten durch, so bei der Knopffabrik
Bimini. Ihr Begründer war der als Schriftsteller, Zeichner und Glas-
bläser hervorgetretene Fritz Lampl, ein Freund Albert Ehrensteins
und → Oskar Kokoschkas. Er hatte die nach seinen Kleinkunstwer-
ken benannten Wiener Bimini-Werkstätten bis 1938 geleitet und
führte sie nach seiner Emigration in London fort, wo Bimini nach
dem Krieg neben Erich Fried auch die gleichaltrige Ilse Aichinger
einige Wochen lang beschäftigen sollte.

Fried spielte aber auch im *Young Austria*, der Jugendorganisation des *Austrian Centre*, die in **132 Westbourne Terrace** untergebracht war, eine wichtige Rolle. Hier nahm er Georg Eisler, den sieben Jahre jüngeren Sohn → Hanns Eislers und späteren → Kokoschka-Schüler, unter seine Fittiche und ermunterte ihn zum Kunststudium, hier traf er den fast gleichaltrigen Otto Tausig. Der Sohn eines sozialdemokratisch gesinnten Rechtsanwalts, der sich wegen einer Kriegsverletzung zeitweise als Würstlverkäufer durchschlagen mußte, war mit einem Kindertransport nach England gekommen, nachdem der Einmarsch der deutschen Truppen in Österreich seine Pläne, Schauspieler zu werden, zunichte gemacht hatte und eine Annonce in der *Times*, in der seine Mutter um Arbeit für den »jungen, kräftigen Burschen« nachsuchte, erfolglos geblieben war. Gleich Fried hatte Tausig in Wien noch erleben müssen, wie die Nationalsozialisten seinen Vater mißhandelt und nach dem Novemberpogrom in ein Konzentrationslager verschleppt hatten.

In England kam er zunächst auf einem College in Yorkshire unter, arbeitete dort als Violinist eines kleinen Orchesters sowie auf einer Hühnerfarm in Sussex und begann kurz nach Kriegsbeginn ein Studium der Nationalökonomie an der wegen der deutschen Bombenangriffe nach Southampton ausgelagerten Londoner Universität. Die Internierung, die Erich Fried durch einen glücklichen Zufall erspart blieb, beendete die akademische Laufbahn Otto Tausigs. Er durchlief mehrere Lager, arbeitete dort als Flickschuster und Sekretär, lernte → Rudolf Olden, → Kurt Schwitters sowie die Schriften von Marx und Lenin kennen. Weil er sich im Hutchinson Camp nicht nur einer Theatergruppe, sondern auch der österreichischen KP anschloß, blieb er fast zwei Jahre lang interniert, bevor er nach London entlassen wurde und zuerst in einer Großgärtnerei, dann als Hilfsarbeiter und schließlich als Maschinenschlosser Arbeit fand. Seine Freizeit gehörte der Theatergruppe des *Young Austria*,

Nachgelesen
Erich Fried: *Mitunter sogar Lachen. Erinnerungen.* Berlin (Wagenbach) 1986.

Otto Tausig,
Schauspieler und Regisseur. Er wurde am 13. Februar 1922 in Wien geboren und flüchtete 1939 mit einem Kindertransport der Quäker nach England. Seinen Eltern gelang die Flucht nach Shanghai, seine Großeltern aber wurden – wie Erich Frieds und Ilse Aichingers Großmütter – ermordet. Nach seiner Entlassung aus dem Internierungslager lebte er von 1942 bis 1946 in London, dann kehrte er nach Wien zurück.

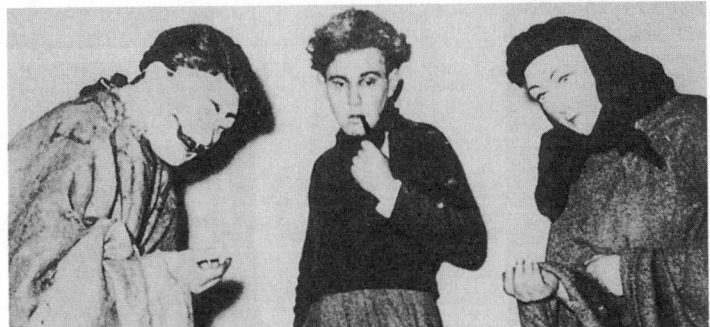

Otto Tausig (Mitte)
als Young-Austria-Player
in einer Szene aus
Jura Soyfers »Vineta«

Nachgelesen

Beate Lause, Renate Wiens:
*Theaterleben. Schauspieler
erzählen von Exil und Rückkehr.*
Mit einem Vorwort von Jürgen
Flimm. Frankfurt 1991.

Theodor Kramer,

Buchhändler und Dichter. Er
wurde am 1. Januar 1897 in
Niederhollabrunn in Nieder-
österreich geboren. Im Juli
1939 floh er nach Großbritannien. In den achtzehn Jahren
seines Exils wohnte er nur
wenige Monate ständig in
London, besuchte die Stadt
aber regelmäßig. Ende 1957
kehrte er nach Wien zurück,
wo er am 3. April 1958 starb.

zu deren Leiter er rasch wurde. 1946 kehrte Tausig nach Österreich zurück, bezog das Reinhardt-Seminar und wurde von Wolfgang Heinz und Karl Paryla ans *Neue Theater in der Scala* geholt. Als diese linksorientierte, mit → Brechts *Berliner Ensemble* zusammenarbeitende Bühne schloß, erhielt er in seiner Heimatstadt keine Engagements mehr und spielte vier Jahre am *Deutschen Theater* und an der *Volksbühne* in Ost-Berlin, danach vor allem an westdeutschen Häusern. 1971 sollte der Komödiant und Volksschauspieler, der auch für Film und Fernsehen arbeitet und sich selbst als »politisches Kasperl« versteht, aber doch noch am *Burgtheater* landen.

Die wichtigste Begegnung im *Austrian Centre* dürfte für Erich Fried jedoch die mit Theodor Kramer gewesen sein, dem Dichter, der sein künstlerisches Vorbild wurde und so sehr unter Oscar Pollaks Bannstrahl gegen das von Kommunisten wie Tausig ›infizierte‹ Fleckchen Heimat in London litt. Wie stark, sollte sich 1942 erweisen, als Kramer das Angebot, ebenfalls Bibliothekar am *Austrian Centre* zu werden, mit Rücksicht auf sein sozialdemokratisches Parteibuch ausschlug und statt dessen eine Stelle an der Bücherei des *County Technical College* in Guildford, Surrey annahm. Daß Kramer seine Sonntage und den Urlaub dennoch in London verbrachte, dabei regelmäßig das Rotlichtviertel **Soho** und Erich Fried, seltener → Hilde Spiel oder → Elias Canetti besuchte und nicht nur im sozialdemokratischen *Austria Labour Club* in **31 Broadhurst Gardens, N.W. 3**, sondern weiterhin auch im *Austrian Centre* bei Lesungen auftrat, das sollte ihm Pollak nicht verzeihen. Noch nach seiner Rückkehr nach Wien denunzierte der gestrenge ›soziale Demokrat‹ den schwerkranken und stets am Existenzminimum krebsenden Dichter als »politisch unzuverlässig«.

Eine Sprache, die dem Sohn eines Dorfarztes, der sein Studium wegen der Verarmung seiner Eltern in den Inflationsjahren abbrechen mußte und in den Buchhandel ging, nur zu vertraut sein mußte. Allerdings aus anderem Munde. Denn Kramer, der sich den österreichischen Sozialisten nach dem Justizpalast-Brand angeschlossen hatte, wurde 1928 nach Erscheinen seines ersten, aufsehenerregenden Gedichtbandes *Die Gaunerzinke* vor allem von der Rechtspresse schärfstens attackiert. Die Angriffe verminderten sich nicht, als der inzwischen an chronischer Darmentzündung leidende und am linken Bein gelähmte Theodor Kramer, der im Ersten Weltkrieg schwer verwundet worden war, 1931 seine pazifistische Gedichtsammlung *Wir lagen in Wolhynien im Morast* veröffentlichte oder 1933 als Reaktion auf Hitlers ›Machtergreifung‹ demonstrativ aus dem *Schutzverband deutscher Schriftsteller* austrat und mit Oskar Maria Graf und anderen Kollegen die *Vereinigung sozialistischer Schriftsteller* ins Leben rief. Nach der Niederschlagung des Wiener Arbeiteraufstandes im Februar 1934 wurde nicht nur dieser neue Verband, sondern auch die sozialistische *Arbeiter-Zeitung* – ihr Chefredakteur hieß übrigens Oscar Pollak – verboten. Kramer hatte damit seine letzte sichere Publikationsmöglichkeit verloren und war auf die finanzielle Unterstützung seiner Freunde angewiesen.

1936 kann zwar noch sein Lyrikband *Mit der Ziehharmonika* erscheinen, doch der mutige Verlag muß noch im gleichen Jahr schließen. Mit dem ›Anschluß‹ Österreichs wird Kramers Lage dann vollkommen unhaltbar: Er und seine Frau, die Schauspielerin und Rezitatorin Inge Halberstam, werden als Juden zweimal aus ihrer Wohnung geworfen, im August 1938 unternimmt der Dichter nach einem Nervenzusammenbruch einen Selbstmordversuch. Hektische Bemühungen, ihn ins Ausland zu retten, beginnen. Doch alle Versuche scheinen zu scheitern – egal ob Kramer um die Einreise-Erlaubnis in die USA, nach Shanghai oder in die Dominikanische Republik bittet. Anfang 1939 dann ein Hoffnungsschimmer: Sein Bruder kann nach London emigrieren, im Februar erhält Inge Halberstam eine Dienstboten-Stelle bei Wolverhampton. Als ihre Arbeitgeberin sich bereit erklärt, auch Theodor Kramer als Hausangestellten anzufordern, absolviert er bei der Auswanderungsabteilung der *Israelitischen Kultusgemeinde* in Wien einen »Lehrgang für domestic servants« und erhält dank einer Intervention Thomas Manns auch das Ja des britischen Innenministeriums. Aber das Konsulat Seiner Majestät lehnt das zum Greifen nahe Visum ab, weil der kranke Dichter für den vorgesehenen Posten nicht geeignet erscheine. Kramer besucht einen Ergänzungslehrgang für angehende Dienstboten, Thomas Mann schaltet die auch in London operierende *American Guild for German Cultural Freedom* zu seinen Gunsten ein, der *Refugee Writers Fund* des PEN garantiert dem *Home Office*, ihn monatlich zu unterstützen. Am 21. Juli 1939 ist es endlich soweit: Theodor Kramer trifft in England ein, läßt sich in London vom *Jewish Refugees Committee* registrieren und besucht zum ersten Mal das *Austrian Centre*, wo er seinen Freund und Dichter-Kollegen Joseph Kalmer, mittlerweile Redakteur des *Zeitspiegel*, wiedertrifft.

Kramer ist gerettet, seine Misere aber keineswegs beendet. Im September fährt er zu seiner Frau nach Dorset, beide erhalten aber keine dauerhafte Arbeitsstelle. Ende Mai 1940: Der ›feindliche Ausländer‹ Theodor Kramer erscheint wieder einmal ›politisch unzuverlässig‹ und wird wie Inge Halberstam interniert. Im Januar 1941 kommt er frei, zieht zu seiner schon früher entlassenen Frau, die in Wolverhampton eine Anstellung gefunden hat. Im September ruft ihn → Robert Neumann zum Weltkongreß des → PEN nach London. Die Besuche in der britischen Hauptstadt häufen sich jetzt; und als er sich im Oktober 1942 von Inge Halberstam trennt, zieht er auch in die Metropole an der Themse. Freilich nur bis zum Jahresende, dann tritt er den Bibliothekarsposten in der Vorstadt an, wo er einen kleinen Kreis anderer Emigranten findet. Im Verlag des *Austrian* → PEN, in dessen Vorstand er inzwischen mit → Neumann, → Canetti und → Arthur Koestler sitzt, erscheint sein Gedichtband *Verbannt aus Österreich*, er tritt wie Erich Fried dem → *Club 43* bei. Nach dem Kriegsende erfährt er, daß seine Mutter, die er allein in Wien zurücklassen mußte, in Theresienstadt umgekommen ist, er reagiert darauf mit dem Majdanek-Gedicht *Der Ofen von Lublin*. Das andere bekannte Gedicht jener Jahre, *Requiem für einen Faschisten*, ist auf Josef Weinheber gemünzt. Angebote, nach Österreich zurückzukommen, schlägt er aus, vereinsamt aber in Guildford zusehends. Seine finanzielle Situation bleibt äußerst angespannt, wegen Steuerschulden erleidet er 1950 einen Nervenzusammenbruch. Auch sonst verschlechtert sich sein Zustand weiter, nach einem Schlaganfall ist sein Gesicht teilweise gelähmt, er hat schwere Depressionen. 1957 führen in Wien Bemühungen Bruno Kreiskys und Michael Guttenbrunners zum Erfolg: Theodor Kramer erhält eine Ehrenrente des österreichischen Bundespräsidenten, kehrt am 26. September doch noch zurück und lebt im Zimmer einer Pension. Zum Zuhause wird ihm Wien nicht mehr: »Erst in der Heimat bin ich wirklich fremd«, schreibt er kurz vor seinem Tod am 3. April 1958.

Nachgelesen

Theodor Kramer: *Die Wahrheit ist, man hat mir nichts getan.* Hrsg. und mit einem Nachwort versehen von Herta Müller. Wien (Zsolnay) 1999.

Es geht weiter

zur Tube-Station Lancaster Gate, indem man der Westbourne Terrace zurück in Richtung Hyde Park folgt. Mit der Central Line fährt man bis zum Notting Hill Gate, verläßt den U-Bahnhof dort auf der Nordseite und wendet sich nach links in Richtung Kensington Gardens. Die erste Seitenstraße links sind die ein Karree beschreibenden Linden Gardens. An der Verzweigung hält man sich links.

Es sei der »Mangel von Zuhause«, der London zum ihm gemäßen Wohnort mache, schrieb H.G. Adler 1981. Vierunddreißig Jahre zuvor war er an der Themse angekommen, hatte Zwangsarbeit und Ghettoisierung, zweieinhalb Jahre Theresienstadt, zwei Wochen Auschwitz und ein halbes Jahr in zwei Außenlagern von Buchenwald überlebt – unverändert, wie er, kaum befreit, → Franz Baermann Steiner wissen ließ, doch mit gefestigten Grundsätzen: »Ich habe Furchtbarstes erlebt, da ich es aber erlebt habe, reut es mich nicht und ich mag es nicht missen.« → Steiner, dessen Studienaufenthalt in England zum Exil geworden war, hatte sich 1939 vergeblich bemüht, dem gleich ihm in Prag-Karolinenthal geborenen Dichterfreund ein britisches ›Permit‹ zu verschaffen. Doch auch im Februar 1947 bedurfte es noch eines mit Hilfe von Alfred Wiener, dem Gründer und Leiter der *Wiener Library*, beschafften Besuchervisums, um Adler den Aufenthalt in der als anonym, ja unwirtlich und gerade deshalb passend empfundenen britischen Hauptstadt zu ermöglichen, in der er zum letzten großen Vertreter der Prager deutschen Literatur werden sollte.

Adler – H.G. steht für Hans Günther, einen Namen, den er nach dem Krieg nicht mehr führte, weil Eichmanns Stellvertreter in Prag so geheißen hatte – wurde am 2. Juli 1910 als Sohn eines jüdischen Buchbinders und Papierhändlers geboren, der sich zur deutschen Minderheit rechnete. Folglich besuchte der Junge deutsche Schulen, darunter ein Internat in Dresden, das er später als sein »erstes Konzentrationslager« bezeichnen sollte. 1930 schrieb sich der schon in Jugendjahren dichtende Adler als Student der Musik- und der Literaturwissenschaft an der Prager Deutschen Universität ein. Sein Berufsziel, deutscher Professor zu werden, sah er drei Jahre später zerbrechen, als er sich von Januar bis April 1933 zu einem Studienaufenthalt in Berlin befand. Nach der Dissertation über *Klopstock und die Musik* ging er 1935 als Sekretär und Lehrer ans deutschsprachige Volksbildungshaus *Urania*, organisierte dort die Prager Lesung → Elias Canettis, die eine schwierige, von letzterem oft überstrapazierte Freundschaft der beiden Männer begründete. So verschwand der selbst nur mit Mühe aus Wien entkommene und mit weiteren Hilferufen konfrontierte Canetti im Gegensatz zu → Steiner buchstäblich in der Versenkung, als Adler im Frühjahr 1939 im unmittelbar vor der Besetzung stehenden Prag festsaß. Dessen Versuch, nach einer halbjährigen kaufmännischen Ausbildung in Mailand als Handelsvertreter nach Brasilien zu emigrieren, war bereits Ende 1938 im Sande verlaufen. Bis Mitte 1941 half H.G.

H.G. Adler

35 a Linden Gardens, W. 2

H(ans) G(ünther) Adler, Schriftsteller und Historiker. Er wurde am 2. Juli 1910 in Prag geboren. Nachdem Emigrationsversuche unter anderem nach Großbritannien gescheitert waren, wurde er von den Nationalsozialisten nach Theresienstadt, Auschwitz sowie in zwei Außenlager von Buchenwald verschleppt. 1947 emigrierte er nach London, wo er am 21. August 1988 starb. Außer in Linden Gardens lebte er hier unter anderem in 96 Dalgarno Gardens, W. 10 sowie in 47 Wetherby Mansions, Earl's Court Square, S.W. 5.

Adler im väterlichen Geschäft, dann wurde er als Zwangsarbeiter zum Eisenbahnbau herangezogen und arbeitete schließlich im Buchlager der vor ihrer Liquidation stehenden jüdischen Kultusgemeinde Prags. Am 30. Oktober 1941 heiratete er die Ärztin Gertrud Klepetar. Am gleichen Tag wurde sein Vater ins Ghetto Lodz deportiert und kurz darauf in Chelmno ermordet. Drei Monate später, am 6. Februar 1942, gingen auch H.G. und Gertrud Adler ›auf Transport‹. Das Ziel: Theresienstadt, jene infernalische Mischung aus Ghetto, ›Durchgangs-‹ und ›Sterbelager‹ sowie Potemkinschem Dorf, die zu seinem Lebensthema werden sollte. Schon im März 1942 begann er, heimlich Material über Theresienstadt zusammenzutragen. Selbst als Maurer eingesetzt, führte er sein Überleben später auch darauf zurück, daß seine Frau im medizinischen Zentrallabor arbeitete – eine Position, die auch ihm begrenzten Schutz bot. Doch mindestens ebenso wichtig dürfte gewesen sein, daß Adler sich nicht aufgab, wie besessen Gedichte und Kurzprosa schrieb, sich mit ersten Entwürfen zu seiner erst 1987 veröffentlichten *Vorschule für eine Experimentaltheologie* beschäftigte und Vorträge hielt. Bei seiner Ansprache zu Franz Kafkas 60. Geburtstag am 3. Juli 1943 soll dessen Lieblingsschwester Ottla unter den Zuhörern gewesen sein. In dieser Zeit entstand auch die enge Freundschaft mit → Leo Baeck, der Adlers in zweieinhalb Jahren entstandene Aufzeichnungen in einem Aktenkoffer rettete, als der mit Frau und Schwiegermutter am 12. Oktober 1944 nach Auschwitz deportiert wurde. Gertrud Adler-Klepetar ging mit ihrer ›selektierten‹ Mutter ins Gas, Adler selbst wurde für zwei Wochen nach Birkenau, dann in zwei Außenstellen des Konzentrationslagers Buchenwald ›verlegt‹.

Nach seiner Befreiung durch die Amerikaner kehrte H.G. Adler im Juni 1945 nach Prag zurück, betreute zunächst Kinder, die den Holocaust überlebt hatten, beteiligte sich dann am Wiederaufbau des *Jüdischen Museums*. Doch Adler – der nun plötzlich wieder als Deutscher galt, sich damit erneut in einer schwierigen Situation fand und überdies den wachsenden Einfluß der Kommunisten in der Tschechoslowakei mit hellsichtiger Sorge beobachtete – wollte nirgends mehr leben, wo die Nationalsozialisten gemordet hatten. Außerdem hatte er bereits Ende 1945 Kontakt mit seiner Jugendfreundin Bettina Gross aufgenommen und sich brieflich mit der Bildhauerin verlobt, der die Flucht nach England 1938 gelungen war. Nur fünf Tage nach seiner Ankunft heiratete das Paar am 16. Februar 1947 in London. Dort, erinnert sich → Grete Fischer, war seine Situation anfangs desolat. Denn Adler hatte kein Geld – und im Unterschied zu den Flüchtlingen der dreißiger Jahre half denen, »die da aus Konzentrationslagern oder der Verbannung kamen, (…) eigentlich niemand, weder Komitees noch Privatpersonen«. Und an Anstellungen, die ihm vorgeschlagen wurden – etwa als Weinkellner – war für H. G. Adler nicht zu denken, wollte er sich doch endlich ganz einer Arbeit widmen, zu der er sich als Überlebender verpflichtet sah: seiner großen Studie über Theresienstadt. »Er schreibt und schreibt«, sorgte sich neben → Grete Fischer auch → Franz Baermann Steiner um den in elenden Verhältnissen lebenden Freund, der im Oktober 1947 überdies Vater geworden war, und »hat ja noch nicht mal richtig englisch gelernt.«

Tatsächlich: Adler, dem → Leo Baeck jetzt hin und wieder unter die Arme griff, verdiente nicht nur nichts, sein Thema isolierte ihn auch weitgehend von der Stadt, in der er Zuflucht gesucht hatte, und es heftete ihn an die Sprache, die er eigentlich abstreifen und ausschließlich seiner Lyrik vorbehalten wollte. Als sich für das bereits 1948 beendete Theresienstadt-Buch trotz der Vermittlungsversuche → Leo Baecks oder des von → Elias Canetti eingeschalteten → Hermann Broch weder ein englischer noch ein amerikanischer Verleger fand, saß Adler bereits wieder am Schreibtisch: Binnen vier Jahren entstanden – zunächst ebenfalls ohne jegliche öffentliche Resonanz – vier Romane in deutscher Sprache. Fast zwangsläufig nahmen ihn deshalb nur Kollegen wahr, die ihre Wurzeln wie er im deutschsprachigen Raum hatten: Zu dem alten Freund → Steiner und dem sich immer wieder abkapselnden → Canetti kamen beispielsweise der mit seiner Frau verwandte und durch einen Kindertransport gerettete Lyriker Franz Wurm oder → Erich Fried, um den sich eine Gruppe jüngerer Dichter scharte, der er sich ebenso anschloß wie → Franz Baermann Steiner. Da vermittelte der in die Bundesrepublik zurückgekehrte → Theodor W. Adorno einen Druckkostenzuschuß: *Theresienstadt 1941–1945. Das Antlitz einer Zwangsgemeinschaft* konnte 1955 – sieben Jahre nach Beendigung der ersten, seither mehrfach überarbeiteten Niederschrift – endlich erscheinen.

Das Buch, in dem Adler die fast unmögliche Ausbalancierung von distanziert-schonungsloser Analyse und persönlichem Erleben gelungen war, verhalf ihm sofort zu internationaler Aufmerksamkeit; es trug ihm die Bewunderung von Theodor Heuss, Heinrich Böll und Heimito von Doderer ein, den Ruf als hervorragender Wissenschaftler, den Leo-Baeck-Preis und ein halbwegs geregeltes Einkommen. Aber der Erfolg legte ihn auch fest. Zwar fand seine

H.G. Adler
beim Korrekturlesen,
Juli 1960

Theresienstadt-Dokumentation *Die verheimlichte Wahrheit* ebenso starke Beachtung wie das gemeinsam mit Hermann Langbein und Ella Lingens-Reiner herausgegebene *Auschwitz*-Buch, für sein wissenschaftliches Hauptwerk *Der verwaltete Mensch. Studien zur Deportation der Juden aus Deutschland* erhielt er 1974 die Buber-Rosenzweig-Medaille. Doch lange Zeit blockierte der zum Doktor und Professor ehrenhalber ernannte Historiker und Soziologe nun den Dichter H.G. Adler, der sein literarisches Debüt erst 1961 mit dem Erzählungs-Band *Unser Georg* feiern konnte. Die romanhafte Erzählung *Eine Reise* – laut → Canetti ein Meisterwerk, das in seiner Auseinandersetzung mit dem Holocaust doch auch »die Hoffnung in die moderne Literatur wieder eingeführt« hat – erschien 1962 mehr als zehn, der Roman *Panorama* 1968 zwanzig Jahre nach dem Entstehen. Weder rühmende Kritiken noch seine von 1973 bis 1985 während Präsidentschaft im *PEN-Zentrum deutschsprachiger Autoren im Ausland*, dem Nachfolger des → Exil-PEN, konnten verhindern, daß bis zur Erstveröffentlichung des 1956 abgeschlossenen Romans *Die unsichtbare Wand* sogar dreiunddreißig Jahre vergingen. H.G. Adler, der dieses Buch für sein dichterisches Vermächtnis hielt, hat sie nicht mehr erlebt. Er starb am 21. August 1988 in der Stadt, in der er sich nie zu Hause, aber gerade deshalb am rechten Platz fühlte.

Nachgelesen

H.G. Adler: *Eine Reise*. Roman. Wien (Zsolnay) 1999.

Jeremy Adler (Hrsg.): *H.G. Adler. Der Wahrheit verpflichtet. Interviews, Gedichte, Essays.* Gerlingen (Bleicher) 1998.

Es geht weiter

auf der anderen Straßenseite.

Anders als die meisten anderen Emigranten, erinnert sich Hilde Spiel, seien sie und ihr Mann Peter de Mendelssohn, den sie am 27. Oktober 1936, unmittelbar nach ihrer Ankunft in London, geheiratet hatte, bewußt nicht nach Hampstead gezogen: »Wir sind da häufig hingefahren, haben Freunde besucht. Aber diese Zusammenrottung, dieses Sich-Kolonisieren auf einer Insel innerhalb der englischen Gesellschaft, das haben wir nicht angestrebt.« Das junge Ehepaar hatte freilich vergleichsweise günstige Voraussetzungen, um seinen Vorsatz, sich im Gastland zu integrieren, »anstatt fruchtlose Schattenkämpfe im Exil auszufechten«, in die Tat umzusetzen. De Mendelssohn, ein in der Dresdener Künstlerkolonie Hellerau aufgewachsener Romancier und Journalist, war ein ausgesprochenes Fremdsprachentalent und dank einer längeren Korrespondententätigkeit für das *Berliner Tageblatt* mit London schon vertraut. Auch seine aus einem alten Rabbinergeschlecht stammende, aber katholisch erzogene Gattin, der ihr erster Roman *Kati auf der Brücke* im Wien des Jahres 1933 einen Sensationserfolg beschert hatte, konnte gut Englisch. Die unmittelbar vor ihrer Emigration zur Doktorin der Philosophie promovierte Schülerin Moritz Schlicks, des Begründers des berühmten *Wiener Kreises* des logischen Positivismus, hatte außerdem auch eigene Freunde auf der Insel, als sie ihrem Verlobten nach London folgte. Schließlich waren beide jung: Der in München geborene Peter de Mendelssohn zählte im Oktober 1936 achtundzwanzig Jahre, Hilde Spiel war gerade fünfundzwanzig geworden.

Statt **Hampstead** also **Notting Hill**, später, nach Kriegsbeginn, **Wimbledon**. Der Start in der kleinen Wohnung im Haus **59 Linden Gardens** ist freilich alles andere als einfach. Das Geld reicht vorn und hinten nicht – zumal Hubertus Prinz Löwenstein, der Peter de Mendelssohn 1935 nach London geholt und bald zum dortigen Repräsentanten seiner 1936 gegründeten *American Guild for German Cultural Freedom* gemacht hat, das versprochene schmale Gehalt schuldig bleibt. Damit die feuchte, kalte Wohnung wenigstens ein bißchen behaglich wird, muß der Automat der Gasheizung mit Knöpfen statt Münzen gefüttert werden. Die Vermieterin spielt – anders als ein großzügig Kredit gewährender Lebensmittelhändler – nicht lange mit, wirft das mittellose Schriftstellerpaar im Frühjahr 1937 aus dem Haus. Es findet im *Winchester Court* in der nur ein paar Schritte entfernten **Kensington Church Street** eine neue Bleibe. Da freilich beginnen sich die äußeren Verhältnisse der beiden zu stabilisieren. Der Hutchinson-Verlag, der schon eine Übersetzung von

Hilde Spiel, Peter de Mendelssohn und *Die Zeitung*: Sebastian Haffner, Walter Trier, Arthur Koestler und Martin Beheim-Schwarzbach

59 Linden Gardens, W. 2

Hilde Spiel und Peter de Mendelssohn kurz nach ihrer Vermählung in London

Hilde Spiel,

Schriftstellerin und Journalistin. Sie wurde am 19. Oktober 1911 in Wien geboren und emigrierte Ende Oktober 1936 nach London. Von 1946 bis 1948 arbeitete sie als Theaterkritikerin in Berlin, danach als England-Korrespondentin verschiedener Blätter wieder in London. 1963 kehrte sie nach Österreich zurück, vom Mai 1983 an hielt sie sich noch einmal ein Jahr lang in London auf. Sie starb am 30. November 1990 in Wien.

Peter de Mendelssohn,

Journalist und Schriftsteller. In München am 1. Juni 1908 geboren, emigrierte er im April 1933 nach Paris. Nach verschiedenen Zwischenstationen entschied er sich 1935 für London, ging von dort 1944 als amerikanischer Offizier mit britischem Paß nach Paris. Vom Juli 1945 bis 1949 arbeitete er im alliierten Auftrag in Düsseldorf und Berlin, dann kehrte er bis 1970 nach London zurück. Seine letzten Lebensjahre verbrachte er in München, wo er am 10. August 1982 starb.

de Mendelssohns Roman *Das Haus Cosinsky* ediert hat, nimmt auch *All that matters* an, das erste Buch, das der auf Integration in die englische Gesellschaft und Kultur setzende Autor mit der Unterstützung eines einheimischen Freundes in der neuen Sprache schreibt. Außerdem macht Peter Smolka de Mendelssohn, der seinem englischen Debüt mit *Across the River* und einer *Roosevelt*-Biographie schon bald zwei weitere englische Bücher folgen lassen wird, zu seinem Mitarbeiter in der Londoner Redaktion des *Prager Tagblatts*. Und weil die im Gebäude der *Times* sitzt, wirft der Posten nicht nur ein zwar bescheidenes, aber regelmäßiges Einkommen ab, sondern auch Kontakte mit britischen Kollegen. Später wird es Smolka sogar gelingen, de Mendelssohn einen Posten beim *Ministry of Information* zu beschaffen, was ihn im Krieg vor der Internierung bewahrt und ihm – samt seiner Frau – die ungewöhnlich frühe Einbürgerung im Jahr 1941 ermöglicht.

Auch Hilde Spiel entschließt sich nach anfänglichen Widerständen, die → Robert Neumann überwinden hilft, in der neuen Sprache zu schreiben: Ihre Vorfahren hätten auf Scheiterhaufen gebrannt, meint ihr gleichfalls bald englisch schriftsellernder Mentor gewohnt trocken, da werde sie doch wenigstens die Sprache wechseln können. Der bereits in Wien begonnene Roman *Flöten und Trommeln* erscheint 1939 zwar noch in einer Übersetzung, die de Mendelssohn und sein englischer ›Korrektor‹ Eric Dancy besorgen, doch von 1940 an führt Hilde Spiel ihr Tagebuch in englisch, den Roman *The Fruits of Prosperity* wird sie viele Jahre nach dem Krieg selbst ins Deutsche ›zurückübersetzen‹. Bereits 1937 ist die Verfasserin nicht ins deutsche, sondern ins englische → PEN-Zentrum berufen worden, wo sie gute Freunde findet. Das Einleben in England erleichtern ihr aber auch ihre beiden in London geborenen Kinder: Mit deren Heranwachsen holt sie nach eigener Aussage gleichsam eine ›englische Kindheit‹ nach.

Doch ganz geht das junge Ehepaar in der neuen Umgebung nicht auf, Freunde und Bekannte aus Deutschland und Österreich gehören zum täglichen Leben: Beide nehmen an Dichtertreffen teil, die → Robert Neumann in der Wohnung des gerade nach Amerika verreisten → Stefan Zweig veranstaltet; → Bruno Frank greift ihnen in den ersten, schwierigen Monaten finanziell unter die Arme; → Berthold Viertel hilft, indem er Hilde Spiel als ›Sekretärin‹ beschäftigt; regelmäßig trifft man sich mit → Max Herrmann-Neiße. Zum Bekanntenkreis zählen auch → Elias Canetti und → Theodor Kramer sowie Ernst Polak, der frühere Mann von Kafkas Milena, der

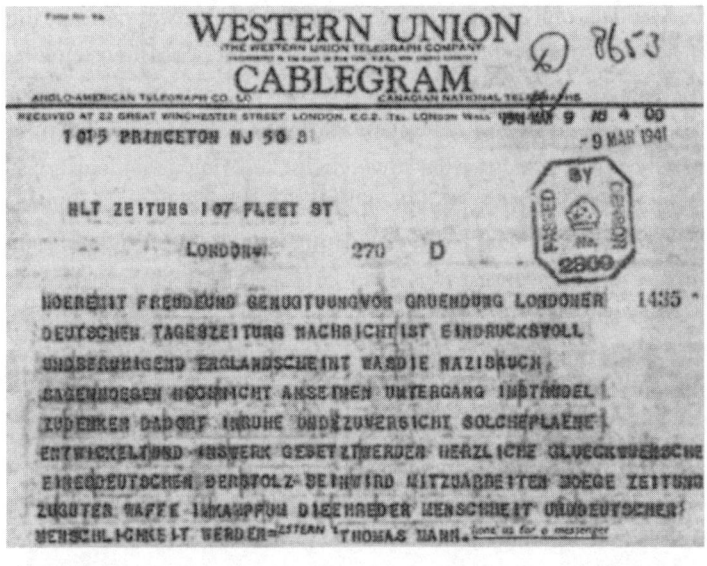

Thomas Mann begrüßt in seinem Telegramm vom 9. März 1941 die Gründung der Londoner deutschen Zeitung.

Thomas Manns Telegramm lautet:

»Höre mit Freude und Genugtuung von Gründung Londoner deutscher Tageszeitung. Nachricht ist eindrucksvoll und beruhigend. England scheint, was die Nazis auch sagen mögen, noch nicht an seinen Untergang im Strudel zu denken, da dort in Ruhe und Zuversicht solche Pläne entwickelt und ins Werk gesetzt werden. Herzliche Glückwünsche eines Deutschen, der stolz sein wird mitzuarbeiten. Möge Zeitung zu guter Waffe im Kampf um die Ehre der Menschheit und deutscher Menschlichkeit werden.«

ebenso in London gestrandet ist wie Dora Diamant, die letzte Freundin des Jahrhundert-Genies aus Prag. Als Hilde Spiel und Peter de Mendelssohn im Krieg wegen der deutschen Bombenangriffe aus **Kensington** nach **Wimbledon** umziehen, spielt ihr ebenfalls noch dort lebender, neuer ›Hausfreund‹ → Hans Flesch-Brunningen bei der Wahl des Quartiers keine geringe Rolle. In der neuen Umgebung wohnt außerdem Sebastian Haffner.

Mit ihm sollte sich bald eine berufliche Verbindung ergeben: Haffner gehörte wie de Mendelssohn zur Redaktion der *Zeitung,* eines deutschsprachigen Blattes, das in einer Auflage von zwanzigtausend Exemplaren vom März 1941 an mit dem Segen und dem Geld der englischen Regierung erschien. Anders als vorangegangene Versuche, in London eine publikumswirksame deutsche Zeitung zu gründen, traf die Idee, den zum großen Teil ›unpolitischen‹ und noch schlecht englisch sprechenden jüdischen Emigranten, die erst von 1938 an in großer Zahl ins Land gekommen waren, ein bürgerlich-konservatives Forum zu verschaffen, jetzt auf günstige Voraussetzungen: Die hysterischen Töne der Internierungswelle waren

Nachgelesen

Hilde Spiel: *Die hellen und die finsteren Zeiten. Erinnerungen 1911–1946.* München (Paul List Verlag) 1989.

Hilde Spiel: *Welche Welt ist meine Welt? Erinnerungen 1946–1989.* München (Paul List Verlag) 1990.

verklungen, die verantwortlichen Stellen daran interessiert, die inzwischen als loyal erkannten Flüchtlinge im britischen Sinne zu beeinflussen und möglichst in die eigenen Kriegsanstrengungen zu integrieren. Sollte das Blatt auch noch die in neutralen Staaten lebenden Auslandsdeutschen sowie deutsche Kriegsgefangene erreichen, durfte es freilich weder ›zu links‹ noch ›zu jüdisch‹ ausfallen. Entsprechend der Stab, den das *Ministry of Information* zusammenstellte: Hans Lothar, *spiritus rector* und Chefredakteur des Unternehmens, war Geschäftsführer der renommierten *Frankfurter Zeitung* gewesen, an die sich schon das Layout der im Haus des *Observer* in **107 Fleet Street** erscheinenden *Zeitung* hielt. Wie bei der *Frankfurter Zeitung* leitete Hans Uhlig das Wirtschaftsressort; zuerst für das Feuilleton, später für die Redaktionsleitung war mit Dietrich E. Mende ein früherer *Stahlhelm*-Mann und Pressechef im preußischen Innenministerium verantwortlich; die Politik übernahm Julius Reichenheim, der frühere London-Korrespondent der *Neuen Zürcher Zeitung*. Feuilletonchef Wolfgang von Einsiedel kam von der *Vossischen Zeitung*; als Chefkolumnist schließlich fungierte Sebastian Haffner, der umgehend bewies, daß er keinerlei ›unnötige‹ Sympathien für die politische Linke hegte.

Der Berliner Jurist, der als Raimund Pretzel geboren worden war, hatte 1936 den Staatsdienst quittiert, um im Nazi-Reich kein Richter werden zu müssen, und sich mit Musikkritiken und anderen, politisch unverfänglichen Artikeln für die *Berliner Illustrierte* und die *Neue Modewelt* durchgeschlagen. Nach dem Novemberpogrom 1938 nutzte er einen Reportageauftrag, um sich gemeinsam mit seiner jüdischen Lebensgefährtin Erika Hirsch nach England abzusetzen, die er dann dort heiratete. Er ließ sich zunächst in Cambridge nieder und schrieb unter dem Pseudonym Sebastian Haffner, das seine Familie in Deutschland schützen sollte, ein aufsehenerregendes Buch. Es hieß *Germany: Jeckyll & Hyde* und enthielt einen Rechenschaftsbericht, der die Methoden der Nazis auf der Basis genauer Kenntnisse der innerdeutschen Verhältnisse analysierte. Trotzdem wurde Sebastian Haffner nach Kriegsbeginn als ›unzuverlässiger Ausländer‹ eingestuft und sofort interniert, dann wieder freigelassen und im Zuge der Masseninternierungen 1940 erneut inhaftiert. Doch was er zu sagen hatte, schmeckte – wie sich nun erwies – den deutschen Sozialdemokraten viel weniger als der britischen Regierung: Der innere Widerstand im ›Dritten Reich‹ sei tot, weshalb die Emigration die Verantwortung für Deutschlands Zukunft übernehmen müsse, schrieb Haffner gleich in einer der ersten

Sebastian Haffner,
Publizist. Der gelernte Jurist wurde am 27. Dezember 1907 als Raimund Pretzel in Berlin geboren und floh Ende 1938 nach England. 1954 kehrte er aus London nach Berlin zurück, dort starb er am 2. Januar 1999.

Ausgaben der *Zeitung*. Diese Behauptung mußte die Exil-SPD und ihre Vormänner Hans Vogel und Erich Ollenhauer, die Paris fluchtartig verlassen und sich Ende 1940 in **Childs Hill** in der **Fernside Avenue 33** installiert hatten, aufbringen: Sie sahen in Haffners Einlassung nicht nur eine Geringschätzung der illegalen Arbeit ihrer Genossen daheim, sondern zugleich den illegitimen Versuch, die konservative *Zeitung* als repäsentatives Sprachrohr aller Exilierten darzustellen. Nicht zu Unrecht übrigens, denn das Blatt, das bis Ende 1941 als vierseitige Tages-, dann bis zum Kriegsende als zwölfseitige Wochenzeitung erschien, druckte die Gründungserklärung der ebenfalls im März 1941 formierten *Union Deutscher Sozialistischer Organisationen in Großbritannien*, in der sich die SPD mit der *Gruppe Neu Beginnen*, der *Sozialistischen Arbeiterpartei Deutschlands*, dem *Internationalen Sozialistischen Kampfbund* und den Exil-Gewerkschaften zusammengeschlossen hatte, erst nach einer Intervention der *Labour Party* ab. Tatsächlich sollten diese Spannungen noch bis in eine Zeit anhalten, da die Neuordnung Deutschlands wirklich auf der Tagesordnung stand: Erst im Dezember 1944 öffnete *Die Zeitung* mit der Schaffung eines Diskussionsforums, das der *Neu-Beginnen*-Mann und spätere Intendant des *Süddeutschen Rundfunks*, Fritz Eberhard, redigierte, auch → Richard Löwenthal, Hans Vogel und Erich Ollenhauer, dessen späterem Nachfolger an der Parteispitze, ihre Spalten. Versuche, sozialistischen Positionen durch die Gründung der Gewerkschaftszeitung *Die Arbeit* breiteres Gehör zu verschaffen – der nachmalige DGB-Chef Ludwig Rosenberg forderte hier etwa die systematische Zusammenarbeit von SPD und Gewerkschaften –, hatten sich da längst erledigt. Ebenso wie Sebastian Haffners Engagement bei der *Zeitung:* Er wechselte als strikter Antikommunist, der schon mitten im Krieg vor den Sowjets warnte, nach etwa einem Jahr zum *Observer*, für den er 1954 als Deutschland-Korrespondent nach Berlin zurückkehrte. Hier veranlaßte ihn die *Spiegel*-Affäre zu einer Kurskorrektur – der ›kalte Krieger‹ ging zum linksliberalen *Stern*, stritt für Willy Brandts Ostpolitik und schrieb viel beachtete Bücher zur deutschen Geschichte, darunter seine *Anmerkungen zu Hitler*.

Neben dem als Redakteur für *Die Zeitung* arbeitenden Peter de Mendelssohn und der mit gelegentlichen Artikeln vertretenen Hilde Spiel gewann das von den Briten kontrollierte, aber weitgehend unabhängig operierende Blatt in den gut vier Jahren seines Bestehens trotz solcher Querelen noch eine Vielzahl weiterer bedeutender Mitarbeiter. Für rund einhundertsiebzig Karikaturen, in denen die

Nazis und ihre ›Führer‹ ins Komische gezogen und so der Lächer-
lichkeit preisgegeben wurden, zeichnete etwa Walter Trier verantwortlich, der Max-Reinhardt-Bühnenbildner und allen Kindern bekannte Illustrator der Bücher Erich Kästners. Der gebürtige Prager,
der seit 1910 in Berlin gelebt hatte, war im Dezember 1936 nach
London geflohen, wo er zunächst Filmplakate für die *Pinewood
Studios* entwarf und dann durch seine allmonatlichen Umschlags-
zeichnungen für das Magazin → *Lilliput* rasch populär wurde. Nachdem er sich 1938 mit witzigen Kleinplastiken aus Eierschalen beschäftigt hatte, lehnte er 1939 ein Vertragsangebot Walt Disneys ab
und blieb in London, um dort auch für britische Tageszeitungen wie
den *Daily Herald* zu arbeiten. Trier erhielt auch direkt Aufträge des
Ministry of Information, für das er etwa die Flugschrift *Nazi-German in 22 Lessons* zeichnete. Als *Die Zeitung* am 1. Juni 1945 ihr
Erscheinen einstellte, arbeitete er für Blätter wie *Life* oder die *Picture Post*. 1947 übersiedelte er, inzwischen britischer Staatsbürger
geworden, zu seiner Tochter nach Kanada, wo er als Werbegrafiker
und Buchillustrator tätig war und 1951 starb.

Neben ›Reichsdeutschen‹ und Österreichern publizierten beispielsweise auch zwei vor den Nazis geflohene Ungarn in der *Zeitung:* → George Taboris Bruder Paul und Arthur Koestler. Als ihm
Ende 1940 die Flucht aus dem besetzten Frankreich gelang, hatte
Koestler mit seinen fünfunddreißig Jahren bereits ein abenteuerli-
ches Leben hinter sich. In Budapest als Sohn eines jüdischen Kaufmanns geboren, war er nach dem Konkurs seines Vaters Anfang der
zwanziger Jahre nach Wien gekommen, wo er ein Ingenieurstudium
begann. Das brach er 1926 ab, um als Zionist nach Palästina auszu-
wandern. Ein Jahr später machte ihn der Ullstein-Verlag zu seinem
Nahost-Korrespondenten in Jerusalem, dann ging der junge Journalist nach Paris und Berlin, wo er 1931 der KPD beitrat. 1932/33 be-
reiste er die Sowjetunion, ging über Ungarn nach Paris und Zürich
und berichtete schließlich für den Londoner *News Chronicle* über
den Spanischen Bürgerkrieg. Beim Fall von Málaga geriet Koestler
in francistische Gefangenschaft, wurde standgerichtlich abgeurteilt,
entkam aber nach britischer Intervention durch einen Gefangenen-
austausch aus der Todeszelle, in der sich seine Abkehr vom Kom-
munismus vollzog. Noch 1937 erschien sein Bericht *Ein spanisches
Testament*, 1938 verließ er die KPD und arbeitete in Paris mit dem
gleichfalls ›abtrünnigen‹ Willi Münzenberg zusammen. Vier Wochen nach Kriegsbeginn internierten ihn die Franzosen im berüchtigten Lager Le Vernet in den Pyrenäen. Nach seiner Freilassung

Auch nach seiner Emigration
arbeitete Walter Trier weiter
mit **Erich Kästner** zusammen.
So trafen sich die beiden 1937
bei den Salzburger Festspielen
und bastelten an *Georg und
die Zwischenfälle*, das 1938
erschien und von 1949 an *Der
kleine Grenzverkehr* heißen
sollte. Im Spätsommer 1938 war
Kästner sogar nach London gekommen, um mit Walter Trier
neue Buchpläne zu schmieden,
doch kehrte er angesichts der
›Sudetenkrise‹ überstürzt nach
Berlin zurück. Obwohl sich die
beiden danach nie mehr sahen,
illustrierte Trier nach dem Krieg
nochmals zwei Kinderbücher
seines Freundes: *Das doppelte
Lottchen* und *Die Konferenz der
Tiere*. Triers Adressen in London
lauteten 107 Charlotte Street,
W.1 und 39 Fitzroy Square, W.1.

Nazi-German in 22 Lessons

Arthur Koestler,

Schriftsteller und Journalist.
Er wurde am 5. September 1905
in Budapest geboren. Nach
zahlreichen Zwischenstationen
– darunter Zürich, Paris und
Spanien – floh er 1940 aus dem
besetzten Frankreich nach London. Dort setzte er seinem Leben am 3. März 1983 ein Ende.

schloß er sich 1940 der Fremdenlegion an und gelangte nach der französischen Kapitulation über Casablanca und Lissabon nach England, wo er als verdächtiger Ausländer, der ohne Papiere eingereist war, umgehend verhaftet wurde. Nach seiner Entlassung aus dem Untersuchungsgefängnis entstand in den Londoner Bombennächten *Scum of the Earth*. In seinem ersten auf Englisch geschriebenen Buch legte Koestler, der zuvor mit dem Roman *Sonnenfinsternis* mit dem Stalinismus abgerechnet hatte, Rechenschaft über seine Erlebnisse in Frankreich ab. Im Frühjahr 1941 trat er ins *British Pioneer Corps* ein und wurde schließlich Kriegsberichterstatter für englische und amerikanische Zeitungen, nach 1945 veröffentlichte der 1948 von Großbritannien eingebürgerte, längst weltweit bekannte Publizist vor allem Arbeiten über anthropologische, historische, psychologische und naturwissenschaftliche Themen. 1983 starb Arthur Koestler von eigener Hand in London.

Nachgelesen

Arthur Koestler:
Autobiographische Schriften.
Zwei Bände. Frankfurt / Berlin
(Limes Verlag) 1993.

Auch ein Brite, der doch ein deutscher Emigrant war, lieferte Beiträge für *Die Zeitung:* Martin Beheim-Schwarzbach war am 27. April 1900 als Sohn eines aus Würzburg stammenden Schiffsarztes im Londoner Hafen geboren worden – und damit, wie seine aus Deutschland stammenden, aber naturalisierten Eltern, Engländer. Nach deren Trennung wuchs er in Hamburg auf, wo er als Kaufmann und Filmjournalist arbeitete, bevor er 1927 mit *Die Runen Gottes*, einer Sammlung phantastischer Geschichten, als Schriftsteller in Erscheinung trat. Er verfaßte romantisch-mystische Erzählungen und Romane, übersetzte Margaret Mitchells *Vom Winde verweht* ins Deutsche und schrieb eine Novalis-Biographie, bevor er kurz vor Kriegsbeginn in seine Geburtsstadt emigrierte. Hier arbeitete er in der Rüstungsindustrie und als Autor, schrieb nicht nur Belletristik, sondern auch die 1940 bei Bermann-Fischer in Stockholm erschienene politische Kampfschrift *Die preußische Revolution.* 1946 kehrte er als britischer Kontrolloffizier nach Deutschland zurück, war wie de Mendelssohn und Haffner eine Zeitlang bei der *Welt*, veröffentlichte weiterhin Romane, Biographien und Schachbücher sowie Nacherzählungen biblischer Geschichten, orientalischer Märchen oder antiker und deutscher Sagen.

Martin Beheim-
Schwarzbach,

Schriftsteller, Journalist und
Kaufmann. Er wurde am
27. April 1900 in London geboren, wuchs aber in Hamburg auf. 1939 emigrierte er
nach London, 1946 kehrte
er nach Deutschland zurück.
Am 7. Mai 1985 starb er in
Hamburg. In London wohnte
er 11 South Hill Park Gardens,
N.W. 3.

Peter de Mendelssohn, der schon vor seiner Zeit bei der *Zeitung* Mitarbeiter im britischen *Ministry of Information* gewesen war, wurde 1944 von den Amerikanern als Presseoffizier ins alliierte Hauptquartier nach Paris geholt. Im Juli 1945 ging er zunächst als Pressechef der Britischen Kontrollkommission nach Düsseldorf und gründete dann im Auftrag der Alliierten neben der *Welt*, als deren

Herausgeber er fungierte, auch den *Tagesspiegel*. 1946 folgte ihm Hilde Spiel mit den beiden Kindern nach Berlin und schrieb für *Die Welt* Theaterkritiken. Sie kehrte bereits 1948 nach Wimbledon zurück, ihr Mann folgte ein Jahr später. Bis 1970 blieb er als Korrespondent der in München erscheinenden *Neuen Zeitung* und des *Bayerischen Rundfunks* in London, dann ließ er sich in seiner Geburtsstadt München nieder. Dem letzten Exil-Roman *Fortress in the Skies* folgten noch zahlreiche Publikationen, darunter Essays zur Literatur und die große Thomas-Mann-Biographie *Der Zauberer*. 1975 wählte ihn die *Deutsche Akademie für Sprache und Dichtung* zu ihrem Präsidenten, am 10. August 1982 starb er in München.

Hilde Spiel war es neben der Erziehung ihrer beiden Kinder gelungen, nicht nur in der *Zeitung*, sondern auch in britischen Blättern wie dem *Daily Express* oder dem linksliberalen *New Statesman* zu publizieren, für den sie bis 1958 tätig bleiben sollte. Ihrem auf Englisch verfaßten Exil-Roman *The Fruits of Prosperity* war in England freilich kein Erfolg beschieden, das Buch erschien erst 1981 – auf Deutsch. Nach ihrer Rückkehr nach **Wimbledon** intensivierte sich ihre Beziehung mit → Hans Flesch-Brunningen, sie schrieb für verschiedene deutschsprachige Blätter – darunter die *Süddeutsche Zeitung* und die *Weltwoche* – über das Londoner Kulturleben und nahm 1958 die Arbeit an ihrem bekanntesten Buch, der Biographie *Fanny von Arnstein oder Die Emanzipation*, auf. Ein Jahr nach deren Erscheinen kehrte sie 1963 als Korrespondentin des *Guardian*, der *Frankfurter Allgemeinen Zeitung* und der *Weltwoche* nach Wien zurück. Sie engagierte sich weiterhin im → PEN-Club, fungierte von 1965 zuerst als Generalsekretärin, dann als Vize-Präsidentin der österreichischen Sektion. Als Konflikte mit ihrem Jugendfreund Friedrich Torberg, aber auch um ihre unklare Haltung zu jüngeren Schriftstellergruppierungen wie der *Grazer Autorenvereinigung* und der *Wiener Gruppe* 1972 ihre Wahl zur Präsidentin des österreichischen → PEN verhinderten, trat sie aus dem Verband aus und schloß sich der bundesdeutschen Sektion an. Schon 1971 heiratete sie nach der Scheidung von Peter de Mendelssohn → Hans Flesch-Brunningen. Nach dessen Tod ging sie im Mai 1983 nochmals für ein Jahr nach London, um dann endgültig in Österreich zu bleiben. Ihr letztes Buch, der 1990 veröffentlichte, zweite Teil ihrer Memoiren, trägt den Titel *Welche Welt ist meine Welt?* Als sie am 30. November 1990 in Wien starb, war diese Frage für die deutschsprachige Kritik beantwortet: Sie hatte Hilde Spiel längst zur »großen Dame der österreichischen Literatur« erklärt.

Am Wegesrand

Bevor es zur U-Bahn zurückgeht, lohnt ein Blick in Clanricarde Gardens eine Straße weiter östlich: In Haus 17 findet der Ich-Erzähler in **Alfred Anderschs** ›Londoner Exil-Roman‹ *Efraim*, ein jüdischer Junge aus Berlin, Aufnahme. Andersch selbst war zwar nicht emigriert, hatte nach dem Krieg als Redakteur des Süddeutschen Rundfunks aber vielfältige Beziehungen zu Londoner Exilanten: Sein Intendant Fritz Eberhard war an die Themse geflohen, bei einer Dienstreise lernte Andersch im *Bush House* neben → Erich Fried, seinem Mitarbeiter bei der Zeitschrift *Texte und Zeichen*, auch Edmund Wolf, den Programm-Direktor der für Westdeutschland zuständigen Abteilung des → *German Service* der BBC, kennen.

Es geht weiter

zum U-Bahnhof Notting Hill Gate. An der Tube-Station besteigt man entweder Circle oder District Line und fährt bis High Street Kensington. Diese überquert man an der Ampel, geht nach links, zwei Ecken weiter nach rechts in die Argyll Road und dann in die zweite Querstraße links: Stafford Terrace. Antiquitätenliebhaber, die ausdauernd und gut zu Fuß sind, sollten nicht mit der U-Bahn fahren, sondern durch die Kensington Church Street gehen.

Der Herkunft nach ist er ungarischer Jude, er schreibt englisch und erhielt 1992 den für herausragende Leistungen in der deutschen Literatur reservierten Büchner-Preis. Heimat, hat George Tabori einmal gesagt, das sei für ihn »Bühne, Bett und Bücher«. Kaum einer hat das deutschsprachige Theater seit 1970 so geprägt wie der 1914 in Budapest geborene Regisseur, Schauspieler, Filmemacher, Dramatiker, Essayist und Romancier, der das Nomadisieren zwischen den Kulturen geradezu zu verkörpern scheint. Ein moderner Ahasver, im Leben wie – an der Seite → Otto Tausigs – in Jan Schüttes Spielfilm *Auf Wiedersehen in Amerika*?

Taboris Vater war Reporter und hatte sich dem Horthy-Regime mit seinen Sympathien für die Räte-Revolution des Béla Kun so verdächtig gemacht, daß es ihn auf die ›schwarze Liste‹ setzte. Cornelius Tabori wechselte notgedrungen vom Journalismus in die Fremdenverkehrsbranche, wurde schließlich Pressechef eines ungarischen Tourismus-Büros und riet seinem jüngeren Sohn, der bereits in der Schule zu schreiben begonnen hatte, dringend davon ab, seine Existenz auf so unsicheren Boden wie die Schriftstellerei zu bauen. Doch der Vater beließ es nicht bei Warnungen und schickte seinen Filius nach dem Abitur im Oktober 1932 nach Berlin, wo er das Hotelfach erlernen sollte. George blieb mehrere Monate in der deutschen Hauptstadt, erlebte Hitlers ›Machtergreifung‹, kellnerte, arbeitete in der Küche, als Bierzapfer, an der Rezeption und in der Buchhaltung – unter anderem im Hotel Adlon. Danach Budapest, nochmals ein kurzes Volontariat in Deutschland, diesmal in Dresden, wieder Budapest, schließlich, Mitte der dreißiger Jahre, London. Der angehende Hotelfachmann hatte in Deutschland gesehen, was auf Europa zukommen sollte – und miterlebt, wie auch das autoritär regierte Ungarn »immer mehr in Richtung Faschismus« rutschte. Er habe sich gefühlt »wie vor einem Gewitter«, beschreibt er die Stimmung, in der er nach England auswanderte. George Tabori datiert seine Übersiedelung in dem autobiographischen Text *Budapest – Hollywood – Berlin* auf 1935, sein älterer Bruder, der Schriftsteller und Übersetzer Paul Tabori, der unter anderem in Berlin studiert hatte, dort zum Dr. phil. promoviert worden war und sich kurz vor George in London niederließ, spricht von 1937.

Ein englischer Freund überläßt Paul und George Tabori gegen eine kleine Miete ein leerstehendes Haus an der **Stafford Terrace**. Mit zwei Matratzen ziehen sie in das fünfstöckige Gebäude ein, das der ältere Bruder später kaufen und über Jahrzehnte bewohnen wird. Beide beherrschen die Landessprache, haben bereits englische

George Tabori

14 Stafford Terrace, W. 8

George (György) Tabori, Schriftsteller, Regisseur und Schauspieler. Er wurde am 24. Mai 1914 in Budapest geboren. Nach kürzeren Deutschland-Aufenthalten 1933 und 1934 emigrierte er Mitte der dreißiger Jahre nach London. Die ersten Kriegsjahre verbrachte er auf dem Balkan, in Jerusalem und Kairo, war dann von 1943 bis 1947 wieder in London, von wo aus er in die USA ging. 1971 kehrte er nach Europa zurück und arbeitet seither vor allem in Deutschland und Österreich.

Bücher ins Ungarische übersetzt. Georges Markenzeichen ist allerdings ein »merkwürdiger Akzent«, hat er die Sprache doch von einem Cousin gelernt, der in Brooklyn geboren und in Houston aufgewachsen war. Anfangs, erinnert er sich, habe denn auch »kein Mensch« sein »noch nie gehörtes Englisch« verstanden. Trotzdem stürzen sich die Brüder ins Literaturgeschäft. Paul hat mit einem Freund eine Agentur gegründet, die ungarische Bücher bei englischen Verlagen plazieren will, und beschäftigt George vor allem mit Botengängen. Außerdem arbeiten beide als Übersetzer und Auslandskorrespondenten für ein Pressebüro, das im Gebäude des *Daily Telegraph* untergebracht ist und Berichte über England an ungarische Zeitungen verkauft. Schließlich tragen Georges touristische Kenntnisse zum Unterhalt bei: Er jobt bei einem Unternehmen, das von London aus Ungarn-Reisen organisiert, kommt so immer wieder nach Hause. Nebenher entsteht Literatur.

Der Krieg macht den Reiseleiter George Tabori arbeitslos. Er will in die englische Luftwaffe eintreten, wird als Ungar aber abgelehnt. Den Jahreswechsel 1939/40 verbringt er in Budapest, arbeitet dort kurze Zeit für eine konservative englische Zeitung, schafft es dann trotz Wehrpflicht, sein vorerst noch neutrales Heimatland zu verlassen und geht als Korrespondent »des letzten liberalen« Blattes in Ungarn nach Sofia, weicht 1941 vor dem deutschen Vorstoß auf den Balkan nach Istanbul aus, wo ihn die schwedische Zeitung *Aftenbladet* sowie die Nachrichtenagentur *United Press* beschäftigen. Ein Freund aus dem ungarischen Widerstand bringt ihn mit britischen Militärs zusammen, Tabori will sich als Fallschirmspringer für den Partisanenkrieg in Ungarn ausbilden lassen und wird zu diesem Zweck nach Jerusalem geschmuggelt. Dort tritt er als Captain Turner den britischen Streitkräften bei und ist neben seiner militärischen Ausbildung als Sprecher für eine unter englischer Kontrolle arbeitende, ungarische Abteilung der *Palestine Broadcasting Company* tätig. Deren Sendungen werden – wie er später erfährt – nie ausgestrahlt, sondern sollen ihn und seine Mitarbeiter lediglich bis zu ihrem Kriegseinsatz beschäftigen. Immerhin lernt er so seine erste Frau kennen: die aus Darmstadt stammende Hannah Freund, die ebenfalls in der britischen Armee dient und ihm die deutschsprachige Moderne – von Döblin über Grosz bis Schönberg – nahebringt. In Jerusalem entsteht außerdem Taboris erster Roman *Beneath the Stone the Scorpion*, der 1944 in England und ein Jahr später in den USA erscheinen wird.

Anfang 1943 wird ›Captain Turner‹ nach Kairo zum Abhördienst versetzt. Während er in Montgomerys Hauptquartier noch an seinem 1945 erscheinenden, zweiten Roman *Companians of the Left Hand* arbeitet, ist nicht nur die Schlacht um Stalingrad ge-, sondern auch Rommels *Heeresgruppe Afrika* zerschlagen, Titos Partisanen befreien Jugoslawien. Aus britischer Sicht ist der Einsatz von Fallschirmspringern in Ungarn damit verzichtbar – George Tabori kehrt Ende 1943 nach London zurück. Er arbeitet jetzt für den ungarischen Dienst der *BBC*, erlebt als freiwilliger Luftschutzwartgehilfe gleich nach seiner Ankunft die ersten deutschen V-1-Angriffe:

»*Ich erinnere mich noch genau an die Nacht, wo die erste V 1 London traf. Es war ein großer Krach irgendwo, keiner wußte, was passiert war. Es war vorher kein Luftschutzalarm gewesen, weil man diese kleinen Dinger nicht identifizieren konnte. Die V 1 war wie ein kleiner dicker Teufel mit rotem Schwanz, sehr unheimlich (…) Morgens ging man Brötchen kaufen, die Alscott Road hinauf. Meine Schnürsenkel waren lose, ich bückte mich – und das hat mir das Leben gerettet. Denn in diesem Moment hat es um die Ecke, wo der Bäcker war, eingeschlagen. Als ich mich aufrichtete, war der Bäcker weg, es gab nur noch Trümmer. Die*

V 2 waren noch schlimmer. Die konnte man überhaupt nicht hören. Wenn man den Knall hörte, dann wußte man, daß man lebte, wenn man ihn nicht hörte, dann hatte es anderswo getroffen, oder man war tot.«

Am 8. Mai 1945, als Deutschland endlich kapituliert, hat Bruder Paul – der als äußerst produktiver Schriftsteller lange Zeit das *International PEN Club Centre for Writers in Exile* leitet und im Lauf der Jahre mehrere Publikationen zur Exilliteratur vorlegt – Geburtstag. Die beiden begehen das Fest mit Entenbraten und Rotkohl. Doch die Freude hat ihre Kehrseite. George hat als Nachrichtensprecher erst vor ein paar Tagen die Befreiung von Bergen-Belsen gemeldet. Im Winter 1945 müssen die Söhne erfahren, daß Cornelius Tabori in Auschwitz ermordet wurde. Seine Frau Elsa ist der Deportation nur durch einen Zufall entgangen – Tabori hat das 1979 in *My Mother's Courage* geschildert.

Schon kurz vor Kriegsende ist die amerikanische Filmgesellschaft MGM auf den jungen Erzähler aufmerksam geworden, der 1946 seinen dritten, in Kairo spielenden Roman *Original Sin* veröffentlicht. Ein lukratives Angebot lotst ihn gemeinsam mit Evelyn Waugh 1947 nach Hollywood, wo er eine Zeitlang bei → Berthold Viertels Frau Salka wohnt und viele der nach Kalifornien emigrierten deutschen Schriftsteller trifft. Zum Teil hat sein Bruder Paul, der ebenfalls für achtzehn Monate nach Hollywood geht, ihre Werke übersetzt. Ein Feld, auf dem nun auch George Tabori tätig wird: Unmittelbar vor → Bertolt Brechts Abreise nach Europa lernt er den großen Kollegen durch Joseph Losey kennen, der gerade *Leben des Galilei* mit Charles Laughton in der Titelrolle inszeniert und dabei Taboris Deutschkenntnisse gut gebrauchen kann. Außer mehreren → Brecht-Übersetzungen verfaßt Tabori Drehbücher für Hitchcock, Anatol Litvak und King Vidor, diskutiert mit Thomas Mann über eine Verfilmung des *Zauberbergs*, in der Greta Garbo die Madame Chauchat spielen soll, geht 1951 mit Losey zu Dreharbeiten nach Italien und Frankreich, zieht nach New York und wendet sich dem Theater zu. 1952 entsteht mit *Flight into Egypt* sein erstes Bühnenstück, 1956 führt er erstmals selbst in einem Theater Regie. 1968 wird er von Helene Weigel zu den *Brecht-Dialogen* nach Ost-Berlin eingeladen, ein Jahr darauf setzt er sein Auschwitz-Stück *Cannibals* am Schiller-Theater im Westen der geteilten Stadt in Szene. 1971 verläßt er die USA endgültig, siedelt sich zunächst in West-Berlin an. Die kontinentale Karriere eines der großen Theater- und Filmemacher im deutschsprachigen Raum hat begonnen.

Es geht weiter

nach links in Phillimore Gardens und wieder Richtung U-Bahn. Allerdings beginnt der Fußmarsch jetzt erst richtig: Der Kensington High Street auf der rechten Seite in östlicher Richtung folgend, erreicht man zunächst mit der Südflanke der Kensington Gardens die Kensington Road. Nach etwa fünf Minuten zweigt am Reiterstandbild für den Feldmarschall Robert Napier rechts Queen's Gate ab. Die erste Querstraße rechts ist Queen's Gate Terrace.

E nde Juli 1938 erhält → Stefan Zweig einen Brief, in dem er um
ein Treffen zum Lunch gebeten wird. Er sei »gerettet und in
London«, vermeldet der Absender, um sich sogleich für »das harte
Wort« zu entschuldigen. Doch als Hermann Broch am 24. Juli nach
sechseinhalbstündigem Flug am Flughafen **Croydon** eintraf, war das
tatsächlich nichts weniger als seine Rettung gewesen.

Schon am Tag nach dem Einmarsch der Nazis in Österreich war
der Schriftsteller, der mit seiner 1931/32 erschienenen Roman-
Trilogie *Die Schlafwandler* in literarischen Kreisen zur Berühmtheit
geworden war und mit James Joyce verglichen wurde, in Alt-Aus-
see verhaftet worden. Offenbar hatte ein Briefträger den gelernten
Textilingenieur und Philosophen, der vor seiner Schriftstellerlauf-
bahn das väterliche Unternehmen geführt hatte und politisch kaum
aufgefallen war, als ›Kommunisten‹ denunziert. Knapp drei Wochen
lang wurde Broch im Gefängnis von Bad Aussee als ›Schutzhäft-
ling‹ festgehalten. Ein Bauernehepaar, das ihn mit Lebensmitteln
versorgte, schmuggelte Papier in die Zelle; Broch, an einer Darmentzündung erkrankt und Todesängste ausstehend, konnte so in
der Haft an seiner *Erzählung vom Tode* weiterarbeiten, einer Vor-
stufe seines zweiten großen Romans *Der Tod des Vergil*. Ende März
wurde er nach Wien entlassen. Doch angesichts der antisemitischen
»Massenpsychose und des Terrors«, die seine Geburtsstadt beherrschten, sei das Ausseer Gefängnis für ihn »ein geradezu para-
diesischer Zustand« gewesen, so der getaufte Jude kurz nach seiner
Ankunft in Großbritannien in einem weiteren Brief.

Broch muß in Wien wegen seiner Darmblutungen zunächst ins
Spital und vermeidet es aus Furcht vor einer weiteren Verhaftung
möglichst auch danach, in seiner Wohnung zu übernachten. Eine
verzweifelte Suche nach Ausreisemöglichkeiten beginnt. Doch Visa-
anträge für Dänemark, die Schweiz, Frankreich und die USA, wo
sich Thomas Mann seiner Sache annimmt, verlaufen ergebnislos.
Als James Joyce in Paris mit seinen Bemühungen nicht weiter-
kommt, schaltet er seinen englischen Schriftstellerkollegen Stephen
Hudson ein, an den sich bereits Brochs in Schottland lebende Freunde und Übersetzer Edwin und Willa Muir gewandt haben. Tatsächlich übernimmt Hudson eine Bürgschaft für den Aufenthalt in England und erreicht das Permit des *Home Office*. Doch als das Visum
Ende Juni in Wien eintrifft, liegt Brochs Ausweis auf dem Paßamt.
Kaum erhält er ihn zurück, muß er erfahren, daß das Britische Konsulat das Visum inzwischen nach Paris geschickt hat, wo man ihn
irrtümlich glaubte. Am 20. Juli gelangt das ersehnte Papier endlich

Hermann Broch, Anna Mahler, Albrecht Joseph und Erna Pinner

8 Queen's Gate Terrace, S.W. 7

Hermann Broch,
Textilunternehmer, Schriftsteller und Philosoph. Er wurde am 1. November 1886 in
Wien geboren. Im März 1938
geriet er in Bad Aussee für drei
Wochen in ›Schutzhaft‹, am
24. Juli des gleichen Jahres floh
er nach Großbritannien. Bereits
im Oktober 1938 emigrierte er
in die USA weiter. Broch starb
am 30. Mai 1951 in New Haven,
Connecticut.

in seine Hände, vier Tage später besteigt er in Wien-Aspern das rettende Flugzeug. Wie sehr er unter dem Eindruck des Alptraums steht, dem er soeben entronnen ist, zeigt ein Gedicht, das er wahrscheinlich an Bord der Maschine schreibt, die ihn über Rotterdam nach London bringt: »*Ein Herz, das mir zum Abschied schlug / Blieb ohne Trost zurück / Ich spürte bloß / Ich spürte bloß / Ich spürte bloß den Schlingenstrick / Den um den Hals ich trug*«, heißt es in der zweiten Strophe.

In London nimmt ihn seine Freundin Jadwiga Judd in Empfang, die wie er aus einer jüdischen Kaufmannsfamilie in Wien stammt, aber einen amerikanischen Paß besitzt und ihm bereits in den letzten Monaten in Österreich Obdach gewährte. Stephen Hudson richtet dem mit einer Barschaft von zwanzig Reichsmark angelangten Flüchtling ein Konto ein; → Robert Neumann ermöglicht ihm durch die Erfindung einer Ehefrau eine doppelt so hohe Unterstützung, als sie der → PEN geflohenen Schriftstellern normalerweise gewähren kann. Auch Anna Mahler, die Bildhauerin und Tochter Gustav Mahlers und Alma Mahler-Werfels, kümmert sich um ihn. Sie sei ihm »eine große Hilfe«, konstatiert er dankbar, und sie wird ihn zum Lunch mit dem stets großzügigen → Stefan Zweig begleiten. Die Zuneigung zu Anna Mahler scheint Broch mit seinem jüngeren Freund und Bewunderer → Elias Canetti übrigens ebenso zu teilen wie die Abneigung gegen ihre berühmte Mutter. → Robert Neumann jedenfalls kolportiert einen Witz, den Broch ihm selbst erzählt haben soll:

> »*Des Herrn Stimme:* ›*Broch! Du heiratest jetzt Alma Mahler!*‹
> *Broch:* ›*Nein, Herr!*‹
> *Der Herr:* ›*Das ist ein Befehl! Du heiratest sie!*‹
> *Broch:* ›*Nein!!*‹
> *Der Herr:* ›*Ist das dein letztes Wort?*‹
> *Broch:* ›*Mein letztes Wort.*‹
> *Der Herr, aufseufzend:*
> ›*Dann bleibt nur eins. Ich muß es selber tun.*‹«

Anna Mahler dürfte Verständnis für den bösen Spott gehabt haben, war sie doch selbst bereits mit sechzehn Jahren vor der Dominanz der übermächtigen Mutter in eine Ehe geflüchtet. Die scheiterte binnen kurzem, und die junge Künstlerin sollte es ihrer Mama danach in einem Punkt gleichtun: Als sie sich im März 1938 aus Wien absetzte, waren auch die Verbindungen mit dem Komponisten Ernst Křenek und Paul Zsolnay, dem Verleger ihres Stiefvaters Franz

Anna Mahler,
Bildhauerin. Die Tochter Gustav Mahlers und Alma Mahler-Werfels kam am 15. Juni 1904 in Wien auf die Welt. 1938 emigrierte sie nach London, übersiedelte dann 1950 in die USA und kehrte in den sechziger Jahren nach London zurück, wo sie am 3. Juni 1988 starb. Sie wohnte in den vierziger Jahren unter anderem in 21 Campden Hill Court, W. 8, nach ihrer Rückkehr aus Los Angeles in 20 Kinnerton Street, S. W. 1.

Werfel, bereits Vergangenheit. Ihre künstlerische Ausbildung hatte Anna Mahler bei Giorgio de Chirico genossen, bevor sie in Wien durch Fritz Wotruba, den Freund Musils und → Canettis, zur Bildhauerei kam. Nachdem sie sich zunächst mit Porträtbüsten zeitgenössischer Musiker und Schriftsteller – darunter Broch, Alban Berg und → Fritzi Massary – einen Namen gemacht hatte, konnte sie im Jahr vor der Emigration nach London ihren einzigen großen Erfolg verbuchen: 1937 gewann ›die zweite Mahler‹, als die sie sich zeitlebens bei aller Rebellion gegen ihre Mutter empfand, bei der Pariser Weltausstellung den *Grand Prix de la Sculpture*. Ihr Einsatz für das Österreich Kurt Schuschniggs, mit dem sie auch persönlich befreundet war, zwang sie unmittelbar nach dem deutschen Einmarsch zur Flucht, die über Prag, Budapest und Paris an die Themse führte. Hier bezog Anna Mahler ein kleines Atelier in **Hampstead**. Während der künstlerisch produktiven ersten Londoner Jahre engagierte sie sich in österreichischen Emigranten-Organisationen wie dem → *Austrian Centre* und lernte 1942 den russischen Dirigenten Anatole Fistoulari kennen, der im Jahr darauf ihr vierter Mann und der Vater ihrer zweiten Tochter werden sollte. Die Ehe zerbrach 1950, Anna zog nach einem kurzen Kanada-Aufenthalt zur ›ersten Mahler‹ nach Beverly Hills, sie entzweite sich erneut mit der Mutter, zog in ein eigenes Haus und unterrichtete vorübergehend an der *University of California*. Nach Alma Mahler-Werfels Tod 1964 war sie endlich finanziell unabhängig, kehrte nach Europa zurück und kaufte sich in der Londoner **Kinnerton Street** und in Spoleto Häuser, um zwischen Kalifornien, dem geliebten Italien und England zu pendeln. Bei ihren Aufenthalten in London musizierte die ausgezeichnete Freizeit-Pianistin regelmäßig mit Lady Dea Forsdyke, der professionellen Geigerin und Schwester → Ernst Gombrichs.

Anna Mahlers ständiger Begleiter war jetzt der Theaterregisseur, Drehbuchautor und Filmcutter Albrecht Joseph. Der Frankfurter Rechtsanwaltssohn hatte sie durch den gemeinsamen Freund Carl Zuckmayer kennengelernt, in dessen Domizil bei Salzburg er nach seiner Emigration aus Deutschland im Mai 1933 Unterschlupf gefunden hatte. Bis 1938 hielt er sich vorwiegend in Österreich und Italien, aber auch in Paris und London auf, wo er Anna Mahler im Mai 1938 wiedersah. Im Januar 1939 schiffte er sich nach Amerika ein, begegnete auf der Überfahrt W. H. Auden und Christopher Isherwood, ging nach Kalifornien und diente dort → Bruno Frank, Emil Ludwig, Thomas Mann sowie Franz Werfel als Sekretär, bevor er in Hollywood als Cutter reüssierte. Im Hause Almas begegnete

Anna Mahler
in den vierziger Jahre

Albrecht Joseph,

Regisseur, Autor und Filmcutter. Er wurde am 20. November 1901 in Frankfurt am Main geboren und emigrierte im Mai 1933 zunächst nach Österreich. Nach dem ›Anschluß‹ hielt er sich 1938 in Italien, Frankreich und London auf. 1939 übersiedelte er in die USA, 1968 kehrte er mit Anna Mahler nach Europa, 1984 wieder nach Amerika zurück. Er starb am 28. April 1991 in Los Angeles.

er Anna Mahler, über deren Arbeit er den 1964 in Cannes ausgezeichneten Dokumentarfilm *A Stone Figure* drehen sollte, 1950 ein drittes Mal; 1970 heirateten die beiden in Spoleto. Als sich Anna 1984 auch von ihm trennte, ging er nach Los Angeles zurück, während sie ihr Wanderleben fortsetzte und zwei große China-Reisen unternahm. Anna Mahler starb während eines London-Besuchs bei ihrer Tochter Marina am 3. Juni 1988. Kurz vor ihrem Tod hatte in Deutschland und Österreich ihre Wiederentdeckung begonnen, die sie mit Mißmut betrachtete: »Im Grunde bin ich wütend darüber, daß jetzt alle kommen«, sagte sie – »Jahre um Jahre zu spät«.

Bereits während ihres ersten London-Aufenthalts hatte sich die Bildhauerin mit einer Cousine ihres späteren fünften Gatten angefreundet: mit der Zeichnerin und Publizistin Erna Pinner. Die 1890 geborene Tochter eines Frankfurter Chirurgen war mit sechzehn Jahren vom *Städelschen Kunstinstitut* angenommen worden, danach studierte sie bei Lovis Corinth in Berlin und bei Felix Valloton in Paris. Im Winter 1916 befreundete sie sich mit Kasimir Edschmid, der bis zum Londoner Exil ihr Lebensgefährte sein sollte. Sie illustrierte seine Bücher, reiste mit ihm trotz einer 1921 erlittenen Polioinfektion, die eine hoffnungsvoll begonnene Karriere als Bühnenbildnerin zerstörte, durch halb Europa, Afrika und Südamerika. Als die mittlerweile vor allem als Tierzeichnerin erfolgreiche Freundin Klabunds, Gottfried Benns oder René Schickeles im März 1935 aus der Reichskulturkammer ausgeschlossen wurde, entschloß sie sich – anders als der ›Arier‹ Edschmid, den sie nun nur noch gelegentlich in Italien traf – zur Emigration.

In London, wo sie im Oktober 1935 ankam, bezog sie eine kleine Wohnung in der **Cleve Road** in **West Hampstead**. Neben Anna Mahler, mit der sie während des Krieges Feuerwachen hielt, und anderen Exilanten aus Deutschland und Österreich wie → Hilde Spiel, → Peter de Mendelssohn oder → Elias Canetti begegnete sie Henry Moore. Sie schlug sich zunächst mit der Anfertigung von Grußkarten durch, dann führte sie Julian Huxley, der Direktor des Londoner Zoos, in die *British Zoological Society* ein. Zehn Jahre nach ihren *Tierskizzen aus dem Frankfurter Zoo* erschien 1937 ein offizieller Führer durch den Londoner Tiergarten mit ihren Illustrationen, im gleichen Jahr wurden ihre Arbeiten in der *Ward Gallery* ausgestellt. 1940 kam die englische Übersetzung von Felix Saltens *Bambis Kinder* mit Erna Pinners Zeichnungen heraus. Die allerdings orientierte sich nun zunehmend an den Naturwissenschaften, arbeitete etwa

Nachgelesen

Albrecht Joseph: *Ein Tisch bei Romanoff's. Erinnerungen.* Mönchengladbach (JUNI-Verlag) 1991.

Erna Pinner,

Zeichnerin und Publizistin. Sie wurde am 27. Januar 1890 in Frankfurt am Main geboren und emigrierte am 13. Oktober 1935 nach London. Dort starb sie am 5. Mai 1987. Ihre Adresse lautete 3 Cleve House, Cleve Road, N.W. 6.

Nachgelesen

Ich reise durch die Welt. Die Zeichnerin und Publizistin Erna Pinner. Schriftenreihe Verein August Macke Haus. Nummer 23. Konzeption und Realisation: Barbara Weidle. Bonn 1997.

mit dem ebenfalls aus Frankfurt stammenden Vogelkundler Ludwig Koch zusammen, mit dem sie eine *Encyclopaedia of British Birds* herausgab. Nach dem Krieg betätigte sich die 1947 naturalisierte Erna Pinner, die mit *Curious Creatures* und *Born Alive* nun auch ins Deutsche übersetzte, selbständige Sachbücher vorlegte, zudem als Wissenschaftsjournalistin. Erst mit neunzig Jahren zog sich die polyglotte Künstlerin, die sich von der expressionistischen Zeichnerin zur akribischen Naturschildererin gewandelt hatte, aufs Altenteil zurück. Am 5. Mai 1987 starb sie in ihrer Wohnung in **West Hampstead**.

Hermann Brochs Aufenthalt an der Themse blieb Episode. »Trotz Anni« und anderer hilfreicher Hände wäre London, so glaubte er, »eine unmögliche Arbeitsstätte, wenigstens für den Anfang«. Schon zehn Tage nach seiner Ankunft, am 3. August 1938, nahm er eine Einladung des Ehepaars Muir an und zog zu ihm nach St. Andrews, um dort am *Vergil*-Roman weiterzuschreiben. Freilich hielt es ihn auch in dem schottischen Universitätsstädtchen nicht lange: Albert Einstein und Thomas Mann hatten inzwischen ein amerikanisches Visum für ihn erreicht. Broch nahm es an, weil er einen Krieg in Europa für unausweichlich hielt. Am 28. September reiste er noch einmal nach London, wohnte wieder im Haus in der **Queen's Gate Terrace**. In München wollte Chamberlain gerade den »Frieden für unsere Zeit« retten. Doch Hermann Broch ließ sich nicht täuschen. Am Morgen des 1. Oktober 1938 meldete er sich auf der Polizeistation von **Kensington** ab, fuhr mit dem Zug nach Southampton und bestieg noch am gleichen Tag das Schiff nach Amerika. Zuvor hatte ihm sein Wohltäter Stephen Hudson sechshundert Dollar zugesteckt.

Der am 13. November 1881 in Frankfurt geborene Vogelkundler **Ludwig Koch** hatte sich bereits als Junge mit phonographischen Aufnahmen beschäftigt, bevor er sich nach einer Gesangsausbildung mit ornithologischen Rundfunkaufnahmen einen Namen machte. Zu seinem »Tonbuch« *Gefiederte Meistersänger* schrieb Hermann Göring ein Geleitwort, ohne um Kochs jüdische Herkunft zu wissen. Von der Gestapo steckbrieflich gesucht, emigrierte Koch 1936 nach London, wo er schon bald Vogelstimmen im Garten von 10 Downing Street oder in den königlichen Parks aufzeichnete. Seine Forschungen setzte er auch im Internierungslager auf der Isle of Man fort. Nach seiner Freilassung arbeitete er im → *Bush House* der BBC. Später wandte er sich wieder ganz der Vogelwelt zu und nahm etwa auf dem Dach des *Savoy Hotels* Turmfalken auf, die über der Suite Charly Chaplins nisteten. Ludwig Koch starb am 4. Mai 1974 in London.

Es geht weiter

über Queen's Gate ein paar Schritte zurück Richtung Kensington Gardens, dann nach rechts via Bremner Road und Kensington Gore zur Royal Albert Hall.

Richard Tauber

**Royal Albert Hall
Kensington Gore, S.W. 7**

Am Rand notiert

Das Kartenbüro der ›Suppenschüssel‹ ist täglich von 9 bis
21 Uhr geöffnet. Die berühmten *Proms* finden alljährlich
von März bis September statt.

Richard Tauber,

Sänger. Der Startenor der
zwanziger und dreißiger Jahre
wurde am 16. Mai 1891 in
Linz geboren. Er emigrierte
im März 1933 von Berlin
nach Wien, im Frühjahr 1938
weiter nach London, wo er
sich schon zuvor regelmäßig
aufgehalten hatte. Dort erlag
er am 8. Januar 1948 einem
Krebsleiden.

Ein siebentausendköpfiges Auditorium füllte die *Royal Albert Hall*, als dort Kollegen und Weggefährten am 20. Februar 1948 mit einem großen Memorial Concert von Richard Tauber Abschied nahmen. Der berühmte Tenor hatte häufig in der ›Suppenschüssel‹ gesungen – und dabei, so will es zumindest die Tauber-Legende wissen, auch mißgünstige Kritiker überzeugt, die sich absichtsvoll auf einen besonders schlechten Platz setzen ließen.

Es war dem unehelichen Sohn einer nicht mehr ganz taufrischen Soubrette und eines deutlich jüngeren Schauspielers trotz der elterlichen ›Vorbelastung‹ nicht unbedingt an der Wiege gesungen worden, daß er es zum musikalischen Weltstar bringen würde. Sein erster Versuch, zur Gesangsausbildung angenommen zu werden, scheiterte sogar recht kläglich. Denn der junge Mann, der deshalb zunächst ein Kapellmeister-Studium aufnahm und sich als Kinopianist und Gelegenheitskritiker durchschlagen mußte, hatte sich partout eine Karriere als Heldentenor in den Kopf gesetzt. Und es dauerte, bis ein Freiburger Professor seine lyrische Begabung erkannte und aus dem verhinderten Wagner- einen hoffnungsfrohen Mozart-Sänger formte, der sein Bühnendebüt 1913 als Tamino in Chemnitz gab, wo sein Vater inzwischen Intendant geworden war. Tauber wurde vom Fleck weg an die *Dresdener Hofoper* verpflichtet – der Beginn einer Bilderbuch-Laufbahn, die ihn schon bald auf alle großen Bühnen und in alle bedeutenden Konzertsäle Deutschlands und Österreichs führte. *Die Zauberflöte* erschien manchem bereits als »Tauberflöte«.

Der dreifache Kammersänger – in Dresden, Berlin und Wien – ist zwar stimmlich etwas kurz, dafür aber technisch stets auf der Höhe, und er erkennt früh die Bedeutung der Musikindustrie. Die Freundschaft mit Franz Léhar, dessen *Dein ist mein ganzes Herz* zum »Tauberlied der Tauberlieder« wird, erobert ihm nach den Opernhäusern auch die Operette – und mit ihr die Gunst des breiten Publikums. Während die einen finden, Léhar werde durch Tauber überhaupt erst erträglich, kanzelt ihn Karl Kraus prompt als »Schmalztenor« ab. Tatsächlich bedient Tauber, der die musikalische Moderne entschieden ablehnt, den Massengeschmack nicht nur mit einer ganzen Serie eher seichter Bühnenproduktionen, sondern auch mit einer wahren Flut von Schallplatten. Er singt im Radio und im jungen Tonfilm, er dirigiert, komponiert und gastiert, ist kurzum auf allen Bühnen und in allen Medien der Zeit so unvermeidlich, daß Friedrich Hollaender in einem satirischen Chanson spottet, neben dem nun auch international reüssierenden Sänger erscheine einem

Goethe nachgerade als »kleiner Poete«. Doch das »Tauberfieber« grassiert in Deutschland nur bis 1933. Als der Liebling auch des Berliner Publikums am 9. März in Jaromir Weinbergers *Frühlings-stürme* erstmals nach mehrwöchiger Pause wieder auf der Bühne steht, muß die Vorstellung im Admiralspalast abgebrochen werden, bevor sie begonnen hat: Nazihorden randalieren gegen die Musik des jüdischen Komponisten. Kurz darauf richtet sich der antisemitische Mob auch direkt gegen Tauber: Nach einem Diner mit dem *Stahlhelm*-Gründer und Reichsarbeitsminister Franz Seldte wird der getaufte Katholik, der nach den Maßstäben der Nazis durch seinen Vater ›Halbjude‹ war, auf der Straße als »Judenlümmel« angepöbelt und geschlagen. Tauber rettet sich ins Hotel Adlon – und packt die Koffer.

Richard Tauber

Über die Schweiz geht es nach Österreich, wo der aus Deutschland vertriebene Sänger jetzt sein Hauptquartier aufschlägt. Wien mit der *Staatsoper* und dem *Theater an der Wien*, das seine Operette *Der singende Traum* uraufführt, wird seine erste Adresse, Salzburg, wo seine greise Mutter lebt, eine Art künstlerischer Zweitwohnsitz. Doch Tauber etabliert sich auch zunehmend in London. Er kennt die Stadt seit 1910, stand in ihr 1931 mit *Land des Lächelns* erstmals auf der Bühne und will jetzt auch von der boomenden Filmindustrie profitieren. Tauber dreht in London binnen drei Jahren vier Filme, zunächst den Schubert-Streifen *Blossom Time* mit → Paul Graetz und Jane Baxter, dann *Heart's Desire* wiederum mit → Graetz und erstmals Diana Napier. 1936, dem Jahr, in dem die englische Schauspielerin seine Frau wird, steht sie in *Land without Music* und in *Pagliacci* neben ihm vor der Kamera, jenem Karl-Grune-Film, an dem auch → Fritz Kortner, → Bert Brecht, → Hanns Eisler und → Ernst Stern mitgearbeitet haben. Die Kritik bescheinigt ihm eine »bewundernswerte Wandlungsfähigkeit«, die bei der Interpretation der populären Leoncavallo-Oper »Überzeugungskraft der Darstellung« mit »gesanglichen Triumphen« verbinde. Er tourt durch Ägypten und die USA, beehrt dabei Hollywood und singt im *Weißen Haus* vor Franklin D. Roosevelt. Als Hitlers Truppen im März 1938 in Österreich einmarschieren, gastiert er gerade in Italien. Er geht mit Diana über die Schweiz nach London, eröffnet in seiner Paraderolle als Tamino die Saison in *Covent Garden* – und begibt sich auf eine musikalische Weltreise, die ihn in zehn Monaten durch fünf Kontinente führt. Im Frühjahr ist er in England zurück, bereits im Herbst gastiert er erneut in Südafrika, wo ihn der Beginn des Zweiten Weltkriegs überrascht.

Zugehört

Richard Tauber: *Old Chelsea*.
Rundfunk-Aufnahme mit dem
BBC-Orchester vom 7. Mai 1943,
BelAge Collection BLA 103.00.

Es geht weiter

über die Straße zum *Albert
Memorial*, von dort Richtung
Stadtmitte am inneren Rand
der Grünanlage entlang. Auf
dem South Carriage Drive passiert man Coalbrookdale und
Prince of Wales Gate, verläßt
den Park kurz danach rechts
durch das kleine Rutland Gate,
überquert Knightsbridge und
geht noch etwas weiter nach
Osten. Direkt gegenüber dem
Hochhaus zweigen rechts Rutland Gardens ab, *Kent House*
steht gleich an der Ecke.

Der staatenlose Star-Tenor, der bereits ein halbes Jahr später seinen britischen Paß erhalten sollte, mußte sich nun zwar endgültig für London entscheiden, setzte aber trotz des beschränkteren Aktionskreises sein unstet-tätiges Leben fort. Er stand weiterhin auf Opern- und vor allem Konzertbühnen, dirigierte das *London Philharmonic Orchestra*, nahm Platten auf, schrieb seine Operette *Old Chelsea*, die das *New Theatre* 1942 mit ihm in der männlichen Hauptrolle uraufführte, und war zwar nicht häufig, doch regelmäßig in der → *BBC* zu hören – übrigens trotz des Krieges gelegentlich auch mit deutschsprachigen Liedtexten. Wie während des Ersten Weltkrieges für die deutsche, so sang er nun für die britische Truppenbetreuung, rüstete aber auch sein ziviles Publikum moralisch auf. Als ein Konzert nach überstandenem Bombenangriff fortgesetzt werden konnte, teilte Tauber dem Auditorium bei seiner Rückkehr auf die Bühne die Entwarnung in aller Form mit und schloß mit dem Satz: »Und nun zurück zur Wirklichkeit«. Freilich rechnete der musikalische Illusionist durchaus auch mit der ›wirklichen Wirklichkeit‹. Um seine Plattenaufnahmen aus dem von deutschen Luftangriffen bedrohten London in Sicherheit zu bringen, ließ er die rund dreitausend Einspielungen starke Sammlung in ein Landhaus verlegen – und verkalkulierte sich damit gehörig. Denn ausgerechnet über jenem Haus lud ein deutscher Flieger seine Bombe ab. Der Verlust trieb Tauber Tränen in die Augen: Nach seiner Heimat, klagte er, hätten die Nazis ihm nun auch seine Stimme gestohlen.

Die besaß freilich schon seit 1929, als ihm eine schwere Krankheit auch noch eine bleibende Gehbehinderung beschert hatte, nicht mehr den alten Glanz. Tauber kämpfte zunehmend mit Atemproblemen, die 1946 – er gastierte nochmals in der Schweiz und am Broadway – akut wurden. Im August 1947 wurde Lungenkrebs festgestellt, die offizielle Diagnose lautete Abszeß am linken Lungenflügel. Tauber wußte, was das bedeutete. Gegen den Rat seiner Ärzte setzte er durch, daß er am 27. September beim ersten Londoner Nachkriegsgastspiel der *Wiener Staatsoper*, der er jahrzehntelang angehört hatte, nochmals den Don Ottavio gab. Es war, knapp eine Woche vor seiner Operation, sein letzter großer Auftritt. Der Eingriff kam zu spät, die Erholung war nur vorübergehend: Am 8. Januar 1948 erlag Richard Tauber seinem Krebsleiden. Wenige Tage zuvor hatte er, fünfzehn Jahre nach seiner Emigration, noch einmal vor einem deutschen Publikum vorgetragen – beim Privatbesuch eines Kriegsgefangenenlagers.

V on außen erinnert *Kent House* in nichts an eine Synagoge. Tatsächlich ist das viktorianische Gebäude ein typischer Londoner Großbürger-Palast. Seinen Namen verdankt es einem um 1870 abgerissenen Vorgängerbau, in dem Edward, Duke of Kent und Vater Königin Victorias, logiert hatte. Prominenter Besitzer des heutigen Hauses war der Industrielle Sir Saxton Noble, der hier, am Südrand des **Hyde Parks**, berühmte Künstler um sich scharte.

Wo einst Sarah Bernhardt und Sergej Diaghilew soupierten, residiert seit 1960 die Londoner *Westminster Synagogue*. Ihr erster Rabbiner Harold Reinhart hatte sich in den dreißiger und vierziger Jahren nachhaltig für emigrierte deutsche Juden eingesetzt und mehreren seiner geflohenen Amtsbrüder Anstellungen beschafft. Auch Reinharts Nachfolger auf dem Rabbinerstuhl der Westminster-Gemeinde ist in Deutschland geboren: Albert H. Friedlander ist, als einer der Wortführer des fortschrittlichen Judaismus und bedeutender ›Theologe des Holocaust‹, eine religiöse und wissenschaftliche Autorität sowie ein beredter Befürworter des jüdisch-christlichen und des deutsch-jüdischen Dialogs. Der Sohn eines Berliner Textilkaufmanns konnte mit seiner engsten Familie im Dezember 1938 nach Kuba entkommen. Von dort ging es 1940 in die USA, wo der Dreizehnjährige bis zum Eintreffen seiner Eltern im Jahr darauf in Pflege lebte. Nach Studium und Ordination war er in fortschrittlichen jüdischen Gemeinden an der amerikanischen Ostküste und in der Bürgerrechtsbewegung um Martin Luther King tätig. 1966 wurde er Rabbiner der liberalen Synagogalgemeinde im Londoner Stadtteil **Wembley**, bevor er von 1971 bis 1997 die Leitung der *Westminster Synagogue* übernahm. Sein religiöses Denken ist zutiefst von Leben und Werk des Mannes geprägt, der als die exemplarische Persönlichkeit des Judentums im Deutschland des 20. Jahrhunderts gilt, eines Mannes, dessen Weg so signifikant für die jüdische Geschichte seiner Zeit ist wie der Moses Mendelssohns für die Aufklärung: Leo Baeck. Albert Friedlander hat ihn als Junge noch in der Berliner Fasanenstraße predigen hören, er war nach dem Krieg sein Student am *Hebrew Union College* in Cincinnati, er ist Leo Baecks Biograph geworden, der Herausgeber seiner Werke und Direktor des nach Baeck benannten Rabbinerseminars im Londoner Norden.

Leo Baeck wurde am 23. Mai 1873 als Sohn einer alten Rabbinerfamilie in Lissa in der damaligen preußischen Provinz Posen geboren. Mit siebzehn trat er in Breslau ins jüdisch-theologische Seminar ein und immatrikulierte sich an der dortigen Universität,

Albert Friedlander, Leo Baeck und die tschechischen Thorarollen

**Kent House
Rutland Gardens, S.W. 7**

Albert Hoschander Friedlander, Rabbiner und Religionsphilosoph. Er wurde am 10. Mai 1927 in Berlin geboren. 1938 floh er nach Kuba. Von 1940 bis 1966 lebte er in den USA, dann übersiedelte er nach London, wo seine Frau Evelyn 1940 als Tochter von Emigranten aus dem Ruhrgebiet auf die Welt gekommen war. Die gelernte Konzertpianistin hat 1988 die *Hidden Legacy Foundation* gegründet, eine Stiftung, die es sich zur Aufgabe gemacht hat, die *Genisot* – das sind meist in den Dachstühlen der früheren Synagogen verborgene Sammlungen von unbrauchbar gewordenen religiösen Schriften – der einst blühenden jüdischen Landgemeinden Frankens und Württembergs zu erhalten und zu erforschen. In ihrer Autobiographie *Ich will nach Hause, aber ich war noch nie da* untersucht sie auch ihre eigenen Wurzeln im jüdischen Deutschland.

der Wirkungsstätte von Heinrich Graetz, dem 1891 verstorbenen ersten Universalhistoriker des jüdischen Volkes. Von 1894 an setzte Baeck seine Studien in Berlin fort, wo er Wilhem Dilthey und Hermann Cohen hörte, den von Kant beeinflußten jüdischen Religionsphilosophen, dem auch Martin Buber und Franz Rosenzweig entscheidende Impulse verdankten. Nach der Ordination und einem Doktorat über Spinoza wurde Leo Baeck Rabbiner einer liberalen Gemeinde in Oppeln, 1905 legte er als jüdische Antwort auf den evangelischen Theologen Adolf von Harnack sein berühmt gewordenes Buch *Das Wesen des Judentums* vor. Über Düsseldorf kam er 1912 als Rabbiner und Dozent an der *Hochschule für die Wissenschaft des Judentums* nach Berlin; im Ersten Weltkrieg betreute er als Feldrabbiner jüdische Soldaten und ›ostjüdische‹ Gemeinden an der Ostfront. Als er – mit dem *Eisernen Kreuz Zweiter Klasse* dekoriert – 1918 nach Berlin zurückkehrte, wurde er aufgrund seiner Integrität und Gelehrsamkeit rasch zu einer von allen Flügeln des Judentums respektierten Autorität. Zwar gerieten seine Predigten mitunter offenbar etwas akademisch – in seiner Gemeinde spottete man über seine »Privatunterhaltungen mit Gott« –, doch Leo Baecks Wort galt. Ein Blick auf die Vielzahl der Ämter, die er in den zwanziger und dreißiger Jahren ausfüllte, mag dies belegen: Er wurde Vorsitzender des *Allgemeinen Deutschen Rabbinerverbandes* und Großpräsident des jüdisch-humanistischen Ordens *B'nai-B'rith,* er war Mitglied im Exekutivausschuß des *Centralvereins deutscher Staatsbürger jüdischen Glaubens* und Präsident der *Jewish Agency for Palestine* sowie Präsidiumsmitglied in der *Deutschen Liga der freien Wohlfahrtspflege.*

Als die 1933 formierte *Reichsvertretung der Juden in Deutschland* versuchte, als autonomer Dachverband aller jüdischen Organisationen in Deutschland einen ›Aufschub‹ für die unter Hitlers Herrschaft geratene jüdische Gemeinschaft zu erreichen, war Leo Baeck ihr Präsident. Die erste Sitzung des Zusammenschlusses – der sich, wie Albert Friedlander es formuliert, als »autonome Regierung eines unsichtbaren Ghettos« verstand – eröffnete er mit den Worten: »Die tausendjährige Geschichte des deutschen Judentums ist zu Ende«. Trotzdem war Baeck entschlossen, die Stellung zu halten, »solange noch ein einziger Jude in Deutschland geblieben ist«. Neben die Sorge um das unmittelbare Überleben der verbliebenen Gemeinde trat die Organisation von Auswanderungs-, schließlich bloßen Fluchtmöglichkeiten. In diesem Zusammenhang reiste der um Rettungsaktionen bemühte Baeck auch nach London, zuletzt im

August 1939, lehnte das Angebot, selbst zu emigrieren, aber nur eine Woche vor Kriegsbeginn ab und kehrte zu seiner Gemeinde nach Berlin zurück. Erst im Juli war er nach dem Verbot der autonomen *Reichsvertretung* an die Spitze der staatlich kontrollierten *Reichsvereinigung der Juden in Deutschland* getreten, und ebenfalls 1939 wurde er zum Präsidenten der *World Union for Progressive Judaism* berufen. Baeck unterhielt Kontakte zum deutschen Widerstand, dozierte nach der Schließung der *Hochschule für die Wissenschaft des Judentums* durch die Gestapo im Verborgenen und ordinierte heimlich Rabbiner. Anfang 1943 wurde er nach Theresienstadt deportiert. Dort setzte die SS den Häftling 187894 als menschliches ›Zugtier‹ für Müllwagen ein, ohne die inzwischen über siebzig Jahre alte Symbolfigur des deutschen Judentums brechen zu können: Baeck unterrichtete Kinder und Jugendliche auf einem Dachboden in jüdischer Religion, nachts hielt er Vorträge über Platon und Kant, die bis zu achthundert Zuhörer gefunden haben sollen. Zum engen Vertrauten wurde ihm → H.G. Adler, der nach seinem Tod feststellte: »Leo Baeck war für uns in Theresienstadt«.

Leo Baeck lesend in seinem Garten in London, um 1953

Daß er das mörderische ›Vorzeigelager‹ der Nazis überlebte, hatte er wohl auch dem Umstand zu verdanken, daß er in Theresienstadt – möglicherweise im Auftrag der SS – an einer großen Studie über die historische Entwicklung der Rechtsstellung der Juden in Deutschland und Europa arbeitete. Sicher ist, daß ein mährischer Rabbiner namens Beck in Theresienstadt umkam, den man in Berlin mit ihm verwechselt haben mag. Nach der Befreiung des Lagers durch die *Rote Armee* im Mai 1945 blieb Leo Baeck angesichts der grassierenden Typhusepidemie noch bei den Kranken und Sterbenden, dann brachte ihn ein Sonderflugzeug zu seinen in London lebenden Angehörigen.

Die Stadt wird für den Rest seines Lebens sein Hauptwohnsitz bleiben. Doch Leo Baecks Mission ist noch nicht erfüllt: Er pendelt zwischen London, New York und Cincinnati, lehrt dort am *Hebrew Union College*. Er reist alljährlich an Pessach nach Jerusalem, wird zum Ehrenpräsidenten der *World Union for Progressive Judaism* und zum Präsidenten des *Council of the Jews from Germany* gewählt, besucht 1948 die im Wiederaufbau begriffenen jüdischen Gemeinden in Deutschland. Seit 1950 britischer Staatsbürger, erlebt er 1955 die Gründung des *Leo-Baeck-Institutes* (**Devonshire Street, W.1**) mit, der weltweit führenden Einrichtung zur Erforschung und Dokumentation der jüdischen Geschichte im deutschsprachigen Raum. Ende Oktober 1956 zeichnet er die Druckfahnen für den

Nachgelesen

Albert H. Friedlander:
Leo Baeck. Leben und Lehre.
Stuttgart 1973.

zweiten Teil seines Buches *Dieses Volk* ab. In dem noch in Theresienstadt begonnenen Werk vollzieht er im Angesicht der fabrikmäßigen Ermordung der europäischen Juden die theologische Wende von der Substanz- zur Existenzphilosophie: Nicht mehr das *Wesen des Judentums* steht jetzt im Zentrum seiner Lehre, sondern das Sein und Dasein des jüdischen Volkes in der Geschichte. Am Abend der Fertigstellung erleidet Leo Baeck einen Schlaganfall, am 2. November 1956 ist der »Lehrer von Theresienstadt« tot.

Am Rand notiert

Das *Czech Memorial Scrolls Centre* im *Kent House* ist dienstags und donnerstags von 10 bis 16 Uhr sowie nach telefonischer Anmeldung unter der Nummer 0171 584 3741 zu besichtigen.

Unterm Dach von *Kent House* befindet sich ein Museum, dessen Geschichte wie die Leo Baecks in die besetzte Tschechoslowakei führt: das *Czech Memorial Scrolls Centre*. Fünfunddreißig Jahre nach seiner Eröffnung verzeichnete das *Jüdische Museum* in Prag am 24. November 1941 seinen letzten Besucher. Am gleichen Tag traf in Theresienstadt ein ›Aufbaukommando‹ ein. Im Zusammenhang mit der raschen Verschleppung der Juden Böhmens und Mährens beschlagnahmten die im März 1939 einmarschierten Deutschen allen jüdischen Privat- und Gemeindebesitz. Das konfiszierte Eigentum von einhundertdreiundfünfzig Synagogalgemeinden wurde in Prag zusammengezogen – in einem anstelle des *Jüdischen Museums* gegründeten *Jüdischen Zentralmuseum*, das vom *Amt für jüdische Auswanderung*, der Schaltstelle der ›Endlösung‹, verwaltet wurde. Es sollte nach dem ›Endsieg‹ zum ›Museum einer ausgestorbenen Rasse‹ werden. Vorerst jedoch hortete das ›Tausendjährige Reich‹ hier die materiellen Hinterlassenschaften einer tausendjährigen Geschichte, die katalogisiert und zu kleinen, den braunen ›Herrenmenschen‹ reservierten Ausstellungen zusammengestellt wurden. Das Personal: todgeweihte jüdische Zwangsarbeiter mit exzellenten Fachkenntnissen, darunter der mit seinem Roman *Mendelssohn auf dem Dach* auch in Deutschland bekannt gewordene und 1942 untergetauchte Schriftsteller Jirí Weil. Sein deutschsprachiger Kollege → H. G. Adler arbeitete bis zu seiner Verschleppung nach Theresienstadt im Buchlager der von den Nazis zum ›Liquidationsorgan‹ des Besitzes der Deportierten umfunktionierten jüdischen Kultusgemeinde und hielt dort eines Tages Franz Kafkas nachgelassene Bibliothek in Händen.

Die rund zweihunderttausend Sakralgegenstände, die die Nazis aus ganz Böhmen und Mähren in ihr ›Museum‹ nach Prag schleppten, wurden zum Grundstock der heutigen *Jüdischen Museen* der Stadt Kafkas, des Golems und des Rabbis Löw. Mit einer Ausnahme: den 1945 in die leerstehende *Michle-Synagoge* ausgelagerten

Thorarollen. Denn sie waren zur musealen Präsentation kaum geeignet. Eine ausgerollte Thora füllt leicht einen großen Ausstel-
lungsraum. Darüber hinaus waren die meisten Rollen beschädigt,
für eine fachgerechte und dem jüdischen Sakralrecht genügende
Restauration fehlten der Tschechoslowakei Geld und Experten. So
drohten die Schriftrollen, die vielfach die Spuren der Verfolgung
trugen – viele waren blutbefleckt, andere hatten Wasserschäden,
einige waren eilig in Gebetsmäntel gehüllt worden – in Prag zu ver-
fallen. Die Rettung kam durch einen Londoner Kunsthändler und
einen Philanthropen, die die tschechoslowakische Regierung und
die jüdische Gemeinde Prags dafür gewannen, die Thorarollen Böhmens und Mährens einem von Harold Reinhart geleiteten Komitee
zur nichtkommerziellen Nutzung zu überlassen.

Am 7. Februar 1964 kamen so zwei große Lastwagen vor der
Westminster Synagogue an. Ihre Ladung: eintausendfünfhundert-
vierundsechzig Thorarollen aus Prag. Sicher der größte Transport
von *Sifre Thora* in der Geschichte, notierte Reinhart im darauffolgenden Winter. Die Rollen wurden in Holzregalen gelagert, katalogisiert und in Schadensklassen aufgeteilt, Expertisen bestimmten
Herkunft und Alter. Dann begann die Wiederherstellung: Zwanzig
Jahre lang war der Thoraschreiber David Brand damit beschäftigt,
hunderte Rollen von Hand zu restaurieren. So erhielten die tschechischen Thorarollen, Monumente einer dahingemordeten Kultur,
ein neues Leben, sind jungen jüdischen Gemeinden – vor allem in
Israel und den USA – als Dauerleihgaben für ihre Gottesdienste
überlassen worden. Im Dachgeschoß von *Kent House* lagern nur
noch diejenigen Rollen, die irreparabel beschädigt sind. Das *Czech
Memorial Scrolls Centre* erzählt ihre Geschichte.

Es geht weiter

durchs Edinburgh Gate zurück
in den Hyde Park und nach
The Serpentine diagonal hinüber
Richtung Park Lane, an deren
Mitte das *Grosvenor House* steht.
Zuvor bieten sich zwei Abstecher
an: Einkaufslustige gehen an
der Tube-Station Knightsbridge
nach rechts in die Brompton
Road zum Kaufhaus *Harrod's*.
Wer eine Stärkung gebrauchen
kann, folgt Knightsbridge noch
ein Stück über die U-Bahn hinaus, biegt rechts in Wilton Place
und dann gleich wieder rechts
in die malerische Kinnerton
Street ab. Sie war nicht nur das
Revier von → Anna Mahler und
→ Peter Weiss, sondern kann
auch mit zwei sehr schönen Pubs
aufwarten.

Fritz Kortner, Bert Brecht, Hanns Eisler und Kurt Weill

Grosvenor House Park Lane, W. 1

Fritz Kortner,
Schauspieler, Regisseur und Autor. Er wurde am 12. Mai 1892 als Nathan Cohn in Wien geboren. 1933 floh er aus Berlin und arbeitete in London, wo er sich im Februar 1934 niederließ. Im September 1937 emigrierte er in die Vereinigten Staaten weiter, im Dezember 1947 kehrte er nach West-Berlin zurück. Im Theater der frühen Bundesrepublik blieb der so sensible wie aufbrausende Mann, der eine personifizierte Brücke zur von ihm geprägten Schauspielkunst der Weimarer Republik hätte sein können, weitgehend ein Außenseiter. Dennoch schrieb er langfristig durch seine Arbeit mit Schauspielern wie Martin Held, Hans Christian Blech, Helmut Lohner oder Klaus Maria Brandauer sowie seinen Einfluß auf Regisseure wie Peter Stein und August Everding, die beide bei ihm assistierten, noch einmal deutsche Theatergeschichte. Kortner starb am 22. Juni 1970 in München. In London lebte er die längste Zeit in 23 High Point, North Hill, N. 6.

Als Fritz Kortner 1930 von den Dreharbeiten zu der deutsch-englischen Koproduktion *Menschen im Käfig*, an der auch Heinrich George und Conrad Veidt mitgewirkt hatten, aus London nach Berlin zurückkehrte, konnte sein Freund Leonhard Frank nur den Kopf schütteln. Kortner hatte gerade das Angebot der englischen Filmgesellschaft *British Pictures International*, für die er im Vorjahr bereits seinen ersten Tonfilm *Atlantic* gemacht hatte, ausgeschlagen, in London ein Jahr lang auf ihre Kosten Englisch zu lernen, um dann unter Vertrag genommen zu werden. »Wenn ich ein Jud' wäre«, beschwor ihn Frank, »führe ich weg.« Doch der große Schauspieler blieb – trotz der düsteren politischen Lage in Deutschland, trotz der wachsenden antisemitischen Hetze der Nationalsozialisten, deren Opfer er immer wieder wurde. Zwischen ihm und England stehe nun einmal die deutsche Sprache, verschloß er sich dem Rat Franks, seine Koffer zu packen. Und außerdem spielten und filmten ja auch andere jüdische Mimen wie → Elisabeth Bergner oder Ernst Deutsch noch ungehindert in Berlin.

Schon im Herbst 1929 hatte der selbst unter erheblichem Druck stehende Regisseur Leopold Jessner den als Nathan Cohn geborenen Sohn eines Wiener Uhrmachers und Schmuckhändlers zur Emigration gedrängt. Denn Kortner war in eine regelrechte Schlammschlacht geraten. Brachten sein nüchtern-analytisches Spiel, seine bewußt politische Darstellung jüdischer Bühnen- und Filmgestalten, wie des Generals Dreyfus, Shakespeares Shylock oder der Trotzki-Figur Podkamjenski in Hermann Ungars *Der rote General*, die Nazis ohnehin zum Kochen, so konnten NS-Blätter und Regenbogenpresse ihn nun auch noch als Vergewaltiger denunzieren: Kortner hatte angeblich Veit Harlans Frau Hilde Körber in einer Kaschemme gefesselt und genotzüchtigt. Die Geschichte war frei erfunden; die eifersüchtige Hilde Körber hatte sie in die Welt gesetzt, nachdem Kortner dem mit ihm befreundeten Harlan – der sich später im ›Dritten Reich‹ mit Streifen wie *Jud Süß* und *Kolberg* desavouieren sollte – eine Rolle weggeschnappt hatte. Doch trotz des Kesseltreibens und Jessners Befürchtungen trat Fritz Kortner auf – und wurde vom Berliner Publikum demonstrativ gefeiert. Eine trügerische Genugtuung, der er gleichwohl nicht nur 1930 trotz der Warnungen Leonhard Franks, sondern sogar noch im Herbst 1932 vertraut haben mag: Zwar war er im Frühjahr nach Ascona ausgewandert; die Tiraden der Nationalsozialisten, die »Cohn-Kortner« als »personifizierten Leitfaden des Antisemitismus« beschimpften, hatten inzwischen Wirkung gezeigt, Rollenangebote auf der Bühne und im Film waren zusehends ausgeblieben. Aber Fritz Kortner wollte es noch einmal wissen und ging nach Berlin zurück, »um festzustellen, ob unsere Übersiedelung nicht doch ein voreiliger Schritt gewesen war«. Er mußte erfahren: nichts weniger als das. Als er im Dezember 1932 in Julius Hays Schauspiel *Gott, Kaiser und Bauer* noch einmal auf der Bühne des *Deutschen Theaters* stand, zeterte die Rechtspresse »Gotteslästerung«; Goebbels' berüchtigtes Kampfblatt *Der Angriff* tobte und nannte das renommierte Haus einen »jüdischen Saustall«, Kortner selbst den »schmierigsten und übelsten jüdischen Typ, der je auf einer deutschen Bühne gestanden hat«.

Am 31. Januar 1933, dem Tag nach Hitlers Ernennung zum Reichskanzler, bricht Fritz Kortner zu einer Tournee durch Skandinavien und Osteuropa auf – das seit über drei Jahren aufgeschobene Exil ist nun doch angebrochen. Er läßt seine Frau, die Schauspielerin Johanna Hofer, mit den beiden Kindern nach Wien kommen, verbringt mit ihnen den Sommer und wirkt noch 1933 in zwei englischen Spielfilmen mit: In → Berthold Viertels *Little Friend* hat er einen kurzen, aber einprägsamen Auftritt als Riese, in der Musical-Verfilmung *Chu Chin Chow* spielt er einen mörderischen Räuber, der von einer Sklavin besiegt wird. Die Wahl des Zufluchtsortes ist damit entschieden: Am 26. Februar 1934 quartiert sich Kortner erst einmal im *Grosvenor House* ein. Diesmal will er nicht nur *Evensong*, einen weiteren Musical-Film, drehen, sondern sich fest in London installieren. Mit Feuereifer paukt er Englisch, verbraucht »täglich drei Lehrer«, studiert Redewendungen, um sie dann an irgendeinem dieser »Inselbewohner« auszuprobieren, und begeistert sich schließlich sogar »für die große Präzision« dieser »herrlichen, alten und so modernen, am Slang und auch am Amerikanischen sich bereichernden und erneuernden Sprache«. Seine »offizielle Beziehung zu ihr« gelte inwischen als glücklich, vermeldet er kaum ein Vierteljahr nach seiner Ankunft. Freilich nur, um skeptisch hinzuzusetzen, daß die »Herzensbeziehung« an der »unüberwindlichen, unausrottbaren Liebe zu der Einen, geliebten«, seiner Muttersprache, leide: »Ein verwegener Abenteurer seiner Sprache ist ein plumper Subalterner einer fremden geworden«.

Doch nicht nur dieser Verlust, den er wie den Tod eines ihm nahen Menschen erlebt, macht ihm zu schaffen, auch mit dem englischen Theater kann er sich nicht anfreunden: Zwar besucht er regelmäßig Aufführungen, »um gutes Englisch zu hören«, doch bis auf wenige »Ausnahmeerscheinungen« wie Charles Laughton oder John Gielgud, konstatiert er trocken, leide die britische Bühne an

Der Regisseur Leopold Jessner (1878 bis 1945), der Fritz Kortner bereits 1929 zur Emigration gedrängt und nur ein Jahr später selbst als Sozialdemokrat die Intendanz des *Deutschen Theaters Berlin* verloren hatte, mußte 1933 ebenfalls ins englische Exil fliehen. Mit einem Schweizer Bankier gründete er dort die Filmgesellschaft *Jesba Films*. Das Unternehmen blieb erfolglos und produzierte nur einen einzigen Film. Jessner übersiedelte daraufhin nach Palästina, wo er bis Anfang 1937 blieb. Nach einem nochmaligen kurzen Aufenthalt in London emigrierte er im Oktober 1937 in die USA.

Fritz Kortner in »Abdul the Damned«, 1934

»Ausdrucksanämie«, setze das auch im täglichen Leben übliche, »englische Unterspielen« nicht nur die »tatsächliche Erlebniskraft der Engländer«, sondern auch ihre Schauspielkunst herab. Sein Freund Bert Brecht, der sich im Herbst 1934 mehrere Wochen in London aufhält und bei seinem marxistischen Vordenker Karl Korsch in einer Pension in der **Calthorpe Street** wohnt, kommt zu einem ähnlichen Befund: »Vorsintflutlich« nennt der revolutionäre Dramatiker jene Londoner Bühnen, die der Schauspieler Fritz Kortner nie betreten wird. Im Filmgeschäft hingegen faßt Kortner trotz seines hartnäckigen Akzentes rasch Fuß – wenngleich die Rollen, die man mit ihm besetzt, ihn wohl nicht zufällig als Fremdling und Bösewicht abstempeln. Noch 1934 spielt er unter dem ein Jahr zuvor nach England emigrierten Karl Grune in *Abdul the Damned* einen despotischen Sultan, 1935 gibt er in *The Crouching Beast* einen türkischen Geheimdienstchef, der vor der britischen Marine kapitulieren muß. Immerhin: Er macht deutliche Fortschritte in der neuen Sprache; kann im September 1935 aus dem »reizvollen, aber feuchten, englischen Cottage« im Nordwesten der Stadt, das ihn seit dem Eintreffen der Familie im Sommer 1934 beherbergt und mit einem »bösen Hexenschuß« gesegnet hat, in ein modernes, »kontinentales« Haus am **High Point** ziehen.

Auch Kortners Einfluß auf seinen gleichfalls vor Hitler geflohenen Produzenten Max Schach und dessen Partner Grune scheint zu dieser Zeit nicht unbeträchtlich. Als ihn Brechts Hauskomponist Hanns Eisler, der 1934 und 1936 zu halbjährigen Arbeitsaufenthalten nach London kommt und schon die Musik zu *Abdul the Damned* geschrieben hat, auf die prekäre finanzielle Situation des gemeinsamen Freundes aufmerksam macht, schaltet sich Kortner zugunsten des Stückeschreibers ein: Er verschafft Brecht, der es 1934 trotz eines konkreten Projektes mit dem Drehbuchautor Leo Lania nicht vermocht hat, in London »Filmstories« zu verkaufen, im März 1936 einen einträglichen Job. Das Vorhaben, an dem sich das Dreigestirn Brecht-Eisler-Kortner beteiligt, ist freilich konfliktträchtig: In der Regie Karl Grunes soll Ruggiero Leoncavallos *Pagliacci* auf Zelluloid gebannt werden – mit → Richard Tauber als Bajazzo. Der Schönberg-Schüler Eisler, der zu dieser Zeit mit der Komposition seiner *Deutschen Sinfonie* beginnt, hält den Tenor und Operettenstar Tauber schlicht für das »niedrigste Amüsiertalent«. Doch er und Kortner machen sich von vornherein keine Illusionen über den Streifen, wollen schlicht Geld verdienen. Anders Brecht, der sich wie Eisler, den er abends zu Schachpartien trifft, in

Hanns Eisler,
Komponist und Schriftsteller. Er wurde am 6. Juli 1898 in Leipzig geboren und arbeitete seit 1928 in Berlin mit Bert Brecht zusammen. Im Januar 1933 hielt er sich in Wien auf, wo er aufgewachsen war und bei Arnold Schönberg studiert hatte. Die ersten Exiljahre waren von häufigen Ortswechseln geprägt, 1934/35 sowie 1936 lebte er längere Zeit in London. 1934 nahm er an der Themse etwa mit Ernst Busch für *Parlaphone* Brechts *Solidaritätslied* sowie das *Lied der Moorsoldaten* auf und schrieb die Musik zu → Ernst Tollers Stück *Feuer in den Kesseln,* das im Februar 1935 in Manchester aufgeführt wurde. Nach Abschluß der Arbeit an *Pagliacci* begann er im Sommer 1936 in London mit der *Deutschen Sinfonie,* die zu seinen Hauptwerken zählt. 1938 ging er in die USA, wurde aber vorübergehend nach Mexiko abgeschoben, bevor er sich in den ›Staaten‹ niederlassen konnte. 1948 kehrte er unter dem Druck der antikommunistischen Hysterie der McCarthy-Ära nach Europa, 1950 in die DDR zurück. Er starb am 7. Juni 1962 in Ost-Berlin. 1939 war seine geschiedene Frau Charlotte Demant, eine Sängerin und Pianistin, die bei Konzerten des → FDKB auftrat, mit dem gemeinsamen Sohn Georg nach London gekommen. Als der spätere Grafiker Georg Eisler 1942 sein Kunststudium begann, zogen die beiden nach Manchester.

der **Abbey Road** in **West Hampstead** eingemietet hat. Er nimmt seinen Auftrag, das Drehbuch auf Vordermann zu bringen, ernst – und gerät prompt mit seinen Arbeitgebern in Streit, die ihn daraufhin ausbezahlen und vor die Tür setzen. Der Konflikt wird fast zum Prüfstein der Freundschaft mit Kortner. Denn für Brecht ist der Fall nahezu ein marxistisches Lehrstück, muß er doch seine Arbeitskraft verkaufen, ohne auf deren Verwendung Einfluß zu haben. Und da ärgert es ihn, daß Kortner sich auf die Position zurückzieht, er habe als Angestellter schlicht die verlangte Arbeit abzuliefern. »Genau wie jeder Boß es tut«, mokiert sich der arme B. B.

Es gibt aber auch heitere Episoden. Etwa als England sich auf das Thronjubiläum Königs George V. vorbereitet, zu dessen Ehren ein neugeborenes Äffchen im Londoner Zoo ›Jubilee‹ tauft und Kortners Kinder, die sich in ihrem Gastland inzwischen heimisch fühlen, deshalb in patriotische Wallung geraten. Der Papa, wohl wissend, wen er da gerade zu Besuch hat, möchte die royalistische Gesinnung seiner Sprößlinge vor Brecht am liebsten geheimhalten – zumal der soeben ausgiebig über die miserable Lage der arbeitenden Klassen in England doziert. Die Kinder machen Kortner jedoch einen Strich durch die Rechnung: Als Reaktion auf die Anklagen des Dichter-Revolutionärs gegen die Verhältnisse in den Londoner Slums bringen sie einen Pappdeckel mit der Aufschrift »Long live the King and the Queen« am Balkon vor dem Wohnzimmer an.

Brecht verläßt London im Juli 1936. Fünf Jahre später kann er mit Kortner, dessen Hilfe er seine Flucht wesentlich mit zu verdanken haben wird, in Amerika Wiedersehen feiern. Denn auch Kortners Londoner Aufenthalt neigt sich inzwischen dem Ende entgegen. In seinem letzten englischen Film *Midnight Menace* spielt er 1937 bezeichnenderweise den Chef eines Waffenhändlerrings, der London in die Luft sprengen will. Vergeblich natürlich. Doch angesichts der Flaute in der britischen Filmwirtschaft beginnt der Nazi-Boykott gegen Filme mit deutschen Emigranten zu greifen, nicht nur Fritz Kortner muß sein Auskommen nun auf dem einzigen Markt suchen, den deutsche Restriktionen weiterhin ungerührt lassen: in den Vereinigten Staaten. Am 25. September 1937 landet er in New York, im Februar 1938 folgen ihm Frau und Kinder.

Kortner kann in den USA auf alte Bekannte bauen: den Romancier Sinclair Lewis und seine Frau, die einflußreiche Journalistin Dorothy Thompson, einst Leiterin amerikanischer Pressebüros in Wien und Berlin. Als ihr politischer Berater spielt der Schauspieler aus Deutschland sogar ein bißchen Geschichte. Denn Dorothy

Berthold Eugen Friedrich Brecht, Schriftsteller und Theaterleiter. Er wurde am 10. Februar 1898 in Augsburg geboren und entkam am 28. Februar 1933 aus Berlin. Nach dem Exil in Dänemark, Schweden, Finnland floh er 1941 über die Sowjetunion in die USA. Ende 1947 ging er nach Europa, 1948 als Generalintendant des *Berliner Ensembles* nach Deutschland zurück. Am 14. August 1956 erlag er in Ost-Berlin einem Herzinfarkt. In London, wo er sich 1934 und 1936 längere Zeit aufhielt, wohnte er in 24 Calthorpe Street, W.C. 1, sowie in 148 Abbey Road, N.W. 6.

Nachgelesen
Fritz Kortner: *Aller Tage Abend.*
München (Kindler) 1959.

Thompson, mit der er ein Theaterstück schreibt, ist mit zwei aufsehenerregenden Artikeln, an denen er nicht ganz unschuldig gewesen sein soll, maßgeblich daran beteiligt, daß Präsident Franklin
Delano Roosevelt 1940 eine dritte Amtsperiode erhält, in der er die
USA in den Krieg gegen Hitler führen wird. Ansonsten freilich ist
es mit Kortners amerikanischer Karriere nicht weit her: Im Theater
ist er nur sehr selten zu sehen; die Stücke, die er nun zu schreiben
beginnt, kommen beim Publikum nicht an; die Filmbranche beschäftigt ihn erst von 1943 an, als Hollywood in den Propaganda-
krieg gegen die Nazis einbezogen wird, wieder regelmäßig als
Schauspieler und nicht nur als Scriptwriter. Wie Brecht und Eisler,
der 1938 in die USA gekommen war, kehrt auch Fritz Kortner nach
dem Zweiten Weltkrieg nach Deutschland zurück. Allerdings in den
westlichen Teil, wo er nun vor allem als Regisseur für Aufsehen
sorgt. Als er am 22. Juni 1970 stirbt, hat der große Mime, dem

→ Alfred Kerr 1919 bei seinem Durchbruch in → Ernst Tollers *Die Wandlung* »Sprachwucht; verschweißt mit Gefühl« nachgerühmt hatte, Bert Brecht um vierzehn, Hanns Eisler um acht Jahre überlebt.

Ein kurzes Intermezzo an der Themse gab übrigens auch Bertolt Brechts erster Leib-und-Magen-Komponist Kurt Weill. Wie Eisler und Brecht, mit dem er – als letztes Kapitel ihrer fünf Jahre währenden und überaus fruchtbaren Zusammenarbeit – im Frühjahr 1933 in Paris das Ballett *Die sieben Todsünden der Kleinbürger* geschrieben hatte, kam der Sohn eines jüdischen Kantors 1934 zu einem ersten Arbeitsbesuch in die englische Hauptstadt. Dabei verhandelte er mit dem Regisseur Charles Cochran über mehrere Projekte, deren eines ihn im Januar 1935 zum Umzug nach London bewegte: die Operette *Der Kuhhandel* nach einem Stück von Robert Vambery. Doch die Stadt, die er im Sommer 1934 noch »herrlich« gefunden hatte, wurde Kurt Weill jetzt zur bitteren Enttäuschung. Als die → BBC am 7. Februar eine Aufführung der *Dreigroschenoper* übertrug, reagierte die britische Presse mit bitterbösen Verrissen: Seine Musik, schrieb etwa die *Sunday Times*, sei »noch schwächer« als Brechts Text – eine Reaktion, in der der Komponist auch die chauvinistische Ablehnung einer deutschen Bearbeitung der englischen *Beggar's Opera* witterte. Mit der ins Englische übertragenen, deutschen Operette, die unter dem Titel *A Kingdom for a Cow* Ende Juni im *Savoy Theatre* Premiere hatte, erging es ihm freilich noch schlechter. Sie erwies sich nicht nur als Mißerfolg und wurde bereits nach zwei Wochen wieder abgesetzt, sondern wurde auch zum Anlaß einer üblen Attacke auf den Komponisten, ja auf die aus Deutschland geflohenen Künstler insgesamt: Die reputierte *Times* verstieg sich zu der Feststellung, daß zwar unklar sei, ob Weills Emigration »mit seiner Vorliebe für politisch-tendenziöse, satirische Texte« oder vielmehr mit seiner Musik zusammenhänge, doch wäre diese »für die deutschen Behörden wohl die plausibelste Rechtfertigung«. Angewidert kehrte Kurt Weill Großbritannien den Rücken und zog noch 1935 in die USA weiter. »Wenn ich an London denke in der Nacht«, resümierte er, Heine variierend, das unerquickliche Zwischenspiel an der Themse in einem Brief an seine Frau Lotte Lenya, »dann bin ich um den Schlaf gebracht«.

Kurt Weill,
Komponist. Er wurde am 2. März 1900 in Dessau geboren. Am 21. März 1933 floh er nach Paris, 1935 emigrierte er nach einem längeren Arbeitsaufenthalt in London in die USA. Dort starb er als erfolgreicher Broadway-Komponist am 3. April 1950 in New York. In London lebte er 1935 in Bramham Gardens, Earl's Court, S.W. 5.

Das Bühnenbild zu *Der Kuhhandel* im *Savoy* besorgte der Bühnenbildner und Filmarchitekt Hein Heckroth (1897 bis 1970), der 1933 nach England emigriert war. Er arbeitete auch für die → *Balletts Joos* und bei den Festspielen in Glyndebourne. Nach dem Krieg gewann er zweimal den *Oscar*. Für eine Inszenierung der *Sieben Todsünden*, die 1933 ebenfalls im *Savoy* aufgeführt wurde, hatte Caspar Neher die Kulisse gebaut.

Zur U-Bahn

Am Ostrand des Hyde Park entlang nach Norden zum Marble Arch oder nach Süden zur Station Hyde Park Corner.

Der Fotograf und Kameramann **Wolf Suschitzky**, von dem fast alle ganzseitigen Fotos dieses Bandes stammen, wurde 1912 als Sohn des Besitzers der ersten sozialistischen Buchhandlung Wiens geboren. Nach dem Studium an der dortigen *Graphischen Lehr- und Versuchsanstalt* ging er bereits 1934 nach London, hielt sich aber noch einige Monate in den Niederlanden auf, bevor er endgültig an die Themse übersiedelte. Dort schlug er sich zunächst als Freiberufler durch, arbeitete als Kameraassistent bei *Strand Films* und machte sich bald mit Tierfotografien einen Namen. In dieser Zeit entstand auch sein meisterhaftes Porträt von Londons ›Bücherstraße‹, der Charing Cross Road, zu dem Suschitzkys Freund → Peter de Mendelssohn den Text schreiben wollte. Doch die beiden Emigranten fanden keinen Verleger für das unvollendet gebliebene Projekt. Aufträge des britischen Informationsministeriums schützten den Fotografen während des Krieges vor der Internierung. Suschitzky erwarb sich bald auch als Kameramann Meriten – zunächst von Tier- und Dokumentarfilmen, später von Features, Fernseh- und Werbefilmen. Er war zudem Mitarbeiter von Zeitschriften wie → Stefan Lorants *Picture Post* und gehörte zu den Gründern der Filmgesellschaft *DATA*. 1988 ehrte ihn das *Camden Art Centre* mit einer Retrospektive. Trotz einer Ausstellung in Wien 1999 sind seine so präzisen wie wohlkomponierten Fotos auf dem Kontinent erst noch zu entdecken.

Anhang

Auswahlbibliographie

(Einzeluntersuchungen, die in der aufgeführten Literatur enthalten sind, wie einzelne Beiträge zu Aufsatzsammlungen, werden nicht gesondert zitiert.)

A) Quellen

Bergner, Elisabeth: *Bewundert viel und viel gescholten. Elisabeth Bergners unordentliche Erinnerungen.* München 1978.

Bernelle, Agnes: *Schöneberg – West End. Das Theater meines Lebens.* o.O. 1997.

Bing, Rudolf: *5000 Abende in der Oper.* München 1973.

Borneman, Ernest: *Die Urszene. Eine Selbstanalyse.* Frankfurt am Main 1977.

Brinitzer, Carl: *Hier spricht London. Von einem, der dabei war.* Hamburg 1969.

Elias, Norbert: *Norbert Elias über sich selbst.* Frankfurt am Main 1990.

Fischer, Grete: *Dienstboten, Brecht und andere Zeitgenossen. In Prag, Berlin, London.* Homberg 1966.

Flesch-Brunningen, Hans: *Die verführte Zeit. Lebenserinnerungen.* Wien und München 1988.

Fried, Erich: *Mitunter sogar Lachen. Erinnerungen.* Berlin 1986.

Friedlander, Evelyn: *Ich will nach Hause, aber ich war noch nie da. Eine jüdische Frau sucht ihr verborgenes Erbe.* Freiburg 1996.

Göpfert, Rebecca (Hrsg.): *Ich kam allein. Die Rettung von zehntausend jüdischen Kindern nach England 1938/39.* München 1994.

Hamburger, Michael: *Verlorener Einsatz. Erinnerungen.* Stuttgart 1987.

Hermann, Ingo (Hrsg.): *Hilde Spiel. Die Grande Dame.* Gespräch mit Anne Linsel in der Reihe »Zeugen des Jahrhunderts«. Göttingen 1992.

Hiller, Kurt: *Leben gegen die Zeit. Erinnerungen.* Band I: *Logos.* Reinbek 1969.

Kerr, Alfred: *Ich kam nach England. Ein Tagebuch aus dem Nachlaß.* Hrsg. von Walter Huder und Thomas Koebner. Bonn 1979.

Kokoschka, Oskar: *Briefe III. 1934 – 1953.* Hrsg. von Olda Kokoschka und Heinz Spielmann. Düsseldorf 1986.

Kokoschka, Oskar: *Mein Leben.* Vorwort und dokumentarische Mitarbeit von Remigius Metzger. München 1971.

Kortner, Fritz: *Aller Tage Abend.* München 1959.

Kuczynski, Jürgen: *Memoiren. Die Erziehung des J.K. zum Kommunisten und Wissenschaftler.* Berlin und Weimar 1973.

Lause, Beate und Wiens, Renate (Hrsg.): *Theaterleben. Schauspieler erzählen von Exil und Rückkehr.* Mit einem Vorwort von Jürgen Flimm. Frankfurt am Main 1991.

Lind, Jakov: *Im Gegenwind.* Wien 1997.

Muchitsch, Wolfgang (Hrsg.): *Österreicher im Exil. Großbritannien 1938 – 1945.* Eine Dokumentation. Wien 1992.

Neumann, Robert: *Ein leichtes Leben. Bericht über mich selbst und Zeitgenossen*. München 1963.

Palmer, Lilli: *Dicke Lilli – gutes Kind*. Zürich 1974.

Spiel, Hilde: *Die hellen und die finsteren Zeiten. Erinnerungen 1911–1946*. München 1989.

Spiel, Hilde: *Welche Welt ist meine Welt? Erinnerungen 1946–1989*. München 1990.

Uhlmann, Fred: *Erinnerungen eines Stuttgarter Juden*. Aus dem Englischen übersetzt und herausgegeben von Manfred Schmid. (Veröffentlichungen des Archivs der Stadt Stuttgart, Bd. 56). Stuttgart 1992.

Zadek, Peter: *My Way. Eine Autobiographie. 1926–1969*. Köln 1998.

Zweig, Stefan: *Die Welt von Gestern. Erinnerungen eines Europäers*. Frankfurt am Main 1970.

B) Zusammenfassende Studien und Sammelbände

Abbey, William et al (Hrsg.): *Between Two Languages. German-speaking Exiles in Great Britain 1933–1945*. Stuttgart 1995.

Barron, Stephanie und Eckmann, Sabine (Hrsg.): *Exil. Kunst und Flucht europäischer Künstler 1933–1945*. München, New York 1997.

Berghaus, Günter (Hrsg.): *Theatre and Film in Exile. German Artists in Britain 1933–1945*. Oxford, New York und München 1989.

Berthold, Werner und Eckert, Brita (Hrsg.): *Der deutsche PEN-Club im Exil 1933–1948*. Eine Ausstellung der Deutschen Bibliothek Frankfurt am Main. Frankfurt am Main 1980.

Bolbecher, Siglinde et al (Hrsg.): *Zwischenwelt 4. Literatur und Kultur des Exils in Großbritannien*. Im Auftrag der Theodor-Kramer-Gesellschaft. Wien 1995.

Brinson, Charmian et al (Hrsg.): *»England? Aber wo liegt es?« Deutsche und österreichische Emigranten in Großbritannien 1933–1945*. München 1996.

Glees, Anthony: *Exil Politics during the Second World War. The German Social Democrats in Britain*. Oxford 1982.

Hampstead at War. 1939–1945. Reprinted by Camden History Society. London 1995.

Hirschfeld, Gerhard (Hrsg.): *Exil in Großbritannien. Zur Emigration aus dem nationalsozialistischen Deutschland*. Stuttgart 1983.

Hoffmann, Ludwig et al (Hrsg.): *Exil in der Tschechoslowakei, in Großbritannien, Skandinavien und Palästina*. Frankfurt am Main 1981.

Krug, Hartmut und Nungesser, Michael (Hrsg.): *Kunst im Exil in Großbritannien 1933–1945*. Neue Gesellschaft für Bildende Kunst. Berlin 1986.

Maimann, Helene: *Politik im Wartesaal. Österreichische Exilpolitik in Großbritannien 1938–1945*. Wien 1975.

Panay, Panikos (Hrsg.): *Germans in Britain since 1500*. London 1996.

Patsch, Sylvia M.: *Österreichische Schriftsteller im Exil. Ein Kapitel vergessene österreichische Literatur*. Wien und München 1985.

Raab Hansen, Jutta: *NS-verfolgte Musiker in England. Spuren deutscher und österreichischer Flüchtlinge in der britischen Musikkultur*. Hamburg 1996.

Röder, Werner: *Die deutschen sozialistischen Exilgruppen in Großbritannien 1940–1945*. Ein Beitrag zur Geschichte des Widerstandes gegen den Nationalsozialismus. Bonn 1973.

Röhm, Eberhard und Thierfelder, Jörg: *Juden, Christen, Deutsche. Band 3/1: Ausgestoßen. 1938–1941*. Stuttgart 1995.

Schöning, Jörg (Hrsg.): *London Calling. Deutsche im britischen Film der dreißiger Jahre.* München 1993.

Seyfert, Michael: *Im Niemandsland. Deutsche Exilliteratur in britischer Internierung. Ein unbekanntes Kapitel der Kulturgeschichte des Zweiten Weltkriegs.* Berlin 1984.

Traber, Habakuk und Weingarten, Elmar (Hrsg.): *Verdrängte Musik. Berliner Komponisten im Exil.* Ein Buch der Berliner Festspiele GmbH. Berlin 1987.

Wade, Christopher (Hrsg.): *The Streets of Belsize.* Camden History Society. London 1991.

Ziegler, Philip: *London at War. 1939–1945.* London 1995.

C) Monographien

Atze, Marcel: *Ortlose Botschaft. Der Freundeskreis H. G. Adler, Elias Canetti und Franz Baermann Steiner im englischen Exil.* Mit Beiträgen von Jeremy Adler und Gerhard Hirschfeld. Marbacher Magazin 84. Marbach 1998.

Bartsch, Ingo et al: *Der Maler Peter Weiss. Bilder, Zeichnungen, Collagen, Filme.* Berlin 1982.

Breuer, Gerda und Wagemann, Ines (Hrsg.): *Ludwig Meidner. Zeichner, Maler, Literat. 1884–1966.* Zwei Bände. Stuttgart 1991.

Chvojka, Erwin und Kaiser, Konstantin: *Vielleicht hab ich es leicht, weil schwer, gehabt. Theodor Kramer 1897–1958. Eine Lebenschronik.* Wien 1997.

Dove, Richard: *Ernst Toller. Ein Leben in Deutschland.* Göttingen 1993.

Diers, Michael (Hrsg.): *Porträt aus Büchern.* Bibliothek Warburg & Warburg Institute. Hamburg – 1933 – London. Hamburg 1993.

Friedlander, Albert H.: *Leo Baeck. Leben und Lehre.* Stuttgart 1973.

Gay, Peter: *Freud. Eine Biographie für unsere Zeit.* Frankfurt am Main 1989.

Gronius, Jörg W. und Kässens, Wend (Hrsg.): *Tabori.* Frankfurt am Main 1989.

Hecht, Werner (Hrsg.): *Bertolt Brecht. Sein Leben und Werk in Bildern und Texten.* Frankfurt am Main 1978.

Hemecker, Wilhelm: *Mechtilde Lichnowsky. 1879–1958.* Marbacher Magazin 64. Marbach 1993.

Hilger, Silke und Jacobs, Winfried (Hrsg.): *Berthold Goldschmidt.* In Zusammenarbeit mit der Stiftung Archiv der Akademie der Künste. Bonn 1996.

Hoffmann, Raimund: *Peter Weiss. Malerei, Zeichnungen, Collagen.* Berlin 1984.

Isaacs, Reginald R.: *Walter Gropius. Der Mensch und sein Werk.* Band 2. Berlin 1984.

Jansen, Irene: *Berthold Viertel. Leben und künstlerische Arbeit im Exil.* New York, Berlin 1992.

Jones, Ernest: *Das Leben und Werk von Sigmund Freud.* 3 Bände. Bern, Stuttgart und Wien 1978.

Kasties, Bert: *Walter Hasenclever. Eine Biographie der deutschen Moderne.* Tübingen 1994.

Kaufmann, Wilhelm: *Karl Mannheim. Zur Einführung.* Hamburg 1996.

Korte, Hermann: *Über Norbert Elias. Das Werden eines Wissenschaftlers.* Opladen 1997.

Lohmann, Hans-Martin: *Sigmund Freud.* Reinbek 1998.

Nündel, Ernst: *Kurt Schwitters. Mit Selbstzeugnissen und Bilddokumenten.* Reinbek 1981.

Lützeler, Paul Michael: *Hermann Broch. Eine Biographie.* Frankfurt am Main 1985.

Pachnicke, Peter und Honnef, Klaus (Hrsg.): *John Heartfield*. Köln 1991.

Palmstierna-Weiss, Gunilla und Schutte, Jürgen (Hrsg.): *Peter Weiss. Leben und Werk*. Frankfurt am Main 1991.

Pfäfflin, Friedrich: *Berthold Viertel. Exil*. Marbacher Magazin 9. Marbach 1978.

Prater, Donald und Michels, Volker (Hrsg.): *Stefan Zweig. Leben und Werk im Bild*. Franfurt am Main 1981.

Ritchie, J. M.: *Kurt Hiller. A »Stänkerer« in Exile. 1934–1955*. In: *German Life and Letters. New Series*. Vol LT. No. 2. April 1998. German Exile Studies Special Number. 1998.

Salber, Wilhelm: *Anna Freud. Mit Selbstzeugnissen und Bilddokumenten*. Reinbek 1985.

Schebera, Jürgen: *Hanns Eisler. Eine Biographie in Texten, Bildern und Dokumenten*. Mainz 1998.

Sieben, Hansfried (Hrsg.): *Gesammelte Erinnerungen von und an Richard Tauber, den weltberühmten Tenor, Dirigenten und Komponisten und prächtigen Menschen*. Düsseldorf (Privatdruck) 1987.

Völker, Klaus: *Fritz Kortner. Schauspieler und Regisseur*. Berlin 1987.

Völker, Klaus: *Elisabeth Bergner. Das Leben einer Schauspielerin*. Berlin 1990.

Völker, Klaus: *Max Herrmann-Neiße. Künstler, Kneipen, Kabaretts – Schlesien, Berlin, im Exil*. Berlin 1991.

Weidle, Barbara (Hrsg.): *Ich reise durch die Welt. Die Zeichnerin und Publizistin Erna Pinner*. Schriftenreihe Verein August Macke Haus. Bonn 1997.

Wiesinger-Stock, Sandra: *Hilde Spiel. Ein Leben ohne Heimat*. Wien 1996.

Zeller, Bernhard und Otten, Ellen (Hrsg.): *Karl Otten. Werk und Leben. Texte, Berichte, Bibliographie*. Mainz 1982.

Nachweis
der Bildrechte

Nachweis
der Textrechte

Namensregister